高等院校体育专业"十三五"规划教材

湖南人文科技学院教材建设基金资助项目

运动人体
科学实验

主　编　王国基
副主编　杨赳赳　张劲松　王国军　吴世军　宋卫红
编　委（按编写章节先后排序）

　　　　王国基　（湖南人文科技学院）
　　　　杨赳赳　（湖南人文科技学院）
　　　　张劲松　（湖南人文科技学院）
　　　　周知华　（湖南人文科技学院）
　　　　邹秋英　（湖南人文科技学院）
　　　　黄何平　（江西赣南师范学院）
　　　　吴世军　（湖南人文科技学院）
　　　　王国军　（湖南工业大学）
　　　　罗　宇　（湖南人文科技学院）
　　　　宋卫红　（湖南人文科技学院）

西南交通大学出版社
·成都·

图书在版编目（CIP）数据

运动人体科学实验 / 王国基主编. —成都：西南交通大学出版社，2015.4（2021.7 重印）

高等院校体育专业"十三五"规划教材　湖南人文科技学院教材建设基金资助项目

ISBN 978-7-5643-3837-4

Ⅰ. ①运… Ⅱ. ①王… Ⅲ. ①人体运动–人体科学–实验–高等学校–教材 Ⅳ. ①G804-33

中国版本图书馆 CIP 数据核字（2015）第 064802 号

高等院校体育专业"十三五"规划教材
湖南人文科技学院教材建设基金资助项目

运动人体科学实验

主编　王国基

责任编辑	孟苏成
封面设计	墨创文化
出版发行	西南交通大学出版社 （四川省成都市金牛区二环路北一段 111 号 西南交通大学创新大厦 21 楼）
发行部电话	028-87600564　028-87600533
邮政编码	610031
网　　址	http://www.xnjdcbs.com
印　　刷	成都勤德印务有限公司
成品尺寸	185 mm × 260 mm
印　　张	19.5
字　　数	487 千
版　　次	2015 年 4 月第 1 版
印　　次	2021 年 7 月第 6 次
书　　号	ISBN 978-7-5643-3837-4
定　　价	46.00 元

课件咨询电话：028-81435775
图书如有印装质量问题　本社负责退换
版权所有　盗版必究　举报电话：028-87600562

前　言

　　运动人体科学类课程是体育类各专业的基础课程，各门课程的实验都是不可或缺的教学内容，且随着高等教育教学改革的不断深入，其重要性及实用价值日益突出。教育部2004年10月颁发的《普通高等学校体育教育本科专业各类主干课程教学指导纲要》（以下简称《教学指导纲要》）对运动人体科学类课程实验教学提出了要求："加强对学生实验技能的训练，既加强各门课程的实验教学，又重视运动人体科学类综合应用的实验设计与能力训练，让学生较熟练地掌握实用的实验操作技能，学会应用人体科学的理论分析评价实验结果，增强独立从事科学研究的能力""本纲要中的内容是各课程教学的基本内容，各校在完成纲要基本内容的基础上，可有所侧重，以体现各校的个性特点。"根据《教学指导纲要》的精神，近年来我们对运动人体科学类课程的实验教学进行了较为系统的研究和探索，并尝试了一些改革和创新，具体做了如下几方面的工作：整合和优化实验项目及内容；探索实验-理论教学模式的改革应用；实验课教法改革和应用；课堂内外相结合的教学方法；实践教学考核方法改革等。

　　经过三年多的应用与实践，我们认为改革是成功的，付出的心血是有价值的。达到了课程的整体要求，实验内容更为优化，运动人体科学类各门课程实验得到了有效整合，且避免了重复，实验教学的效率逐步提高，更好地实现了为人才培养目标服务的目的。为巩固这一成果且继续深化改革，我们将各课程的实验内容整合优化后编成本书，让学生对这类课程的实践内容有一个整体的认识，有利于对运动人体科学知识的理解和融会贯通，进一步提高运动人体科学类课程教学的效果。

　　本书编写遵循"健康第一"的指导思想，突出与体育教学与训练、社会体育指导、保健康复相关的主要内容，尤其对实际工作具有较强的指导作用，体现了实验教学内容的时代性与先进性，具有较高的应用价值，适用于体育科学类各专业的运动人体科学实验教学，既能作为学生的教科书，又能作为学生手头的工具书，为学生学好运动人体科学类课程提供了有益的帮助。

　　本书共分八章。第一章运动人体科学实验的基本要求和方法（王国基编写），第二章运动解剖学实验（杨赳赳编写），第三章运动生理学实验（张劲松、周知华编写），第四章体育保健学实验（王国基、邹秋英编写），第五章运动创伤学实验（王国基、黄何平编写），第六章运动心理学实验（吴世军编写），第七章运动生物力学实验（王国军、罗宇编写），第八章体育测量与评价实验（宋卫红、王国军编写）。每一章后面均附有参考文献目录。全书由王国基策划、统稿并担任主编。

本书的编写是在彭健民教授、蒋毅教授的关心下着手进行的,编写过程中得到了蒋建初、彭秧锡、羊四清、高平、刘浩、刘玉江、曾黎、段健芝等领导和专家的热心支持和深入指导。江西赣南师范学院、湖南工业大学、邵阳学院、怀化学院等兄弟院校的专家学者对本书给予了高度关注并提出了一些极好的建议。在此对上述领导和专家所给予的支持和帮助表示诚挚的谢意。

　　限于编写人员的业务水平,以及时间仓促等原因,书中定有不当之处,希望读者及时向我们反馈意见,以利今后进一步修改和完善。

王国基

2015 年 1 月

目 录

第一章 运动人体科学实验的基本方法和要求 ... 1
- 第一节 实验课的教学目标 ... 1
- 第二节 实验课的组织和考核管理 ... 1
- 第三节 实验课的学习方法与要求 ... 2
- 第四节 实验课规章制度 ... 3

第二章 运动解剖学实验 ... 6
- 实验一 基本组织的显微观察 ... 6
- 实验二 运动系统的一般形态结构的观察 ... 12
- 实验三 附肢骨的观察 ... 16
- 实验四 中轴骨的观察 ... 25
- 实验五 上肢骨联结和运动上肢的主要肌群观察 ... 30
- 实验六 下肢骨联结和运动下肢的主要肌群 ... 38
- 实验七 中轴骨联结和运动中轴骨的主要肌群 ... 45
- 实验八 常见运动动作的解剖学分析 ... 50
- 实验九 发展肌肉力量的练习实践 ... 53
- 实验十 发展肌肉伸展性的练习实践 ... 56
- 实验十一 消化、呼吸、泌尿系统的观察 ... 58
- 实验十二 脉管系统的观察 ... 63
- 实验十三 观察中枢神经系统 ... 69
- 实验十四 观察周围神经系统和传导通路 ... 72
- 实验十五 感觉器官的观察 ... 75
- 实验十六 肌肉力量练习的实验研究 ... 78
- 实验十七 发展肌肉伸展性练习的实验研究 ... 79

第三章 运动生理学实验 ... 82
- 实验一 坐骨神经-腓肠肌标本的制备 ... 82
- 实验二 肌肉生理横断面大小对肌肉收缩力量的影响 ... 85
- 实验三 肺通气量的测定与评价 ... 87
- 实验四 人体 ABO 血型的鉴定 ... 92
- 实验五 人体安静状态及运动负荷下心电图的描记 ... 94
- 实验六 人体安静与运动时脉搏和动脉血压的测定与评价 ... 100

实验七　视力、视野和眼肌平衡的测定与评价 ………………………………… 105
实验八　前庭功能稳定性的测定与评价 …………………………………………… 110
实验九　无氧功率的测定与评价 …………………………………………………… 113
实验十　最大摄氧量的直接和间接测定与评价 …………………………………… 117
实验十一　体脂百分比的测定与评价 ……………………………………………… 123
实验十二　运动性疲劳的判定与评价 ……………………………………………… 131
实验十三　PWC_{170}的测定与评价 ………………………………………………… 136
实验十四　体适能的研究 …………………………………………………………… 140

第四章　体育保健学实验

实验一　基本按摩手法实习 ………………………………………………………… 144
实验二　穴位按摩技术实习 ………………………………………………………… 146
实验三　保健按摩技术实习 ………………………………………………………… 150
实验四　急救止血技术实习 ………………………………………………………… 155
实验五　伤口包扎技术实习 ………………………………………………………… 158
实验六　心肺复苏术技术实习 ……………………………………………………… 161
实验七　闭合性软组织损伤的物理疗法 …………………………………………… 164
实验八　运动损伤伤员临时固定和搬运方法 ……………………………………… 167
实验九　人体一日需热量测定 ……………………………………………………… 170
实验十　体育课生理负荷量测定 …………………………………………………… 171
实验十一　肩周炎医疗体操 ………………………………………………………… 173
实验十二　慢性腰腿痛医疗体操 …………………………………………………… 179
实验十三　运动处方的制订 ………………………………………………………… 182
实验十四　冠心病患者运动处方 …………………………………………………… 189
实验十五　糖尿病患者运动处方 …………………………………………………… 190
实验十六　高血压病患者运动处方 ………………………………………………… 192
实验十七　肥胖者运动处方 ………………………………………………………… 194

第五章　运动创伤学实验

实验一　运动损伤病史采集实习 …………………………………………………… 197
实验二　上肢运动损伤检查方法实习 ……………………………………………… 200
实验三　下肢运动损伤检查方法实习 ……………………………………………… 204
实验四　脊柱运动损伤检查方法实习 ……………………………………………… 209
实验五　开放性软组织损伤的早期简易处理方法实习 …………………………… 211
实验六　闭合性软组织损伤早期简易处理方法实习 ……………………………… 215
实验七　闭合性软组织损伤简易中药外敷疗法实习 ……………………………… 217
实验八　常见运动损伤保护支持带的应用方法实习 ……………………………… 219
实验九　肌肉力量检查 ……………………………………………………………… 221
实验十　关节活动度检查 …………………………………………………………… 225

第六章　体育心理学实验 ································ 228
实验一　深度知觉测定 ································ 228
实验二　肘关节动觉感受性的测定 ························ 229
实验三　操作思维敏捷性的测定 ·························· 231
实验四　疲劳和注意分散对时间知觉的影响 ·················· 232
实验五　注意分配能力的测定 ···························· 234
实验六　动作技能形成过程的分析 ························ 236
实验七　动作技能迁移的测量 ···························· 238
实验八　时间知觉测定 ································ 240
实验九　气质类型测定 ································ 242
实验十　动作学习中的运动表象训练 ······················ 247

第七章　运动生物力学实验 ································ 250
实验一　人体一维重心位置测量 ·························· 250
实验二　不同跑速时步长与步频关系实验 ···················· 251
实验三　纵跳实验 ······································ 253
实验四　绘制运动中人体关节点的轨迹 ···················· 254
实验五　绘制人体运动简图 ······························ 255
实验六　测定短跑中人体关节角随时间的变化 ·················· 256
实验七　双脚原地纵跳的力学特征实验分析 ·················· 257
实验八　技术图片上测定人体稳定角 ······················ 259
实验九　三维测力台的使用 ······························ 259
实验十　肌电测量系统的应用 ···························· 261

第八章　体育测量与评价实验 ································ 265
实验一　体格的测量与评价 ······························ 265
实验二　体型的测评 ······························ 274
实验三　身体姿势的测量与评价 ·························· 278
实验四　心肺机能的测量与评价 ·························· 283
实验五　身体素质的测量与评价（一） ···················· 285
实验六　身体素质的测量与评价（二） ···················· 291
实验七　国民体质健康的综合测评 ························ 295
实验八　体育测验的编制和实施 ·························· 299

附　录 ·· 302
附录1　各种活动的能量消耗（65 kg男子） ·················· 302
附录2　各种活动的能量消耗（55 kg女子） ·················· 303
附录3　大学生各种活动的能量消耗（$kJ \cdot m^{-2} \cdot min^{-1}$） ···· 304
附录4　男女12 min跑测验评价表 ························ 304

第一章 运动人体科学实验的基本方法和要求

实验教学是专业课程教学过程的重要组成部分，是巩固学生专业知识，培养与提高学生专业素养与创新能力的重要途径。对于学生实际工作能力的提高，知识面的扩大，综合素质的培养，具有极为重要的作用。实验前，教师和学生必须了解和掌握与实验有关的基本方法与要求，使实验教学取得切实的效果。

第一节 实验课的教学目标

实验教学主要从实践环节对学生进行训练，其教学目标主要体现在以下几个方面。

（1）通过实验使学生加深对所学知识的基本概念、基本原理和方法的理解，初步了解和熟悉各种研究方法和实用技术，拓宽学生的知识领域，训练学生的实践技能，提高学生的科学素质和运用现代科学方法探索新知识的能力。

（2）通过实验教学使学生初步掌握运动人体科学实验研究的基本方法和实验操作技能，使之在体育科研设计及论文写作能力方面得到初步训练，为学生进行科学研究工作及社会实践打下一定基础。

（3）培养学生理论来自实践的科学观点，养成善于思考、善于观察、勤于动手的习惯，养成对科学工作的严肃态度、严密思维、严格要求、团结合作及实事求是的作风，不断训练和提高分析问题、解决问题的实际工作能力。

（4）提高学生对实验研究的兴趣，培养学生扎实、认真、严谨、刻苦的科学工作作风，和遵守纪律、爱护公物、团结协作的优良品德。

第二节 实验课的组织和考核管理

为了保证实验课的正常进行，不断提高实验教学的效果，务必加强实验课各个环节的管理，其中最主要也是最重要的是实验课的教学组织和实验成绩考核两个方面。

一、实验课的组织管理

（1）根据学校总体教学计划的要求，运动人体科学类各门课程要编写相应的实验教学大纲、实验教学计划，经本系（部）审核通过，报教务处批准后实施。

（2）每学期末，实验教师根据教务处下达的教学任务制订下一学期的实验教学授课计划并填写实验课登记表报，且申请购买实验试剂、易耗品等实验必需的材料，报教务处批准。

如有临时增加的实验课，实验教师须在上课前两周将授课计划报教务处，并及时与实验室联系，作好课前的准备工作。

（3）实验教师或实验员在实验课前要做好准备工作，如实验计划的制订，教案的编写，实验仪器的检测，实验用品的准备，药品试剂的配制，新开设实验项目的预试等。

（4）实验教师应提前通知学生做好实验课前的预习，上课时对学生的预习情况进行检查，预习不合格者，不得参加当次实验。

（5）新生入学后的首次实验课，实验教师要带领学生学习《实验课学生守则》、《实验室安全与环保守则》等规章制度。

（6）每次实验课过程中，实验教师应审验学生实验结果（数据）与结论是否正确或合理，加以指导。并对实验仪器进行检查核对，填写仪器设备使用记录，并组织学生搞好实验室卫生，确认合格后方可锁闭、离开实验室。

（7）学生要按时完成实验报告，实验教师对学生的实验报告应认真批改、评定成绩并记录，及时归档。

（8）每门实验课程全部结束后，指导教师要书写实验教学总结，交实验室归档保管。实验教学总结的内容包括实验教案、实验计划、实验课表、实验情况、学生实验成绩及其分析、经验和教训、改进措施等等。

二、实验课的考核管理

（1）实验教学考核的目的是检查实验教学质量和学生实验能力。考核内容包括：实验态度、动手能力、操作技巧、数据处理能力、实验结果的准确度及书写实验报告能力。

（2）每一次实验课中，实验指导教师都要对每一个学生的实验态度、实验过程和实验结果进行监控，并结合实验报告质量进行考核，记录本次实验的考核成绩，作为成绩评定的依据。

（3）每学期或每门实验课程全部结束后，可以对学生普查或抽查，进行实验考核。考核前教师做出考核方案，经教研室和系部领导审定后实施。考核成绩记入学生档案。

（4）单开实验课的成绩应作为一门课程记入学生成绩档案；非单开实验课的成绩与其理论课成绩综合为该门课的总成绩，其中实验成绩不低于总成绩的10%。

（5）对无故不参加实验超过应做实验总次数 1/3 以上的学生，不得参加本轮实验课的考核并不计成绩，应补做实验项目或重修后，参加下一届相同实验课程的考核。

第三节 实验课的学习方法与要求

实验课的学习是以学生为主体，通过学生自主学习、自我训练与自主创新等实践活动，学习专业技术知识和技能，掌握从事科学实验研究的基本技术与方法，获取解决实际问题的能力。教师的作用是引导和启发学生自主地学习与实践，依据专业技术和技能的基本要求，合理地选择实验项目和内容，使学生对实验方法使用的学习和技能的训练达到科学化和系统化；同时要求对典型的实验技术、仪器的使用操作，进行针对性的规范演示和指导。为了达到实验课的目的和要求，学生在参加运动人体科学实验的过程中，应努力按照实验要求进行操作并完成实验。重点抓住实验预习、操作训练、实验报告三个环节：

一、实验预习

（1）学生在实验前要根据教师的安排，了解每一次实验课的具体任务，如实验项目及其具体的方法等。

（2）弄清实验原理，即从相关资料中了解本次实验的原理，与所学知识的关系，以及各种实验方法内在的联系。

（3）对实验仪器要有初步了解，实验前要通过预习知道需要使用哪些仪器，并对仪器的相关知识进行初步学习，特别是仪器的操作要领、注意事项。

（4）实验前要了解实验报告的内容和要求，实验中尽量达到其要求，为顺利完成实验报告做好前期准备。

二、实验操作

（1）学生在实验正式开始前按照拟定的实验操作计划与方案，完成仪器的使用、安装，试剂的配制，实验条件的控制等准备工作，要求细致、有条不紊、杜绝差错，并保证安全。

（2）整个实验过程中，学生要严格按照实验规范，认真地进行实验操作，并且思考实验的理论和实际意义，将相关知识融会贯通，使所学知识更加牢固而且具有实际指导作用。

（3）要按照预习的内容，认真完成实验的全部操作，对实验现象与结果进行认真的观测、记录，并作出合理的解释和分析。

三、实验报告

（1）实验结束后要按照实验要求，及时书写完成实验报告，要求在分组或独立思考的前提下完成，不得互相抄袭。认真按标准格式书写，要求文字简洁、表达正确、字迹工整、卷面清洁无污损。

（2）实验报告结果（现象、数据等）要客观、真实，符合事物的客观规律，如果误差较大，要反复试验直至取得合理的结果。不得随意更改、杜撰、抄袭书本或别人的实验结果。

（3）对实验结果要做出合理、科学的解释，并且对观察到的某些偶然的特殊现象和结果要认真分析和总结，并与教师一起探讨，以锻炼和提高发现能力和创新能力。

（4）要求在实验报告中，对当次实验课中自己的实验情况做出自我评价，是否掌握实验，存在哪些问题，如何改进等。亦可对教师的教学提出改进意见或建议，以达到教学相长的目的。

第四节　实验课规章制度

一、实验课学生守则

（1）进入实验室，须遵守实验室纪律和制度，听从老师的指导与安排。提前 10 min 进入实验室，做好实验前准备工作。不得无故迟到或早退，有其他重要或紧急事情时应向教师请假。

（2）实验前做好预习，熟悉实验内容，明确实验目的、方法及有关注意事项。未预习者不得进入实验室进行实验。实验中要细心观察，认真记录，实验后应请指导教师检查验收，然后按规定认真书写实验报告。

（3）遵守实验室的各项规章制度，保持室内安静整洁，严禁说笑、打闹，不得随意走动，影响他人实验。不准在室内吸烟、进食、随地吐痰和乱扔杂物。非实验用品一律不准带进实验室。实验时不得进行与实验无关的活动。

（4）实验中必须服从教师指导，要认真按操作规程进行实验，未经教师允许不得擅自动用仪器设备，如果擅自动用或违反操作规程造成仪器设备损坏，按规定进行赔偿。

（5）实验前按照实验要求做好准备，经指导教师检查许可后方可接通电源启动仪器设备，电源接通后不得擅自离开实验岗位。实验器材分配至各组使用，不得与他组调换，以免混乱。

（6）实验中使用易燃易爆物品或接触带电设备进行实验时，要严格按规定程序进行操作，注意防护。若发现仪器设备发生故障和损坏，应首先切断电源，停止实验，立即向指导教师报告。不能带故障使用，更不能自行拆卸仪器设备。

（7）注意实验室清洁卫生。建立值日制度，负责清扫实验室。实验结束要做好卫生，对实验废弃物做无害化处理，玻璃器皿用完后要洗净，手术器械用完后要洗净擦干，防止生锈。处理好实验动物，关好水、电、门窗，经指导教师检查合格后方可离开实验室。

（8）课外时间需到实验室做实验的学生，要写出书面申请，经实验室主任书面批准后，提前与实验室管理人员预约，在班长或学习委员的组织下，由指导教师或实验室技术人员指导进行实验。

（9）注意节约各种实验用品和水电。实验结束要检查、核对仪器设备、实验用品，并整理复原，填写仪器设备使用登记表。实验室内一切物品未经实验室负责人员批准，严禁带出室外。

二、实验室安全与环保守则

实验室的安全与环保是关系到国家财产与师生生命安全的大事。实验中经常用到各种电器、燃气、高压贮气瓶、化学试剂，必须充分注意人身安全问题，掌握必要的安全与环保知识，加强防范，做到万无一失。

（1）任何人员在做实验前均应充分了解所使用设备的安全状况及化学物品之毒性或其他危害，掌握正确使用方法。并对实验过程可能发生之危害采取严格有效的预防措施，做好事故的防护准备。如果实验前未做好必要的意外事故防范准备，绝不可让学生进入实验室。

（2）在实验室内禁止吸烟、饮食、化妆、穿拖鞋、嬉戏奔跑，实验桌上不许堆放书包、衣服等与实验无关的物品。为了预防意外损害，实验人员必要时应佩戴必需的防护用具，实验结束要彻底洗手，更换污染的衣物、鞋袜等。

（3）具有危害性的化学气罐、试剂瓶等未使用时要紧闭，以防泄漏。每台仪器设备使用后，需立即关掉设备电源。全部实验完毕，应立即关闭化学气罐、试剂瓶等，且彻底清扫和整理实验室、关闭全部电源，必要时进行空气消毒。若发现仪器设备、化学药品容器等出现故障，应尽快告知实验室管理人员，要求相关部门及时维修和处理。

（4）危险物、易燃品、有毒化学物品应存放于指定位置，由专人负责，妥善管理。逾期不用之化学品应依规定及时申报作废，有害废弃物按规定进行无害化处理，不得任意弃置。可燃性或毒性气体储存区应保持良好通风，避免高温、日晒，且周围二 2 m 内不得放置易燃、可燃或其他危险性物质。

（5）当意外事故发生时，在可能的情况下应立即报告教师或实验室管理人员做出处置，同时要立即采取以下正确的应对措施加以控制，如果险情失控情况危急时要尽快自救、逃生。

① 当化学药品倾翻泄漏时，首先应防止人员受伤，然后再以吸水棉吸净，清理干净。当化学药品溅到身上时，应立即用大量清水冲洗干净。

② 当化学药品喷溅到眼睛，或身体其他部位被化学物品损伤时，应立即以大量清洁水充分冲洗，并尽快送医院治疗。

③ 当发现有化学气体外泄时，应立即关闭漏气钢瓶，若因阀门故障无法关闭时，应即刻将其搬至室外，远离人群，并及时向消防部门报警（119）。

④ 当实验室发生火险时，应立即妥善处置氢气、氧气及乙炔等易爆钢瓶，切断电源，立即以灭火器扑灭火源。必要时应立即报警。若火势太大或发生爆炸，则全部人员应按紧急逃生路线尽快疏散。

第二章 运动解剖学实验

实验一 基本组织的显微观察

实验目的

（1）掌握上皮组织的分类及结构特点，熟悉上皮组织的分布。

（2）掌握致密结缔组织、疏松结缔组织、软骨组织、骨组织结构特点。了解其他结缔组织的结构特点。

（3）掌握骨骼肌的结构特点，了解神经元的结构特点。

实验内容

观察上皮组织、结缔组织、肌组织和神经组织的结构。

实验器材

各种组织切片、普通光学显微镜等。

实验方法

（1）每2个学生一组，首先复习显微镜的使用。

（2）根据教材和实验指导图片观察各组织切片，掌握各组织的显微结构，并画出结构图。

实验步骤

一、显微镜的使用

1. 一般构造

显微镜是进行细胞、组织研究和实验的重要仪器之一。显微镜可分为普通光学显微镜和精密度很高的电子显微镜。普通光学显微镜又可分为单目镜、双目镜等多种类型。在实验课中同学们最常使用的为单目镜。普通单目镜的一般构造如图2-1-1所示。

（1）镜筒：镜筒装接目镜。

（2）旋转盘：接于镜筒下方，嵌装物镜，可以旋转。

（3）镜台：放置玻片的平台，中央有一圆孔，光线可通过此孔，两侧装有压片夹或推进器。

（4）光圈：位于集光器上方，可任意开闭，以调节光线强弱。

（5）集光器：由几片透镜组成，用以聚集光线，可上下移动，以调节光度。

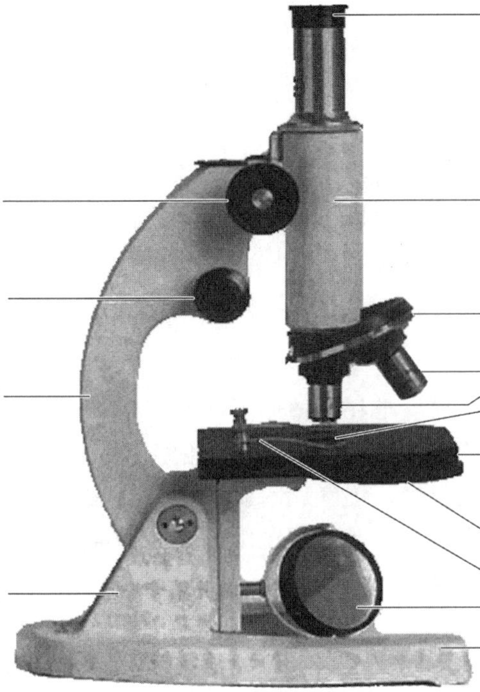

图 2-1-1 显微镜的构造

（6）副镜台调节器：转动时可使副镜台上下移动，以调节亮度。

（7）反光镜：为集光器下方的圆镜，有平凹两面。凹面镜有聚光作用，光线弱时使用。平面镜只有反射作用，光线强时使用。此镜片可向各方向转动、收集光源（注：本实验室使用的显微镜用灯泡代替反光镜，只需接通电源和打开开关即可使用）。

（8）目镜：嵌于镜筒之顶端，刻有 5× 或 10× 或 15× 等字样，表示该目镜的放大倍数。

（9）物镜：嵌于旋转盘下，分低倍、高倍和油镜 3 种，上面均刻有放大倍数，如 10× 或 40× 或 100× 等。低倍镜放大约 10 倍，镜头较短。高倍镜放大约 40 倍，镜头较长。油镜放大 90~100 倍，镜头最长，有红线或黑线作标记，用时在镜头与玻片之间要加香柏油。

（10）镜臂：位于中部，呈弓形，作支持和握取用。

（11）细调节器：位于粗调节器下方，调节轮较小，旋一圈可升降镜筒 0.1 mm。

（12）粗调节器：位于镜筒两侧，调节轮较大，旋一圈可升降镜筒 10 mm。

（13）镜座：在最下部，呈马蹄形，作支撑用。

2. 显微镜的使用方法

（1）对光：转动旋转盘，将低倍镜置于镜筒直下方，放大光圈，适当下降集光器，两眼睁开，用左眼在目镜上观察（注意两眼睁开，勿用右眼），转动反光镜，使镜内视野完全明亮为止。

（2）装片：用粗调节器升高镜筒，将切片平置于镜台上（盖玻片必须朝上）；移动切片使需观察的部分移至圆孔中央，并用压片夹固定（如有推进器时，可先将切片固定，再将标本移至圆孔中央）。

（3）使用低倍镜：向前转动粗调节器，应从镜侧密切注视，使镜筒慢慢下降至距离玻片约 3 mm 时为止。然后，左眼注视目镜，向后转动粗调节器，使镜筒缓慢上升至见到物像。再转动细调节器，将物象调节到最清晰时为止。

用低倍镜观察视野广，能看见较多结构，宜多下功夫观察和寻找组织结构，不要急于使用高倍镜。

（4）使用高倍镜：在低倍镜下将需观察的结构移至视野中央，再把高倍镜转至镜筒直下方，通常只需转动细调节器调节焦距即可得到清晰的物像，如光线太弱，可开大光圈，升高集光器。在使用非原配镜头的显微镜时，则应先用粗调节器升高镜筒，再调换高倍镜，按使用低倍镜的步骤进行。

3. 注意事项

（1）携取：一手握镜臂，另一手托住镜座。

（2）放置：镜台向前，镜臂向后，置于工作台偏左侧。

（3）保护：使用时，勿使灰尘、湿气、水滴、药品等沾染显微镜的任何部位；禁用口吹或手抹目镜、物镜上的灰尘或污物，要用擦镜纸或绸布拭净，以免损坏透镜；严禁拆卸、调换和玩弄目镜、物镜；使用调节器时动作要轻，以免损坏；离开座位时，需将显微镜扶直，并推至桌子中央，以免撞翻。

（4）收藏：使用完毕，将镜臂转至垂直位，移去玻片，升高镜筒，将物镜转至两侧，不使任一物镜对准圆孔，然后再转动粗调节器，使镜筒下降至最低处，将反光镜折回原来的位置，拭净镜座、镜台，最后收回。

二、观察 4 种组织的结构特点

1. 单层扁平上皮（见图 2-1-2）

显微镜看到的为正面观，低倍镜下可见扁平上皮细胞多且排列紧密，细胞间质很少。再换高倍镜观察，见上皮细胞呈多边形，细胞边界清晰，呈锯齿状，相邻细胞紧密嵌合，细胞间质很少，无血管，细胞核位于中央。

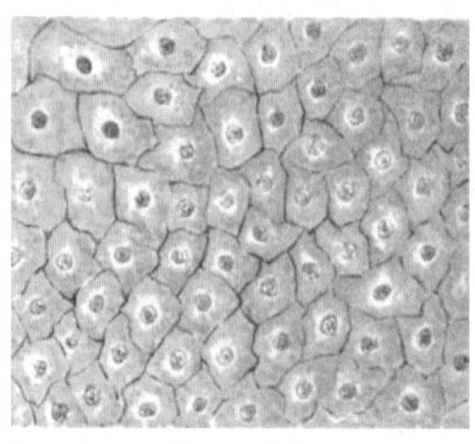

图 2-1-2　单层扁平上皮

2. 单层柱状上皮（见图 2-1-3）

低倍镜观察：取小肠切片标本，观察小肠皱襞上有指状的突起，即小肠绒毛，绒毛表面有一层整齐排列的柱状形上皮细胞，其中夹有杯状细胞。再用高倍镜观察：柱状细胞密集排列，核为椭圆形，近基底部被染成蓝紫色，细胞的游离面有一层粉红色膜状结构，称微绒毛。杯状细胞呈高脚酒杯状，细胞上端膨大，下端细小，核呈三角形或半圆形，位于细胞酒杯状的底部，其杯内积有大量的黏液颗粒，镜下由于标本处理的原因黏液颗粒丢失而呈空泡（见图 2-1-3）。

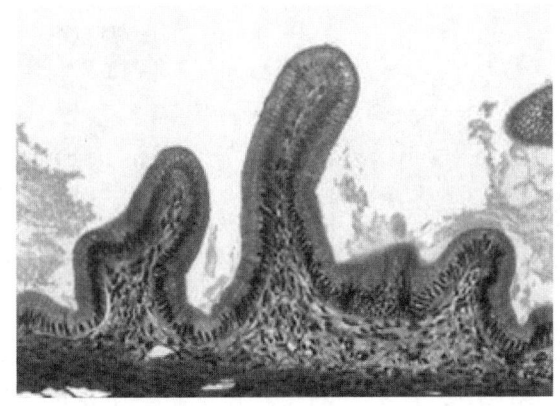

图 2-1-3　单层柱状上皮

3. 假复层柱状纤毛上皮（见图 2-1-4）

低倍镜观察，找到假复层柱状纤毛上皮所在部位；高倍镜下可见有 4 种形状的上皮细胞，即锥形、梭形、柱状、杯状，细胞基底部均附着于基膜；胞核位置高低不等，似像由几层细胞组成，其中柱状细胞游离面上有细丝状的纤毛。

4. 复层扁平上皮（见图 2-1-5）

用低倍镜观察，辨别朝向管腔的黏膜层，可见管壁内面由着色较深的数层至十几层上皮细胞组成，因各处厚薄不一，基底层呈波浪形。换高倍镜观察时，可见基底部的一层上皮细胞呈矮柱状，中层为多层多角形，接近表面数层渐变为扁平细胞。

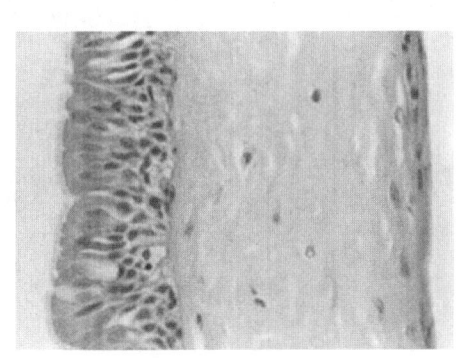 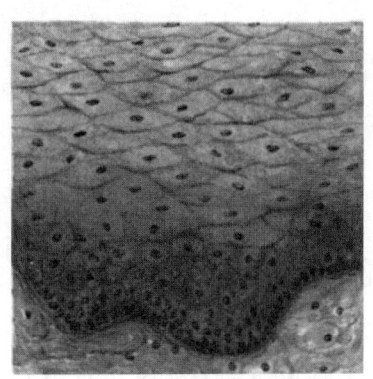

图 2-1-4　假复层纤毛柱状上皮　　　　图 2-1-5　复层扁平上皮

5. 变移上皮（图 2-1-6）

用低倍镜观察，辨别朝向管腔的变移上皮层；高倍镜观察，可见到上皮细胞排列层次较多，整个上皮较厚，表层细胞较大，深层细胞较小。

6. 疏松结缔组织（见图 2-1-7）

低倍镜下观察疏松结缔组织的细胞间质多，悬浮在基质中的细胞有成纤维细胞、巨噬细胞、浆细胞、肥大细胞、脂肪细胞、淋巴细胞等，以及染成粉红色较粗的胶原纤维、染色深而细的弹性纤维。用高倍镜仔细观察各种细胞的形状。

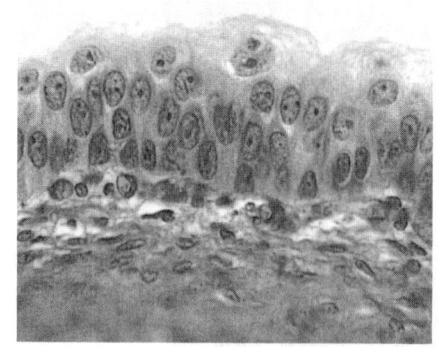

图 2-1-6　移行上皮

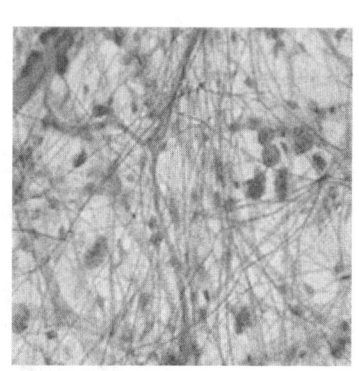

图 2-1-7　疏松结缔组织

7. 规则致密结缔组织（见图 2-1-8）

低倍镜下观察，大量密集的胶原纤维顺着受力的方向平行排列成束，基质和细胞很少，位于纤维之间。在高倍镜下找到并观察腱细胞，在纤维束间排列成单行。切面上呈长梭形，胞体伸出多个薄翼状突起插入纤维束之间，胞核扁椒圆形，着色深。

8. 透明软骨（见图 2-1-9）

低倍镜下，可见透明软骨组织均匀分布的基质，基质中有许多大小不等的软骨陷窝，每个软骨陷窝中埋有一至数个软骨细胞，在高倍镜下找到并观察软骨陷窝和软骨细胞。

图 2-1-8　规则致密结缔组织

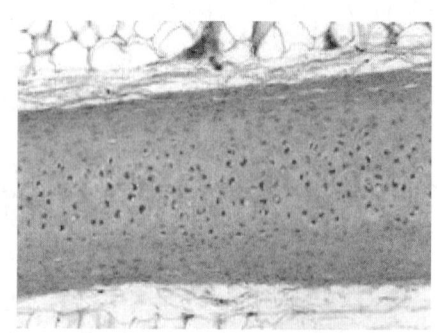

图 2-1-9　透明软骨

9. 骨磨片切片（见图 2-1-10）

用低倍片观察，可见哈佛氏管、哈佛氏骨板和间骨板，找到典型的哈佛氏系统（骨单位），用高倍片观察，仔细观察中央的哈佛氏管和周围同心圆排列的哈佛氏骨板，可见骨板间有许多呈黑色的卵圆形小腔，即骨陷窝。

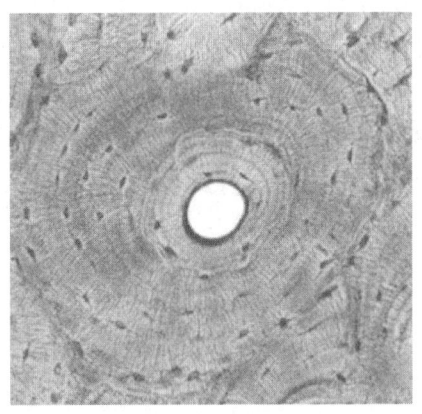

图 2-1-10　骨单位

10. 骨骼肌组织（见图 2-1-11）

低倍镜观察，可见纵切面上纵行排列的肌纤维染成蓝色，其周围结缔组织染色较淡。换高倍镜观察，可见许多沿肌纤维长轴排列的肌原纤维。肌原纤维有明显的横纹，染色深的为暗带，染色淡的为明带。

11. 脊髓横断面切片（见图 2-1-12）

低倍镜观察或映示幻灯片，可见到一些成群或单个分布的含有突起的神经元，即多极神经元，在切片制作上，由于突起在离开胞体不远处被切断，故看不到与胞体相连的树突和轴突。选择一较清晰的神经元，换高倍镜观察，可见胞体呈多角形，胞核大而圆、染色较浅，核中央的核仁染色较深。在细胞质内可见到许多不规则的染成深蓝色的小块，即尼氏体。

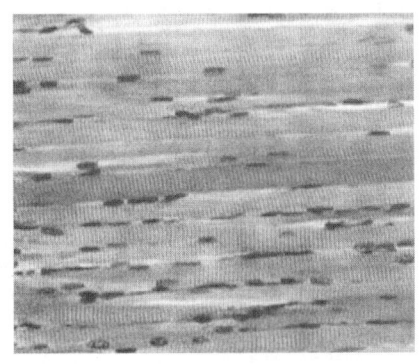

图 2-1-11　骨骼肌组织

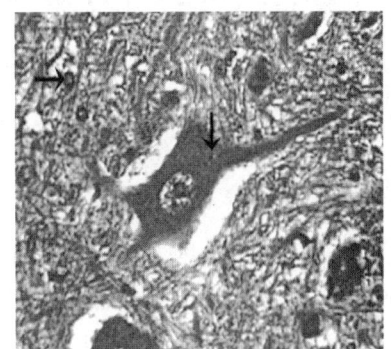

图 2-1-12　脊髓横断面切片

注意事项

（1）显微镜是精密仪器，注意在使用过程要轻拿轻放，避免损坏。

（2）若使用有光源灯泡的显微镜时，使用前请先插好插座，再开电源开关。离开时先关闭电源开关，再拔掉插座，将显微镜放回原处。

实验报告

（1）请对你自己的实验情况作出小结和评价。
（2）画出显微镜或幻灯片中看到的单层扁平上皮图，并说明上皮组织结构特点。
（3）绘出假复层纤毛柱状上皮和变移上皮的结构图，并体会其功能意义。
（4）观察骨磨片，将观察的结构画出结构图，并标注各结构名称。
（5）肌纤维纵切片观察中，绘制一根肌原纤维结构图，并标注明带、暗带、H带、Z线、M线和肌节。

课后练习

课后复习，根据实践体会，总结各组织的结构特点。

实验二 运动系统的一般形态结构的观察

实验目的

（1）掌握4种骨的形态及结构特点。
（2）掌握关节的结构和分类及各类关节的形态结构特征。
（3）熟悉骨骼肌的分类，掌握其基本结构及辅助结构。

实验内容

（1）观察4种形态骨，理解骨的分类方法及其形态结构特征。
（2）观察关节结构和关节分类模型。
（3）观察骨骼肌的分类和结构。

实验器材

人体骨架标本、4种形态的骨标本及其剖面标本、人体关节分类标本模型、各类关节标本。新鲜猪股骨和关节标本。器械盘、止血钳、镊子、手术刀柄、手术刀片、一次性手套。

实验方法

（1）每2个学生一组，根据教材和实验指导仔细观察标本，观察骨和关节的分类及其形态结构特征，观察关节的基本结构及辅助结构，观察骨骼肌的分类、基本结构及辅助结构。
（2）进行新鲜猪股骨和关节标本解剖，观察骨、关节、骨骼肌的基本结构。
（3）实验结束前半小时进行实验抽查考试。

实验步骤

一、观察骨的形态（见图 2-2-1）

根据长骨、短骨、扁骨和不规则骨的形态特征，在散骨标本中找出上述骨头各 1 块，区别此 4 块骨各自的形态结构特点。对于人体全身骨架上的骨，进行 4 种形态的骨的分类，掌握长骨、短骨、扁骨和不规则骨的形态特征与分布。长骨有明显的一体两端，此类骨多分布于上肢和下肢。两端膨大的部分，称为骺。注意观察长骨两端（骺端）游离面较为圆滑的关节面；短骨一般呈立方形，多群居于腕部和踝部。扁骨呈薄板状，面积大，一般分布于中轴和四肢带部，如颅顶骨、胸骨和位于胸廓后面上外侧的肩胛骨。不规则骨呈不规则形，如构成脊柱的椎骨。结合观察 4 种形态骨剖面标本，注意 4 种形态骨的骨密质与骨松质的分布情况。

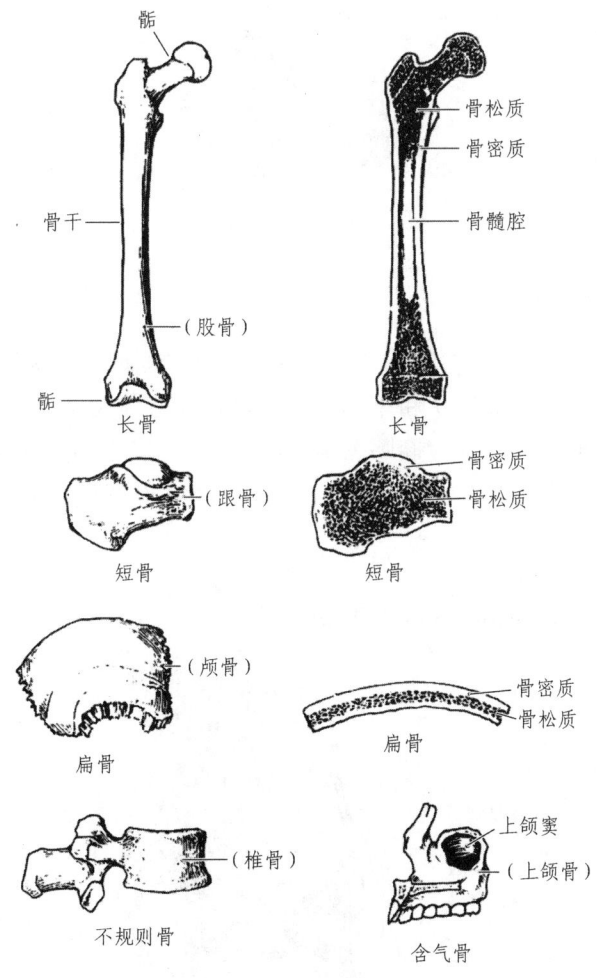

图 2-2-1 骨的类型

二、观察骨的结构（见图 2-2-2）

解剖新鲜猪骨，观察以下结构：

（1）用解剖镊将骨体表面的骨膜撕开，观察骨外膜，由于标本制作上内外两层难以分离，故只见一层骨外膜。骨内膜紧贴着骨髓腔表面，难以分离。

（2）观察剖开骨两端关节面覆盖着关节软骨，骺端内部为骨松质，骨体骨质主要是骨密质。结合观察干枯的股骨纵切标本，仔细观察骺端的骨松质骨小梁排列特点，辨认出压力线和张力线。思考压力线、张力线的功能。

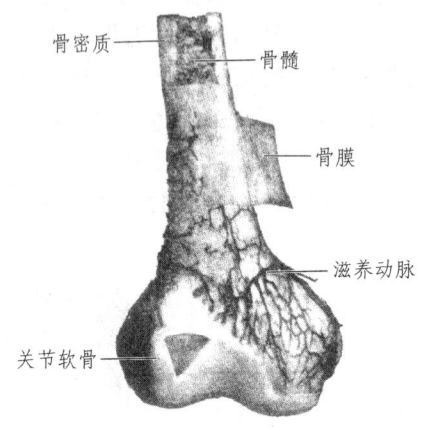

图 2-2-2　骨的结构

三、观察关节分类模型

取人体关节分类模型和关节标本，可见只绕一个轴运动的是单轴关节，单轴关节按关节面形状又分为屈戍关节（如指关节）和车轴关节（如桡尺近侧关节）；绕两个轴运动的是双轴关节，双轴关节按关节面形状又分为椭圆关节（如桡腕关节）和鞍状关节（如拇指腕掌关节）；绕3个轴运动的是多轴关节，多轴关节按关节面形状又分为球窝关节（如髋关节）和平面关节（如肩锁关节）。

四、观察关节的结构及辅助结构（见图 2-2-3）

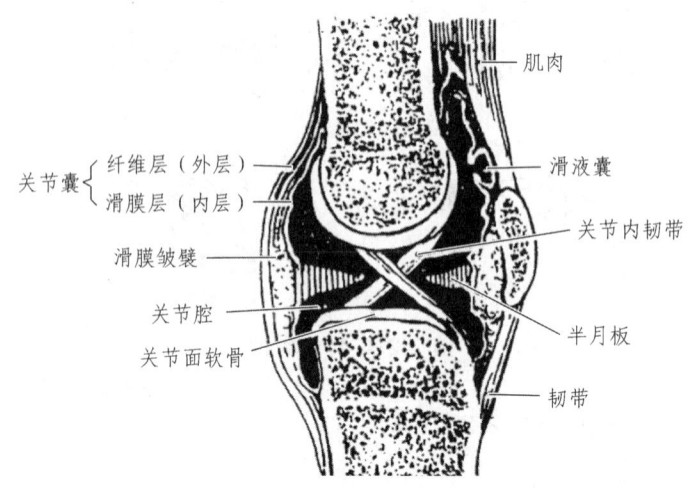

图 2-2-3　关节的基本结构及辅助结构

取动物（猪）新鲜的关节观察：可见关节囊包裹在关节面周围，封闭关节腔。在关节两侧，用刀轻轻剥离关节囊，见有囊壁明显增厚的部分，这为韧带。将关节囊打开，可见关节腔内有少许滑液，关节面显得特别光滑，用手触摸关节面有光滑感，用刀片可以把表面的关节面软骨削掉。思考关节面软骨及滑液的作用。

观察人膝关节标本，辨认关节内软骨（半月板）、韧带（交叉韧带、髌韧带）、滑膜襞、滑膜囊等结构，观察肩关节和膝关节的标本或模型，观察韧带和关节唇，思考这些辅助结构的作用。

五、观察骨骼肌的分类与基本结构（见图 2-2-4）

取人体全身肌肉模型，根据肌肉外形骨骼肌可分为 4 类，观察 4 类骨骼肌的分布，长肌比较长，主要分布于上肢和下肢；短肌分布于躯干深部，如肋间肌，相对比较短；扁肌肌肉扁而薄，主要分布于胸腹壁，如胸大肌、背阔肌；轮匝肌分布于孔或裂周围，是由环行肌纤维构成的肌肉，如口轮匝肌。

从肌束排列方向上看，有肌束与肌肉长轴排列一致的梭形肌，如位于大腿前面及内侧面呈扁带状的缝匠肌和位于上臂前面的肱二头肌等。还有肌束与肌肉长轴呈锐角排列的羽状肌，如半羽状肌（如大腿后面的半腱肌）、羽状肌（如大腿前面的股直肌）和多羽状肌（如肩上的三角肌）等。

从肌肉位置上看，可见胸肌、腹肌、肋间肌和臀肌等。从肌肉起止点附着部位上看，还有肱桡肌（起于肱骨，止于桡骨）和胸锁乳突肌（起于胸骨和锁骨，止于颞骨乳突）等。

从肌肉跨过关节的数目上看，可见单关节肌、双关节肌和多关节肌。如跨过一个关节的肌肉有肱肌，称为单关节肌；跨过两个关节的肌肉有肱二头肌，称为双关节肌；跨过两个以上关节的肌肉有指浅屈肌，称为多关节肌。

六、观察骨骼肌的基本结构及辅助结构（见图 2-2-4）

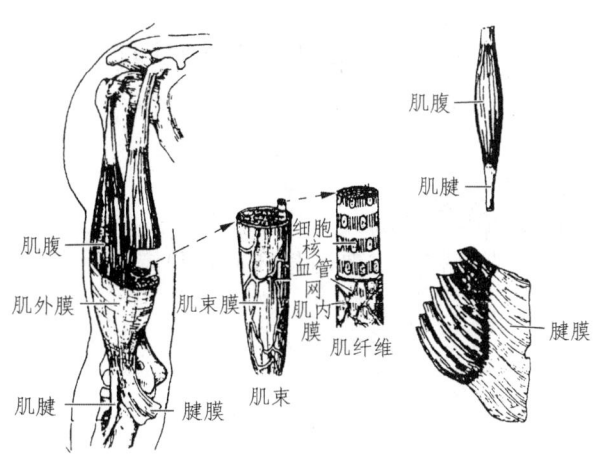

图 2-2-4 骨骼肌的基本构造

取骨骼肌结构模型或动物新鲜肌肉观察：可见骨骼肌一般是由中部的肌腹和肌腹两端的肌腱两部分构成的。将肌腹做一横切面进行观察，可见肌腹是由许多肌纤维集合成为肌束；

许多肌束聚合成肌腹。在肌纤维、肌束和肌腹的表面包裹着一层薄膜，分别称为肌内膜、肌束膜和肌外膜。这3层膜向肌腹两端延伸构成肌腱或扁平状的腱膜。

取骨骼肌的图片或标本观察骨骼肌的4种辅助结构，筋膜、腱鞘、籽骨、滑膜囊的结构，体会它们的功能。

实验报告

（1）请对你自己的实验情况作出小结和评价。
（2）在图 2-2-5 中，填写引线所指的骨结构名称，标注压力线和张力线。

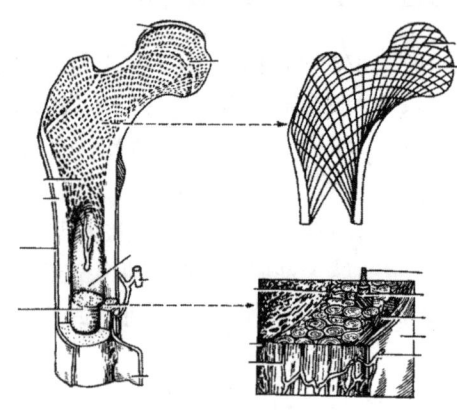

图 2-2-5

课后练习

1. 课后复习，掌握骨、关节、骨骼肌的分类与结构。
2. 讨论运动中如何利用肌肉的伸展性和弹性发挥其运动能力。

实验三　附肢骨的观察

实验目的

（1）掌握人体全身骨的组成及各骨名称、位置。
（2）掌握常见附肢骨的形态结构及主要的骨性标志和体表标志。

实验内容

观察附肢骨。

实验器材

完整骨骼标本，散骨标本。

实验方法

（1）每 2 个学生一组，根据教材和实验指导仔细观察标本，并相互提问，掌握常见骨的主要的骨性标志。

（2）根据教材、整骨标本找到常见的体表标志，并相互在同学或自己身上找准体表标志的位置。

（3）实验前半小时进行实验抽查考试。

实验步骤

一、人体全身骨的组成、名称及位置（见图 2-3-1）

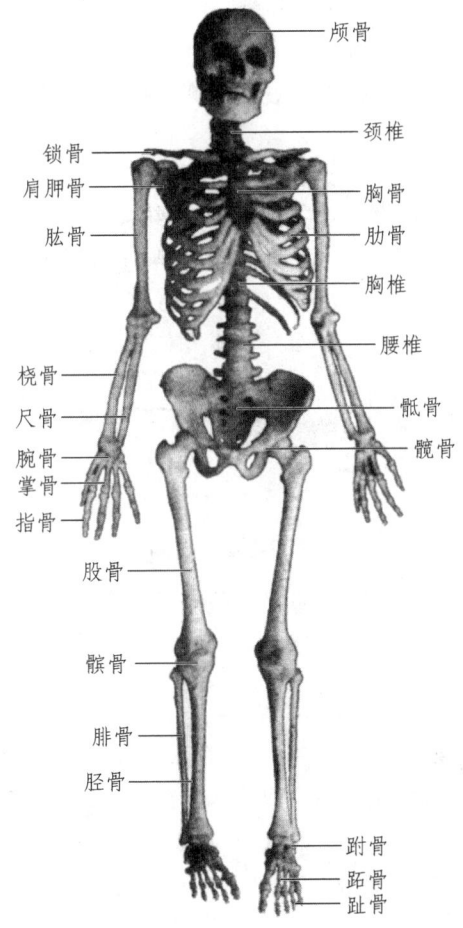

图 2-3-1　全身骨的位置和名称

成人全身共有 206 块骨，根据其存在的部位，可分为中轴骨和四肢骨（附肢骨）两部分。中轴骨包括颅骨和躯干骨；四肢骨包括上肢骨和下肢骨。

颅骨可分为脑颅骨、面颅骨两部分。

躯干骨由 26 块椎骨（成人）、12 对肋和 1 块胸骨所组成。

上肢骨分为上肢带骨和自由上肢骨两部分。

上肢带骨包括锁骨和肩胛骨，自由上肢骨包括肱骨、尺骨、桡骨、手骨（腕骨、掌骨和指骨）。

下肢骨分为下肢带骨和自由下肢骨两部分。

下肢带骨即髋骨。自由下肢骨包括股骨、髌骨、胫骨、腓骨、足骨（跗骨、跖骨和趾骨）。

二、观察上肢骨

1. 上肢骨各骨的主要骨性标志

根据课堂教学内容，分辨出锁骨、肩胛骨、肱骨、桡骨、尺骨、手骨（腕骨、掌骨和指骨）位置及上下、前后、内外侧，掌握各骨的主要骨性标志。

（1）锁骨（见图 2-3-2）：S 形长骨，分为"一体两端"。上面光滑，下面粗糙。内侧 2/3 凸向前，外侧 1/3 凸向后。锁骨内侧端粗大，呈圆柱状，称胸骨端，其末端为胸骨关节面，与胸骨的锁切迹相关节；外侧端呈扁平状，称肩峰端，其末端有肩峰关节面，与肩峰上的相应关节面相关节。

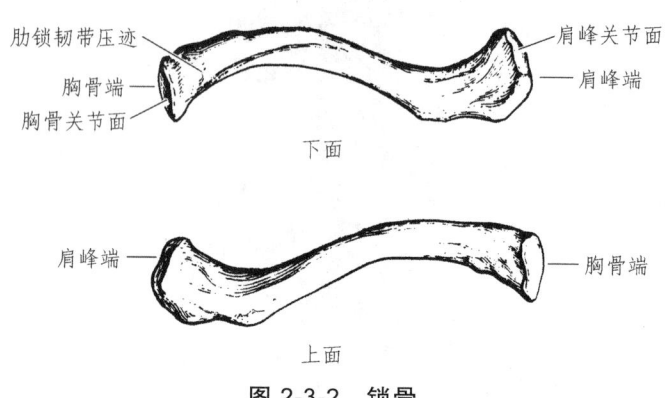

图 2-3-2　锁骨

（2）肩胛骨（见图 2-3-3）：三角形扁骨，位于胸廓的后外上方，第 2 到第 7 肋之间，有 3 个缘、3 个角、2 个面。

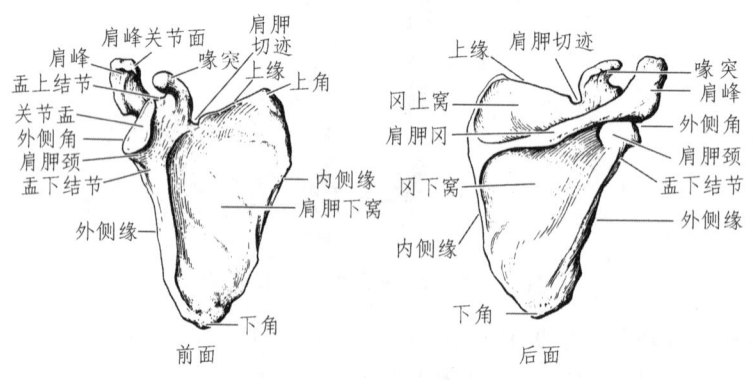

图 2-3-3　肩胛骨

3 个缘：上缘（肩胛切迹、喙突）、内侧缘、外侧缘；

3个角：内侧角、下角、外侧角（关节盂、盂上结节、盂下结节）；

2个面：前面亦称肋面（肩胛下窝），后面亦称背面（肩胛冈、冈上窝、冈下窝、肩峰、肩峰关节面）。

（3）肱骨（见图2-3-4）：是典型长骨，分为一体两端。

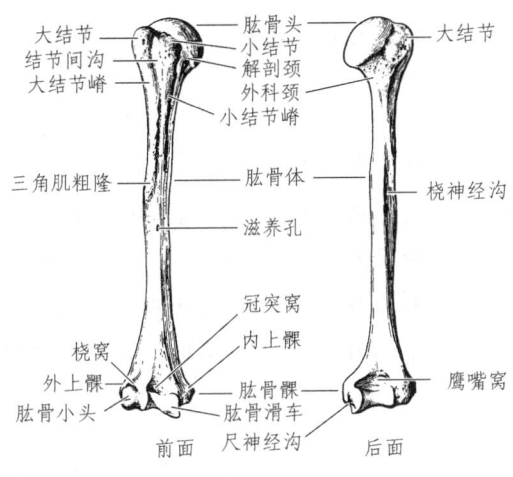

图 2-3-4　肱骨

上端：肱骨头、解剖颈、外科颈、大结节、大结节嵴、小结节、小结节嵴、结节间沟。

肱骨体：三角肌粗隆、桡神经沟。

下端：内上髁、外上髁、肱骨滑车、肱骨小头、冠突窝、桡窝、尺神经沟、鹰嘴窝。

（4）尺骨（见图2-3-5）：呈三棱柱形，位于前臂内侧，属长骨，分为一体两端。

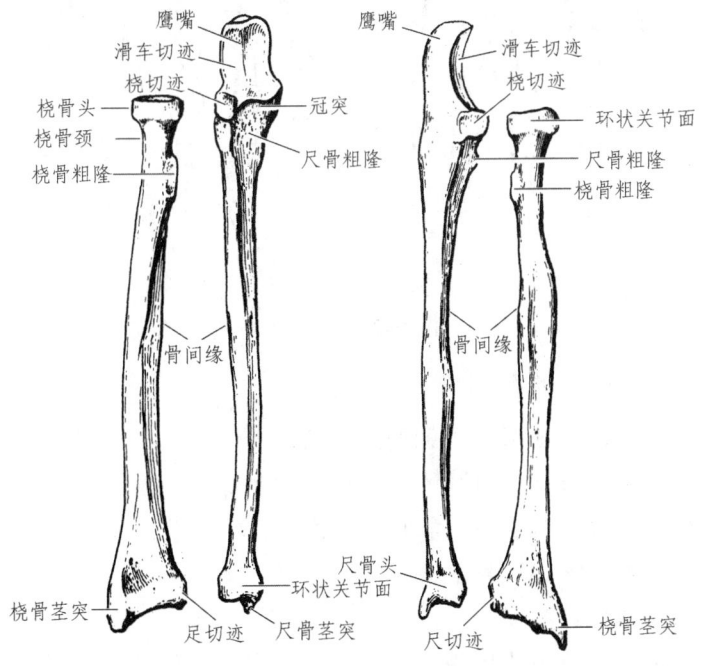

图 2-3-5　尺、桡骨

上端：鹰嘴、冠突、滑车切迹、尺骨粗隆、桡切迹。

尺骨体：骨间缘。

下端：尺骨头、环状关节面、尺骨茎突。

（5）桡骨（见图2-3-5）：位于前臂外侧，属长骨，分为一体两端。

上端：桡骨头、关节凹、环状关节面、桡骨颈、桡骨粗隆。

桡骨体：骨间缘。

下端：桡骨茎突、腕关节面、尺切迹。

（6）手骨（见图2-3-6）。腕骨8块，排成两列，每列4块，近侧列由外侧向内侧依次为手舟骨、月骨、三角骨和豌豆骨；远侧列由外侧向内侧依次为大多角骨、小多角骨、头状骨和钩骨。掌骨5块，由外侧向内侧依次为第一至第五掌骨，每块掌骨分为掌骨底、掌骨体和掌骨头。指骨，共14块，除拇指是2块外，余皆为3块，分为近节（基节）指骨、中节指骨（拇指无中节指骨）和远节（末节）指骨，近节指骨和中节指骨分为指骨底、指骨体和指骨滑车，远节指骨的远端为指骨粗隆。

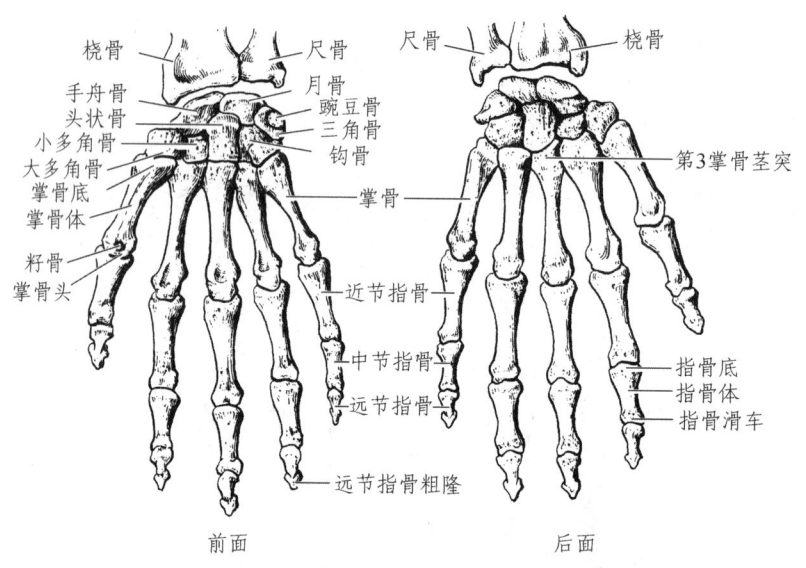

图 2-3-6　手骨

2. 上肢骨主要体表标志的触扪

（1）锁骨，位于皮下，呈S形，可触扪到全长。

（2）肩胛骨，可触扪到肩峰、肩胛冈、下角、内侧缘。

（3）肱骨，可触扪到大结节、内上髁和外上髁。

（4）尺骨，可触扪到鹰嘴、尺骨茎突。

（5）桡骨，可触扪到桡骨茎突。

（6）手骨，手骨位于桡腕关节掌侧面，两侧可摸到大多角骨、豌豆骨；握拳或伸掌时，可看到或摸到各掌骨及指骨。

三、观察下肢骨

1. 下肢骨各骨的主要骨性标志

根据课堂教学内容，分辨出髋骨、股骨、髌骨、胫骨、腓骨、足骨（跗骨、跖骨和趾骨）的位置及上下、前后、内外侧，掌握各骨的主要骨性标志。

（1）髋骨（见图2-3-7）：有一对，左右各一块，由髂骨、耻骨和坐骨3骨愈合而成，整体上可见髋臼和闭孔。

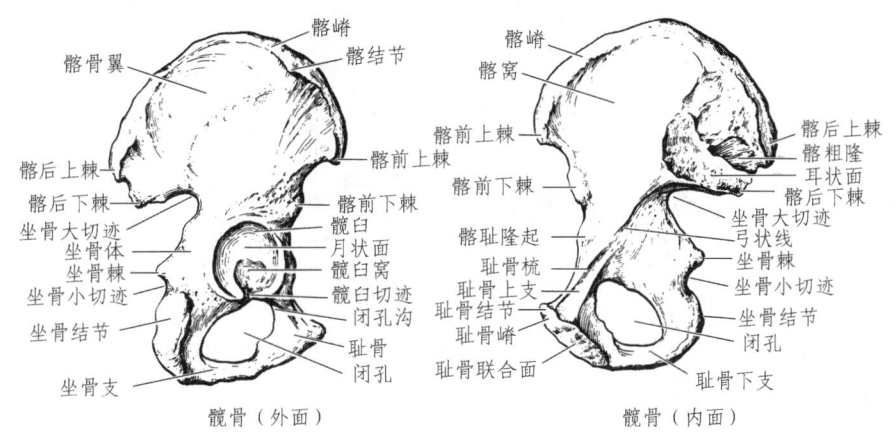

图 2-3-7　髋骨

① 髂骨：构成髋骨上部，分为髂骨体和髂骨翼。髂嵴前上方的突起称为髂前上棘，下方的突起称为髂前下棘；后端上方的突起，称为髂后上棘，下方的突起称为髂后下棘。髂后下棘下方有坐骨大切迹。髂骨翼内面光滑而凹陷，称为髂窝，髂窝的下界有弓形的骨嵴称为弓状线，后部内侧骨面上有耳朵形的粗糙关节面称为耳状面。髂骨翼外面称为臀面，为3块臀肌的附着点。

② 坐骨：构成髋骨的下部，分为坐骨体和坐骨支。坐骨体后缘有一尖锐突起，称为坐骨棘，上方有坐骨大切迹，下方有坐骨小切迹。坐骨体后下部向前、上、内延伸为较细的坐骨支，其末端与耻骨支结合。坐骨体后下方的粗糙隆起称为坐骨结节，坐位时将承受体重。

③ 耻骨：构成髋骨的前下部，分为耻骨体、耻骨上支和耻骨下支。耻骨体向前内伸出耻骨上支，其末端急转向下，形成耻骨下支。耻骨上、下支移行处的上缘有一突起，称为耻骨结节。耻骨前内侧的长卵圆形粗糙面，称为耻骨联合面。

（2）股骨（见图2-3-8）：是人体最粗大的骨头，约占人身高的1/4左右。上端：内上方有一球形的股骨头，头中央稍下方有股骨头凹，头下方外侧变细的部分，称为股骨颈。股骨颈与股骨体联结处有两个突起，外上方的突起较大称为大转子；内下方的突起较小称为小转子。大、小转子之间，前面有不明显的转子间线，后面有明显的转子间嵴。

股骨体：前面光滑，后面有一纵嵴称为粗线。粗线分叉形成内侧唇和外侧唇，其向上外延续于粗糙的臀肌粗隆；向下延续至股骨下端时，二线间的骨面为腘面。

下端：股骨下端有左右膨大并向后突出的内侧髁和外侧髁。内、外侧髁的前方关节面彼此相连，形成髌面，后部两髁之间的深窝为髁间窝，两髁侧面最突起处，分别称为内上髁和外上髁。内上髁上方有收肌结节。

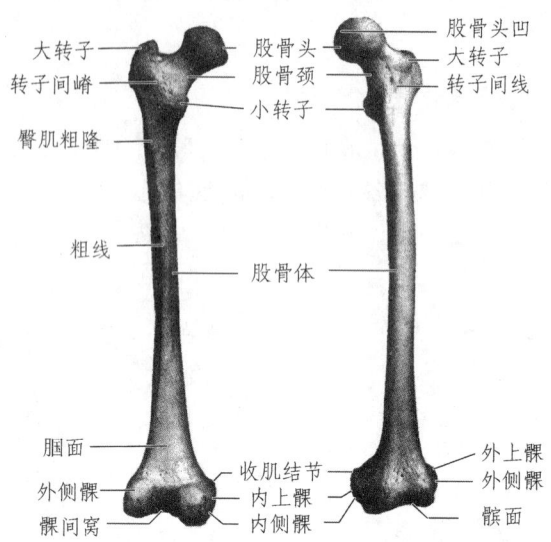

图 2-3-8 股骨

（3）髌骨：为人体最大的籽骨，呈倒三角形，髌底朝上，髌尖向下，前面粗糙，后面光滑称髌关节面。

（4）胫骨（图 2-3-9）：为三棱柱状粗大长骨。

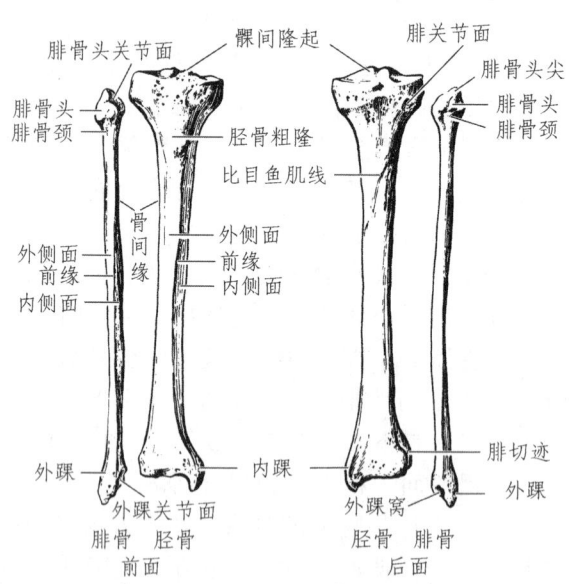

图 2-3-9 胫骨和腓骨

上端：向内、外两侧突出形成内侧髁和外侧髁。两髁之间有髁间隆起，两髁上面各有光滑的上关节面。外侧髁后下方有一腓关节面，与腓骨头相关节。上端前面的粗糙隆起称为胫骨粗隆。

胫骨体：外侧缘粗糙，形成较锐的骨间缘，后上方有斜向内下的比目鱼肌线。

下端：内侧的突起称为内踝，其外侧的关节面称为内踝关节面，外侧有一三角形切迹，称为腓切迹；下端下面有下关节面，与距骨相关节。

（5）腓骨（见图 2-3-9）：腓骨头、腓骨头关节面、骨间缘、外踝、外踝关节面。

上端：圆钝稍膨大，称为腓骨头，内上方有腓骨头关节面，上方有腓骨头尖，腓骨头下方是腓骨头颈。

腓骨体：呈三棱柱状，内侧缘锐利，称为骨间缘。

下端：呈三角形膨大，称为外踝，其内侧有外踝关节面，与距骨相关节。

（6）足骨（见图 2-3-10）：由跗骨、跖骨和趾骨组成。

（7）跗骨：有 7 块，分别为距骨、跟骨、足舟骨、内侧楔骨、中间楔骨、外侧楔骨和骰骨。辨认跟骨结节、距骨滑车。

（8）跖骨：有 5 块，由内侧向外侧依次为第一至第五跖骨，分为跖骨底、跖骨体、跖骨头。

（9）趾骨。有 14 块，除拇趾为 2 节外，余皆为 3 节，分别为近节趾骨、中节趾骨和远节趾骨，近节趾骨和中节趾骨分为趾骨底、趾骨体、趾骨滑车，远节趾骨的远端为趾骨粗隆。

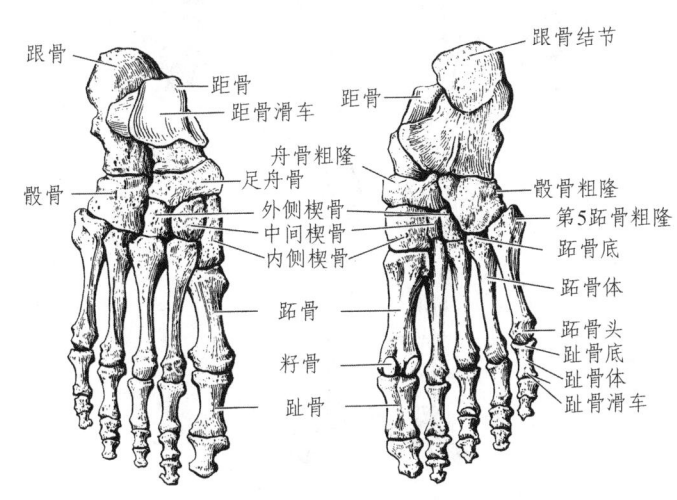

图 2-3-10　足骨

2. 下肢骨主要体表标志的触扪

（1）髋骨：可触扪到髂嵴、髂前上棘、髂后上棘、耻骨结节和坐骨结节。

（2）股骨：可触扪到大转子、外侧髁和内侧髁。

（3）髌骨：位于皮下可触扪到前面。

（4）胫骨：可触扪到内侧髁、外侧髁、胫骨粗隆、胫骨前缘、胫骨内侧面和内踝。

（5）腓骨：可触扪到腓骨头和外踝。

（6）足骨：可触扪到跟骨结节。

实验报告

（1）请对你自己的实验情况作出小结和评价。

（2）在图 2-3-11～2-3-13 中，填写引线所指各骨的名称。

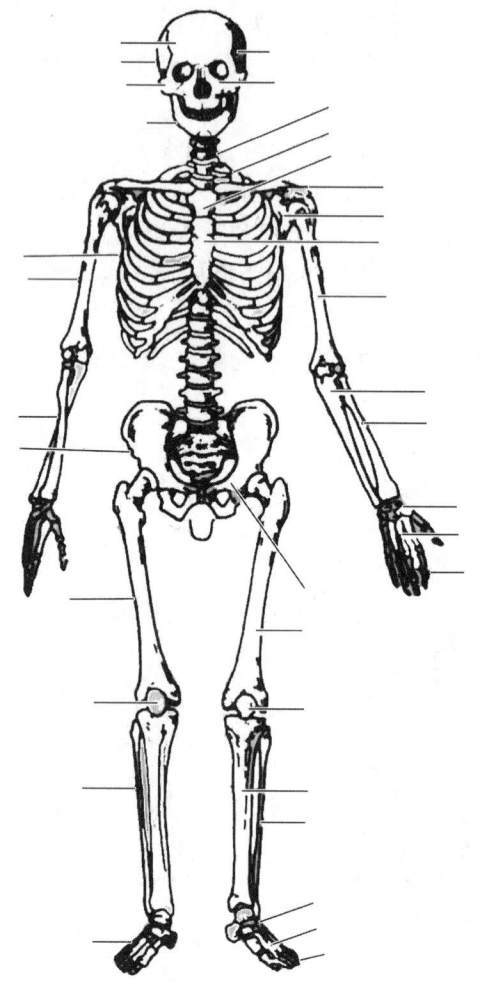

图 2-3-11　全身骨

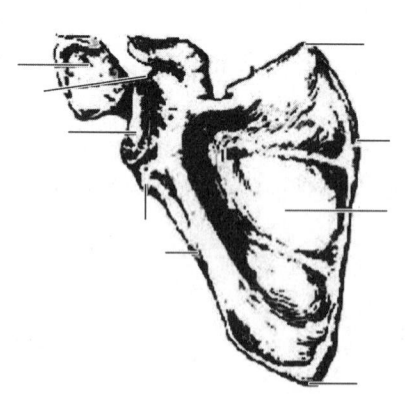 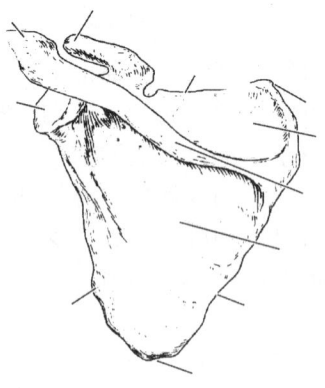

图 2-3-12　肩胛骨

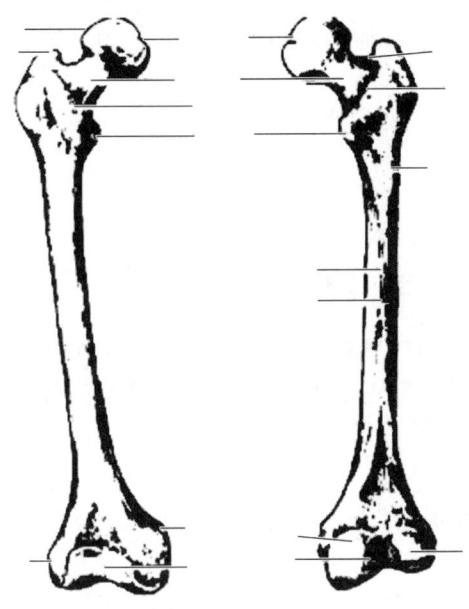

图 2-3-13　肱骨

课后练习

1. 复习，掌握各附肢骨的主要骨性结构。
2. 与同学相互进行常见体表标志的定位练习直至熟练。

实验四　中轴骨的观察

实验目的

（1）掌握人体中轴骨的组成及各骨名称、位置。
（2）掌握常见中轴骨的形态结构及主要的骨性标志和体表标志。

实验内容

观察中轴骨。

实验器材

完整骨骼标本，散骨标本，完整颅骨及其分离标本。

实验方法

（1）每 2 个学生一组，根据教材和实验指导仔细观察标本，并相互提问，掌握常见骨的主要的骨性标志。

（2）根据教材、整骨标本找到常见的体表标志，并相互在同学身上或自己身上找准体表标志的位置。

（3）实验前半小时进行实验抽查考试。

实验步骤

一、人体中轴骨的组成、名称及位置

成人全身共有 206 块骨，根据其存在的部位，可分为中轴骨和附肢骨（四肢骨）两部分。中轴骨包括颅骨和躯干骨。颅骨可分为脑颅骨、面颅骨两部分。躯干骨又由椎骨、肋骨和胸骨所组成。

二、观察躯干骨（见图 2-4-1）

1. 躯干骨各骨的内性标志

根据课堂教学内容，分辨出胸骨的上下、前后，肋骨的上下、前后及左右侧，椎骨和骶骨的上下、前后以及各部椎骨的主要特征，掌握躯干各骨的骨性标志。

（1）胸骨：胸骨柄、胸骨体、剑突、颈静脉切迹、锁切迹、肋切迹、胸骨角。

（2）肋骨：肋骨体、肋头、肋结节、肋角、肋弓、肋沟。

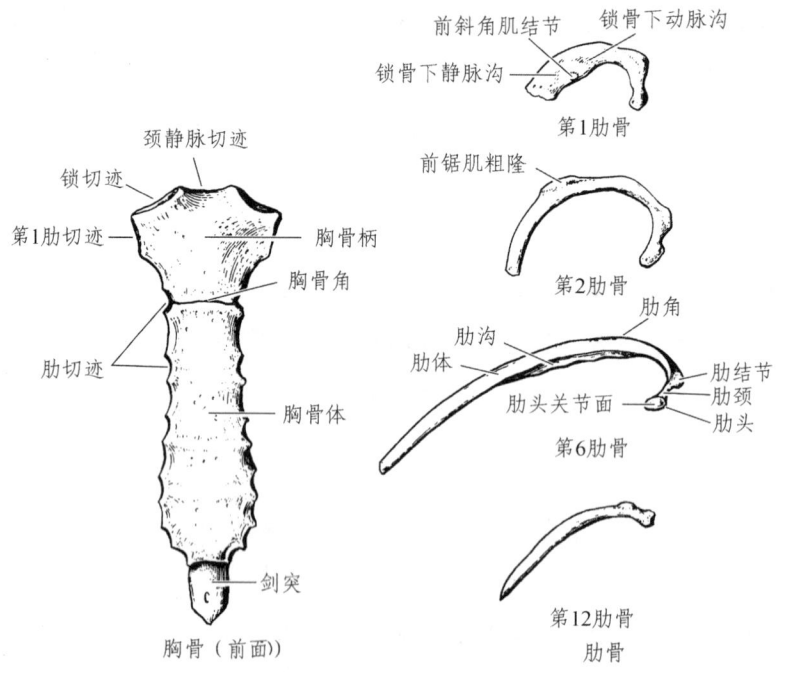

图 2-4-1　胸廓骨

（3）椎骨（见图 2-4-2）：

① 椎骨的一般形态特征：每块椎骨一般由 1 个椎体、1 个椎弓、1 个椎孔和 7 个突起构成。椎体呈圆柱形，是构成脊柱的基础。椎弓呈板状弓形位于椎体后面，由椎弓根和椎弓板

构成。连接椎体的部分，称椎弓根，椎弓根向后方放射的板状结构，称椎弓板。椎弓根上、下缘各有一个切迹，分别称椎上切迹和椎下切迹。两个相邻椎骨的上下切迹围成椎间孔，有脊神经和血管通过。椎体与椎弓围成的孔，称椎孔。全部椎骨的椎孔共同构成椎管，容纳脊髓。7个突起均位于椎弓上，包括向两侧突出的1对称横突，向上突出的1对称上关节突，向下突出的1对称下关节突，向后突出的单一突起称棘突。一个棘突、一对横突、一对上关节突、一对下关节突、椎上切迹、椎下切迹以及上下位椎骨连接形成椎管和椎间孔。

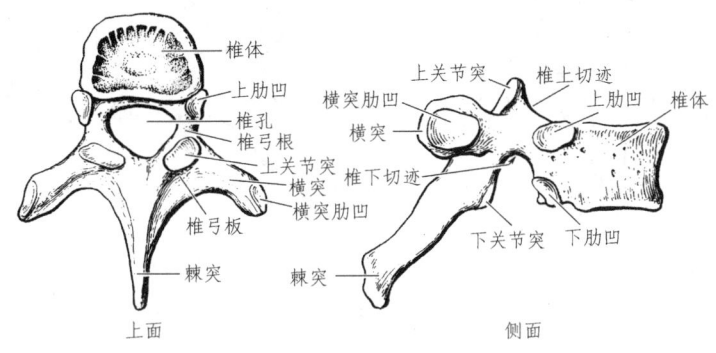

图 2-4-2　椎骨

② 各部椎骨的主要形态特征

A：颈椎：椎体较小，共7块，其中第1、2、7椎为特殊形态的颈椎，其余4块有共同特征：颈椎的横突上有圆形的横突孔；第2~6颈椎棘突末端分叉；关节突关节面近似水平位。

寰椎（第一颈椎）（见图2-4-3）：椎孔、前弓、后弓、侧块、横突孔、上关节凹、下关节面、齿突凹。

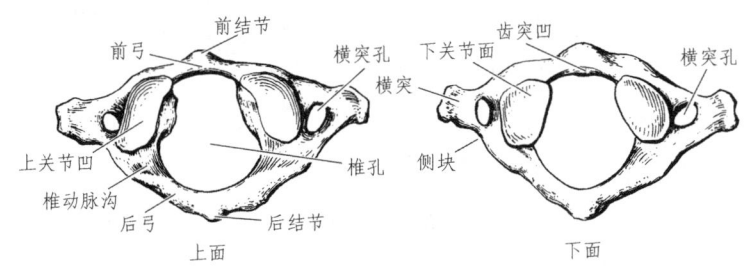

图 2-4-3　寰椎

枢椎（第二颈椎）（见图2-4-4）：齿突、上关节面。

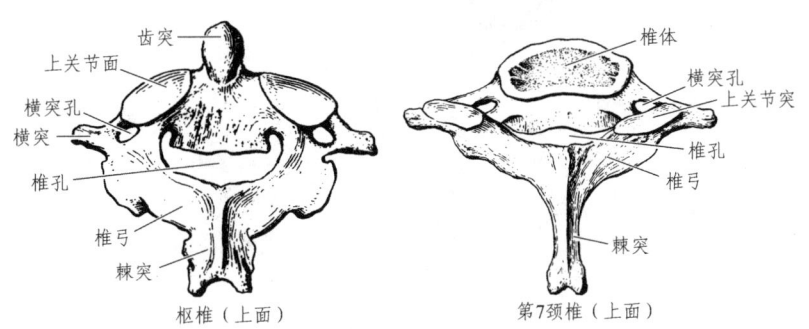

图 2-4-4　枢椎和第7颈椎

B：胸椎（见图 2-4-5）：上承颈椎，下接腰椎。胸椎椎体两外侧面的后方上、下各有一浅凹，分别称上肋凹与下肋凹。横突尖前面有一凹面，称横突肋凹，均与肋结节相关节。棘突细长，斜向后下方，呈叠瓦状。上、下关节突关节面呈冠状位。

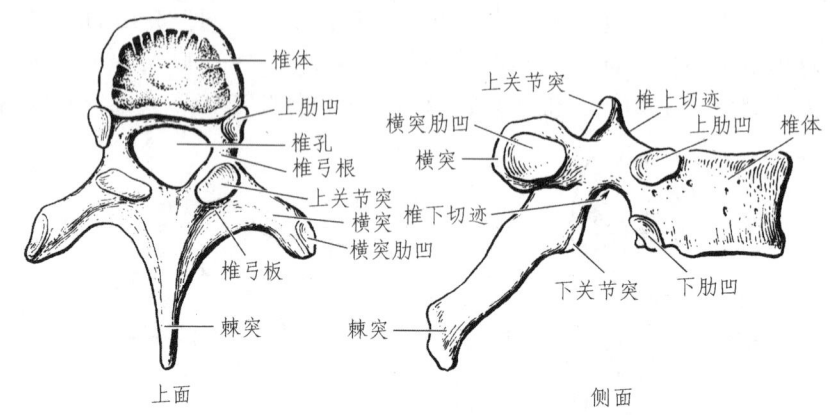

图 2-4-5 胸椎

C：腰椎（见图 2-4-6）：上承胸椎，下接骶骨，椎体粗大，棘突较短，呈长方形骨板状，水平向后。上、下关节突关节面呈矢状位，易于腰椎做屈伸运动。

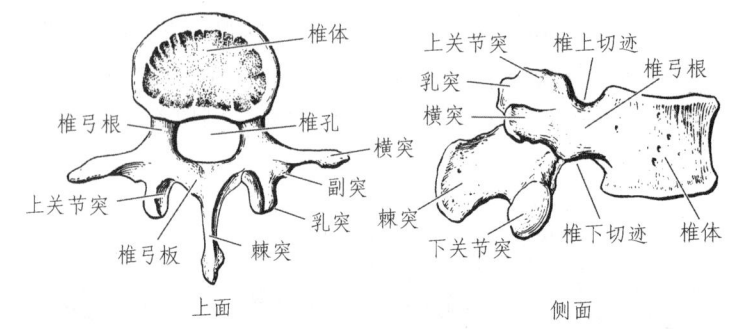

图 2-4-6 腰椎

D：骶、尾骨（见图 2-4-7）：上关节面、骶骨岬、骶管、耳状面、骶前、后孔、骶管裂孔、骶角。

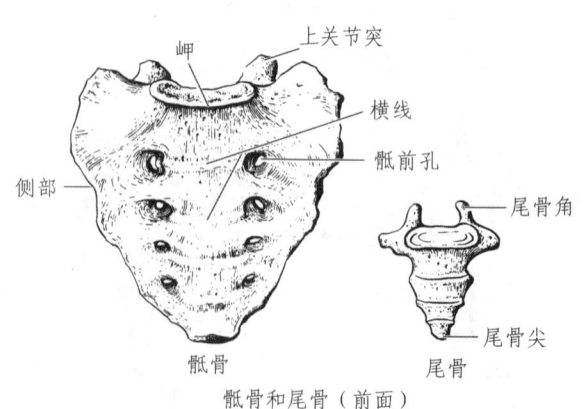

图 2-4-7 骶、尾骨

第二章 运动解剖学实验

2. 躯干骨主要体表标志的触扪

（1）胸骨：位于皮下，可触扪到胸骨的前面。
（2）肋骨：可触扪到第二至十二肋骨的外面。
（3）椎骨：位于皮下，可触扪到全部椎骨的棘突，低头时在颈后部最长的棘突为第七颈椎，是确定各位椎骨的重要标志。

三、观察颅骨（见图 2-4-8）

1. 颅骨骨性标志

在颅骨标本上辨认眶上缘和外耳门上缘形成的分界线，颅骨可分为脑颅骨和面颅骨两部分。

脑颅骨包括不成对的 1 块额骨、1 块枕骨、1 块筛骨、1 块蝶骨和成对的 2 块顶骨、2 块颞骨共 8 块。面颅骨包括不成对的 1 块下颌骨、1 块犁骨、1 块舌骨和成对的 2 块上颌骨、2 块颧骨、2 块鼻骨、2 块泪骨、2 块腭骨和 2 块下鼻甲骨共 15 块，构成面部骨架。

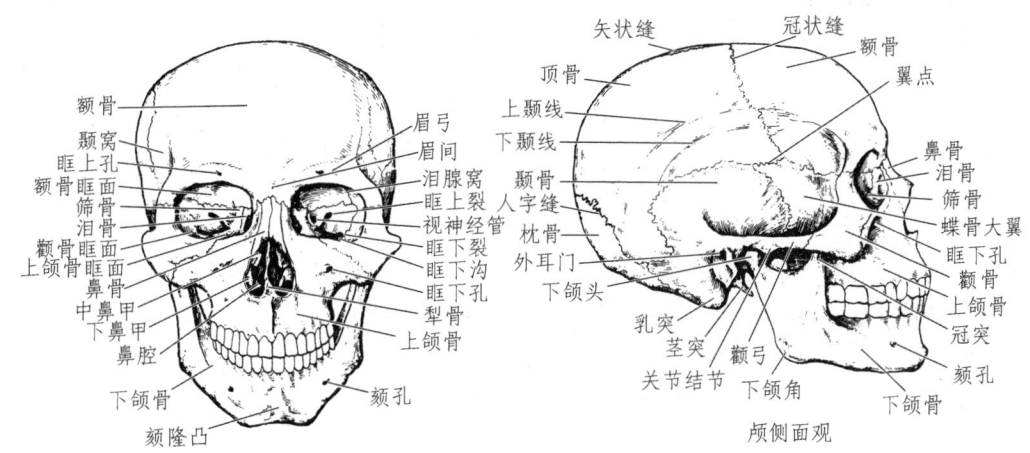

图 2-4-8 颅骨

2. 颅骨主要体表标志的触扪

颅骨颧弓位于两眶下缘外后方皮下；眉弓为眶上缘上方的横行隆起；颞骨乳突位于外耳门后下方皮下；枕外隆凸位于枕部正中皮下，低头时较明显；下颌角位于外耳门前下方。

实验报告

（1）请对你自己的实验情况作出小结和评价。
（2）在图 2-4-9 中，填写引线所指各骨的名称。

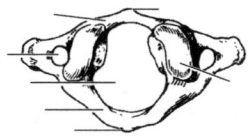 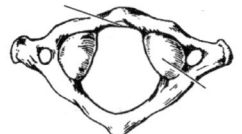

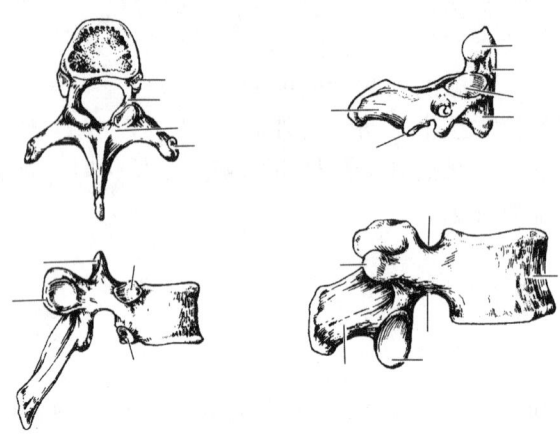

图 2-4-9

课后练习

1. 复习，掌握各骨的主要骨性结构。
2. 与同学相互进行常见体表标志的定位练习直至熟练。

实验五 上肢骨联结和运动上肢的主要肌群观察

实验目的

（1）掌握上肢主要关节的组成、辅助结构及关节的运动。
（2）熟悉常见骨骼肌的位置、起止点和功能。
（3）掌握主要肌肉的功能及主要的皮肤、肌性与腱性标志。

实验内容

（1）观察上肢主要关节，上肢各关节运动的实践，观察运动上肢带、肩关节、肘关节、腕关节的主要肌群，触扪活体上肢表面肌肉。
（2）观察胸锁关节和肩锁关节标本或模型，了解其组成、结构特点，理解为何上肢带关节整体运动要以肩胛骨运动表示。
（3）观察肩关节、肘关节、桡腕关节标本，掌握其组成结构特点，熟悉各关节的运动及支配的肌肉。
（4）通过观察肌肉标本或模型，能辨认出主要肌肉，进而掌握其位置、形态和起、止点。
（5）熟练找出主要的皮肤、肌性与腱性标志。

实验器材

人体骨架标本、上肢骨标本；胸锁关节、肩关节、肘关节和桡腕关节的标本；人体模型；肩关节模型；肘关节模型；全身肌肉模型。

实验方法

（1）每2个学生一组，根据教材和实验指导仔细观察标本，并相互提问，掌握上肢主要关节的基本结构、辅助结构，相互进行关节的运动实践，掌握关节的运动。

（2）根据教材、标本认识常见的骨骼肌，理解其起止点和功能，并相互在同学身上或自己身上找到体表肌肉及常见肌性、腱性标志的位置并掌握。

（3）实验前半小时进行实验抽查考试。

实验步骤

一、观察上肢带关节（见图 2-5-1）

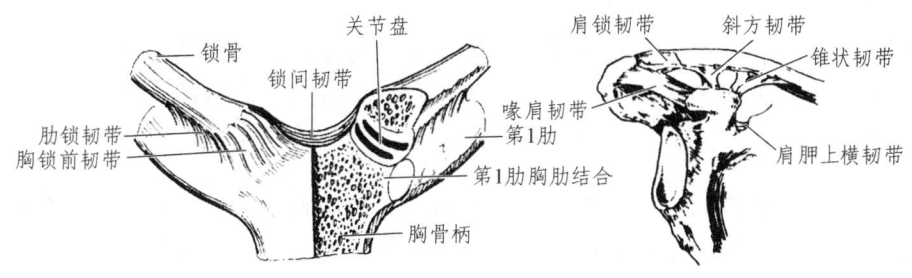

图 2-5-1 上肢带关节

在骨架上观察和辨认上肢带关节包括的胸锁关节和肩锁关节。思考胸锁关节在整个上肢与躯干联结中的作用。

胸锁关节的观察：

（1）取锁骨与胸骨标本，将锁骨的胸关节面与胸骨的锁切迹相联结，了解该关节的组成及关节面的形状，思考其具备几个运动轴。

（2）肩锁关节的观察：取锁骨和肩胛骨，将二骨的肩峰关节面相联结，了解该关节面的形状。思考：胸锁关节位置的重要性以及整个上肢带关节运动为什么要以肩胛骨运动表示？此运动主要围绕何关节进行？

（3）掌握肩胛骨的运动。

① 学生左手于背侧触摸右侧肩胛骨下角，做耸肩运动：动时肩胛骨上提；还原时肩胛骨下降。

② 左手触摸右侧肩胛骨内侧缘，做含胸动作时，肩胛骨做前伸运动；扩胸时则后缩。

③ 左手触摸右侧肩胛骨下角，做右臂外展，肩胛骨做上回旋运动；做右臂由外展位至内收运动时肩胛骨做下回旋运动。

二、观察自由上肢关节

1. 肩关节的观察（见图 2-5-2）

（1）取肩胛骨和肱骨，将肩胛骨关节盂和肱骨的肱骨头相联结，了解该关节的组成。

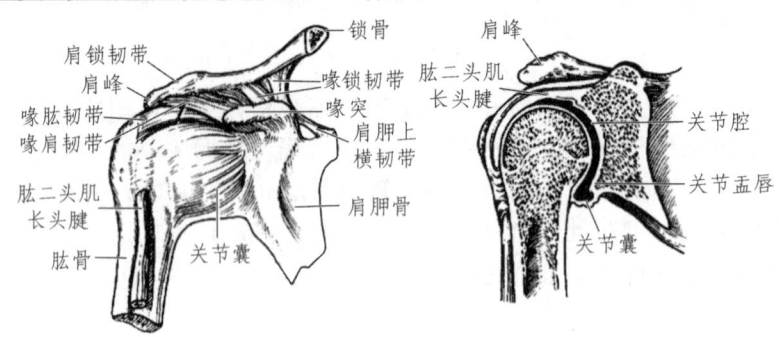

图 2-5-2 肩关节

（2）取有关节囊的肩关节标本，观察关节囊较松而薄，辨认加强关节囊前上方的喙肱韧带和前方的盂肱韧带。同时观察喙肩韧带。

（3）取肩关节冠状切标本，观察肱二头肌长头腱的走向，思考其作用。

（4）取去肱骨头的肩关节标本，辨认关节盂唇。思考关节盂唇的作用。

2. 肩关节的运动实践

（1）令学生站立做臂前、后摆动（或跑步的前、后摆臂），前摆为屈，后摆为伸。

（2）令学生由正常解剖学位置做两臂向侧举至上举位，即上臂绕肩关节外展运动；还原动作则为内收运动。

（3）令学生做两臂向前向内旋动（或乒乓球正手拉弧圈球），即上臂绕肩关节旋内运动；臂向后向外旋动（或乒乓球反手拉弧圈球），则为旋外运动。

（4）令学生做两臂由侧平举至前平举（或掷铁饼出手动作），即上臂绕肩关节水平屈；由前平举至侧平举的扩胸动作（或掷铁饼预摆动作），则为水平伸。

（5）让学生做直臂绕环运动，即上臂绕肩关节环转。

3. 肘关节的观察（见图 2-5-3）

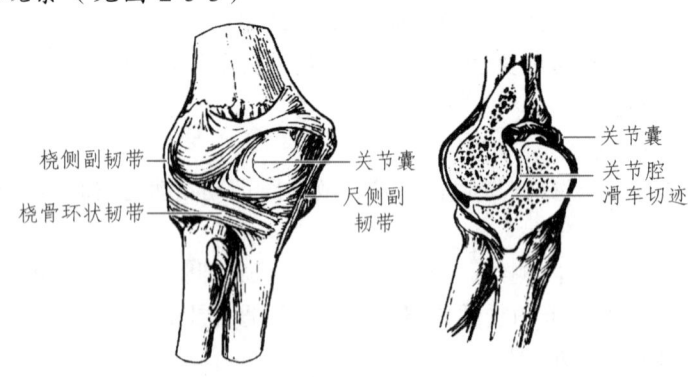

图 2-5-3 肘关节

（1）取肱骨、尺骨和桡骨标本，将肱骨滑车和肱骨小头分别与尺骨的滑车切迹、桡骨头凹相连接，并将尺骨的桡切迹与桡骨头环状关节面相连接，了解构成肘关节的 3 个关节（肱尺、肱桡和桡尺近侧关节）的组成。

（2）取去关节囊的肘关节标本，辨认尺侧副韧带、桡侧副韧带和桡骨环状韧带。

（3）取去关节囊的肘关节标本，观察由尺骨的桡切迹与桡骨环状韧带共同构成的关节窝，其将桡骨头包绕，可防止桡骨头脱位。

4. 肘关节的运动实践

让学生手持物体做弯举动作，即肘关节屈运动；还原动作则为伸。让学生屈肘 90°（以右侧为例）做逆时针（即松螺丝）旋转，即前臂旋前；顺时针（即紧螺丝）旋转，则为旋后。思考：肘关节为什么不能做外展、内收运动？为什么前臂的旋前、旋后运动必须是桡尺近侧关节和远侧关节的联合运动。

5. 桡腕关节的观察（见图 2-5-4）

（1）取桡骨和手骨标本或模型，将桡骨的腕关节面与近侧列腕骨的手舟骨、月骨、三角骨共同构成的椭圆形凸起相联结；观察骨间联结的指间关节。了解手关节包括 7 个关节的组成。

（2）取腕部冠状切的手关节标本，观察桡腕关节的组成，着重观察桡骨腕关节面与三角软骨盘共同构成的椭圆形关节窝。

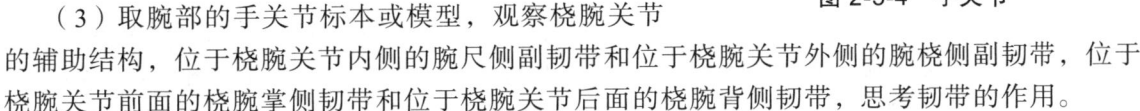

图 2-5-4　手关节

（3）取腕部的手关节标本或模型，观察桡腕关节的辅助结构，位于桡腕关节内侧的腕尺侧副韧带和位于桡腕关节外侧的腕桡侧副韧带，位于桡腕关节前面的桡腕掌侧韧带和位于桡腕关节后面的桡腕背侧韧带，思考韧带的作用。

6. 桡腕关节的运动实践

让学生手持笔做屈腕和翻腕，屈腕即为手绕桡腕关节屈；翻腕则为伸。做立掌动作时，即为外展；劈掌则为内收。手做绕环运动（或跳绳时的摇绳动作）时，即为环转。

三、运动上肢带肌肉的观察

1. 斜方肌、菱形肌、肩胛提肌

在全身肌肉模型上观察斜方肌、菱形肌和肩胛提肌，均位于胸部背侧（见图 2-5-5）。

（1）斜方肌位于项部和背上部，为三角形的阔肌，两侧相合为斜方形。辨认其起、止点，注意该肌上、中、下 3 个部分肌纤维的方向，确定该肌收缩时的肌拉力方向，并分析其功能。

（2）将斜方肌拿开，可见菱形肌在其深面、脊柱与肩胛骨内侧缘之间。辨认其起、止点，注意肌纤维方向，确定其收缩时肌拉力方向及其功能。

（3）肩胛提肌位于颈部两侧，肌肉的上部位于胸锁乳突肌的深层，下部位于斜方肌的深层，将斜方肌拿开便可观察到，辨认其起、止点，确定其肌拉力方向及其功能。

2. 胸小肌、前锯肌

胸小肌、前锯肌两块肌肉位于胸部前外侧面，将胸大肌拿开便可观察到。

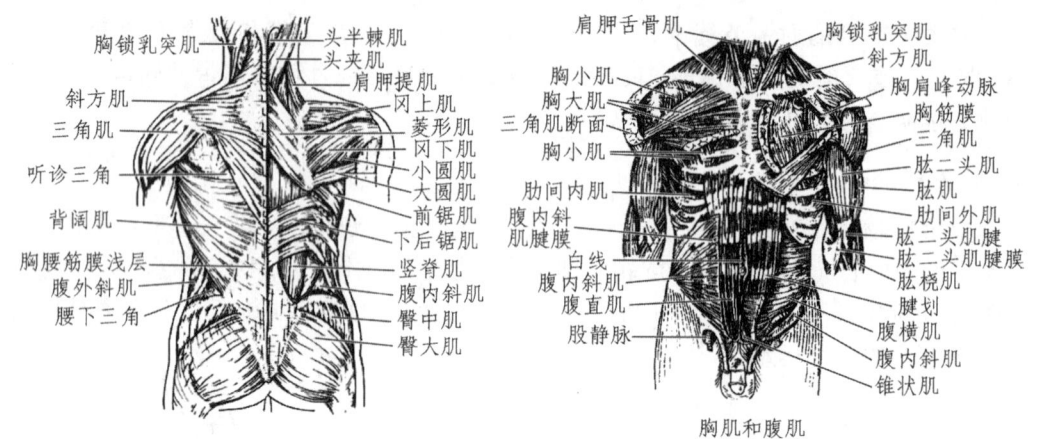

图 2-5-5　胸部及背部骨骼肌

（1）胸小肌位于胸廓上部的前外侧，辨认其起、止点及肌纤维方向，确定其收缩时肌拉力方向及其功能。

（2）前锯肌位于胸廓外侧面，为一宽大的扁肌，与胸廓侧面的弯曲一致，其前上部被胸大肌所遮盖。辨认其起点处的肌齿及肌纤维在肋骨与肩胛骨之间走行，止于肩胛骨内侧缘前面。确定该肌收缩时肌拉力方向及其功能。

观察位于背部的斜方肌的上部、菱形肌，这两块骨骼肌的肌纤维方向，均朝向内上方，因此能使肩胛骨上提，斜方肌的下部、胸小肌、前锯肌使肩胛骨下降；使肩胛骨前伸的骨骼肌是位于胸廓前面的胸小肌、前锯肌；使肩胛骨后缩的肌肉包括位于背部的斜方肌、菱形肌；使肩胛骨上回旋的肌肉有斜方肌、前锯肌；使肩胛骨下回旋的肌肉有菱形肌、胸小肌。

四、运动肩关节肌肉的观察

（1）胸大肌位于胸廓的前上部皮下，为扇形扁肌，注意观察此肌 3 个部分的起点及肌纤维在止点处的交叉情况。思考：肌纤维交叉与肩关节运动幅度有何关系？确定收缩时肌拉力方向及其与肩关节运动轴的关系，并分析其功能。

（2）喙肱肌位于肱二头肌内侧面，以短的扁腱与肱二头肌短头合并，同起自肩胛骨的喙突。观察此肌起、止点，思考该肌肌拉力方向与肩关节运动轴的关系，确定其功能。

（3）三角肌位于肩部皮下，为三角形的多羽状肌。注意观察此肌前、中、后 3 部的起点及肌纤维方向，确定该肌收缩时肌拉力方向及其与肩关节运动轴的关系，分析其功能。

（4）冈上肌位于肩胛骨的冈上窝内，斜方肌上部的深面，观察该肌的位置和起、止点，确定该肌的功能。

（5）背阔肌位于腰背部和胸部的后外侧皮下，为三角形扁肌。注意观察该肌肌纤维在胸廓侧面与肱骨之间穿行而止于肱骨小结节嵴，在止点处，上、下肌纤维交叉。思考：肌纤维交叉与肩关节运动幅度有何关系？确定该肌收缩时肌拉力方向及其与肩关节运动轴的关系，分析该肌功能。

（6）大圆肌位于背阔肌上方，其下缘被背阔肌遮盖，注意观察该肌肌纤维走向与背阔肌相同。故该肌近固定时的功能与背阔肌相同。

（7）冈下肌和小圆肌。冈下肌位于肩胛骨冈下窝内，大部被三角肌和斜方肌遮盖；小圆肌位于大圆肌上方，部分被三角肌后部所遮盖。将三角肌向上翻开，即可观察到此二肌肌纤维从肩关节后方斜上走行于止点。思考其功能与背阔肌、大圆肌的异同。

使肩关节屈的肌肉主要位于肩关节的前部，有胸大肌、喙肱肌、肱二头肌长头，三角肌的前部肌束；

使肩关节伸的肌肉主要位于肩关节的后部，主要有背阔肌、冈下肌、小圆肌、大圆肌、肱三头肌长头，三角肌的后部肌束。使肩关节外展的肌肉是位于肩关节的外上部的三角肌、冈上肌；使肩关节内收的肌肉是位于肩关节的内下方的胸大肌、背阔肌；使肩关节旋前的肌肉有胸大肌、背阔肌、三角肌的前部肌束，使肩关节旋后的肌肉有冈下肌、小圆肌、三角肌的后部肌束。

五、运动肘关节和桡尺远侧关节肌肉的观察

运动肘关节和桡尺远侧关节的肌肉配布于肘关节前、后面和前臂前面，在上肢肌肉标本（或全身肌肉模型）上，可观察到上述各群肌肉（见图2-5-6）。

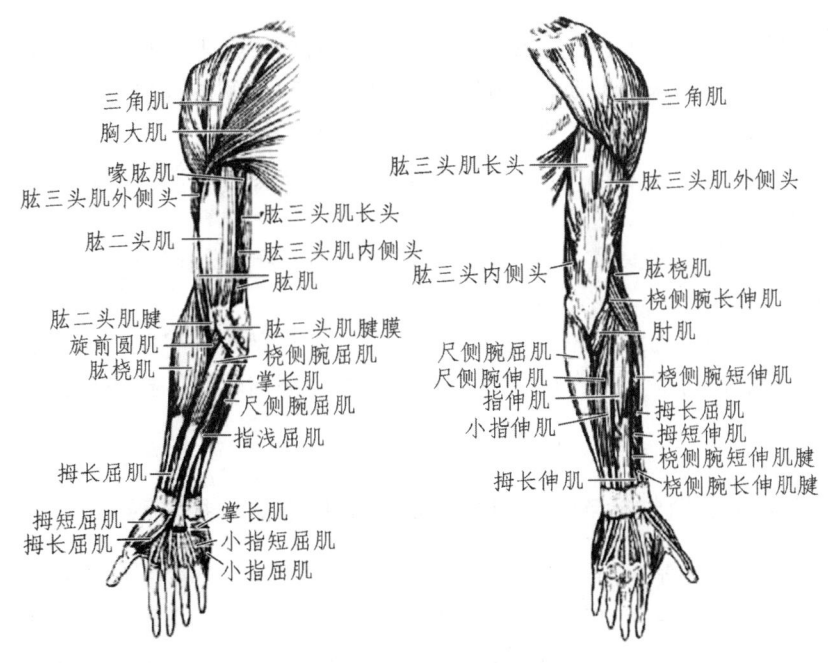

图 2-5-6　上肢的骨骼肌

（1）肱二头肌位于上臂前面皮下，在上肢肌肉标本上，将三角肌向上翻开并将胸大肌止点处翻开即可看到长、短头的起点。根据其位置，起、止点，思考其功能。

（2）肱肌位于上臂前面下半部，肱二头肌深面。观察其起、止点，确定其功能。

（3）肱三头肌位于上臂后面皮下，有长头、内侧头和外侧头。注意观察此肌3个头的起点及3个头合成一个肌腱的止点，并确定其功能。

（4）肘肌位于肘关节后面的皮下，为三角形的小肌。了解其位置，确定其功能。

(5)旋后肌位于前臂近侧端背面深层,在肌肉标本中不易观察清楚,可在骨架上找出其起、止点位置,分析其功能。

在上肢肌肉标本的前臂处,还可观察到肱桡肌和旋前圆肌。它们均从肘关节前方跨过,故有屈肘关节作用。注意观察旋前圆肌肌纤维方向,思考其功能。

使肘关节屈的肌肉主要是位于肘关节的前部肱二头肌、肱肌、旋前圆肌和肱桡肌;使肘关节伸的肌肉主要是位于肘关节的后部的肱三头肌和肘肌;使肘关节旋前的肌肉有旋前圆肌和旋前方肌;使肘关节旋后的肌肉有肱二头肌、旋后肌。

六、运动手关节肌肉的观察

运动手关节的肌肉位于前臂。前臂肌多为具有长腱的长肌.肌腹多在前臂的上半部。前臂肌可分为前、后两群,每群又分为浅、深两层,它们的起点多在肱骨内、外上髁和前臂中、上段,并跨过两个以上关节。取上肢肌肉标本(或全身肌肉模型)可观察到前臂前群肌和后群肌。

(1)观察位于前臂的前面及内侧肌肉,主要为屈腕和屈指肌。共分三层,从桡侧向尺侧依次排列,第一层为桡侧腕屈肌、掌长肌、和尺侧腕屈肌;第二层为指浅屈肌,拇长屈肌;第三层为指深屈肌。

(2)位于前臂的后面及外侧,主要为伸腕、伸指肌肉。后群浅层肌从桡侧向尺侧依次排列有桡侧腕长伸肌、桡侧腕短伸肌、指伸肌、小指伸肌和尺侧腕伸肌。深层肌由上外侧往下内侧依次为拇长展肌、拇短伸肌、拇长伸肌和示指伸肌。

使桡腕关节屈的肌肉主要位于桡腕关节的前部,有桡侧腕屈肌、掌长肌、尺侧腕屈肌、指浅屈肌、指深屈肌。

使桡腕关节伸的肌肉主要位于桡腕关节的后部,有桡侧腕长伸肌、桡侧腕短伸肌、指伸肌、尺侧腕伸肌。

使桡腕关节内收的肌肉主要位于桡腕关节的内侧,有尺侧腕屈肌、尺侧腕伸肌。

使桡腕外展的肌肉主要位于桡腕关节的外侧,有桡侧腕屈肌、桡侧腕长伸肌、桡侧腕短伸肌。

七、活体表面上肢肌性标志、腱性标志和皮肤标志的触扪与观察

(1)观察斜方肌,将学生分为若干小组,每一小组2人,其中一学生脱下上衣,两臂维持用力扩胸动作,另一同学可在其颈背部观察到一侧斜方肌的三角形形状,两侧为斜方形。

(2)观察三角肌,令学生一臂做外展,另一手触扪外展手臂肩部外侧紧张的肌肉,此则是肩关节上部的三角肌。

(3)观察胸大肌,令学生上臂紧贴躯干侧面,用力内收,此时可在胸廓前外上方触扪到胸大肌紧张。当手臂伸直放在桌面上(手掌向下贴桌面),用力下压动作,此时可触扪到胸大肌的腹部肌纤维紧张。反之,由桌下向上用力时,则可触扪到胸大肌的锁骨部肌肉紧张。

(4)观察肱二头肌和肱三头肌时,令学生用力屈肘,可在上臂前面观察并触扪到鼓起紧张的肱二头肌。用力伸肘时,则可在上臂后面观察并触扪到肱三头肌隆起并紧张的长头、外侧头和内侧头的肌腹。

（5）抗阻力屈肘时，可在肘关节外侧下方观察并触扪到肱桡肌肌腹。

（6）握拳用力屈腕时，可在腕关节掌侧正中观察并触扪到位于桡侧的桡侧腕屈肌肌腱、位于中央偏尺侧细长的掌长肌肌腱、紧贴掌长肌肌腱尺侧的指浅屈肌肌腱和尺侧的尺侧腕屈肌肌腱。

（7）用力翘起拇指时，可在腕关节外侧背面至拇腕掌关节后面观察并触扪到外侧的拇短伸肌肌腱及内侧的拇长伸肌肌腱，以及拇短伸肌肌腱和拇长伸肌肌腱之间的鼻烟窝。

（8）用力伸腕伸指，可观察并触扪到指伸肌肌腱，该肌肌腱自腕部向手指端分成4个肌腱分别至示指、中指、环指和小指。

（9）弯曲肘关节，前面皮肤形成一个横行纹路，称肘窝横纹，在腕关节的前部，弯曲桡腕关节时，可以看到有3~4条横纹，称之为腕掌侧横纹。

实验报告

（1）请对你自己的实验情况作出小结和评价。

（2）在图2-5-7~图2-5-9中，填写引线所指各结构的名称。

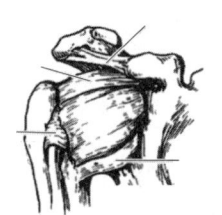 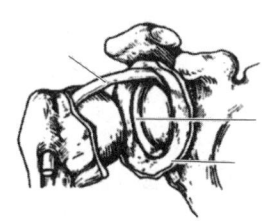 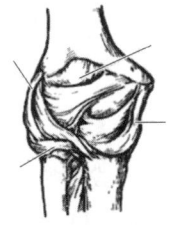 

图2-5-7 肩关节　　　　　　　　　　图2-5-8 肘关节

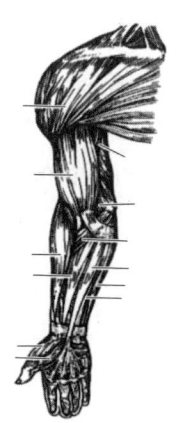 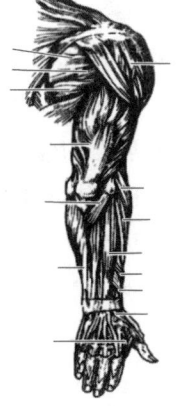

图2-5-9 上肢的肌肉

课后练习

1. 课后复习，掌握常见关节的构成、辅助结构及其运动，以及使之运动的常见骨骼肌。
2. 课后与同学相互进行常见骨骼肌、肌性、腱性标志的定位练习直至熟练。

实验六 下肢骨联结和运动下肢的主要肌群

实验目的

(1) 掌握下肢主要关节的基本结构、辅助结构及关节的运动。
(2) 掌握下肢常见骨骼肌的位置、起止点、功能和主要的肌性与腱性标志。

实验内容

(1) 观察骨盆标本或模型,了解骨盆的组成、形态及其运动。
(2) 观察髋关节、膝关节和踝关节标本或模型,了解其组成及结构特点。
(3) 熟悉骨盆的运动及髋关节、膝关节和踝关节的运动。
(4) 通过观察下肢肌肉标本或模型,能辨认出下肢主要肌肉,了解其位置、形态和起、止点。
(5) 理解主要肌肉的功能。观察下肢带关节、自由下肢关节,下肢各关节运动的实践,观察运动髋关节、膝关节、踝关节的主要肌群,触扪活体表面下肢肌肉。

实验器材

人体骨架、下肢骨标本(或模型),骨盆标本或模型,髋关节与骶髂关节、膝关节和踝关节的标本或模型。全身肌肉挂图和模型。下肢肌肉标本。全身肌肉模型。

实验方法

(1) 每 2 个学生一组,根据教材和实验指导仔细观察标本,并相互提问,掌握下肢主要关节的基本结构、辅助结构,相互进行关节的运动实践,掌握关节的运动。
(2) 根据教材、标本认识常见的骨骼肌,理解其起止点和功能,并相互在同学或自己身上找到体表肌肉及常见肌性、腱性标志的位置并掌握。
(3) 实验前半小时进行实验抽查考试。

实验步骤

一、观察下肢带关节

(1) 取骶骨与两侧髋骨,并将两骨的耳状面相联结,了解下肢带关节的骶髂关节的组成和耻骨联合的联结。
(2) 取骨盆标本或模型,上面观可见骨盆由左右髋骨、骶骨、尾骨借关节、软骨和韧带联结而成。注意观察大、小骨盆的分界线及其拱形结构,并思考其功能。分辨男、女骨盆全貌,骨盆上口、髂骨翼、耻骨角、耻骨联合等结构在形态上的差异(见图 2-6-1)。

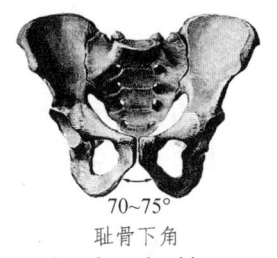 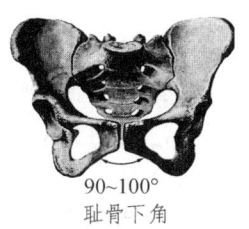

图 2-6-1　男性（左）和女性（右）骨盆

二、观察自由下肢关节

1. 观察髋关节的如下结构

（1）取股骨和髋骨，将股骨头和髋骨髋臼相联结了解髋关节的组成。

（2）取髋关节去囊标本，观察髋臼唇加深关节窝，并观察附于股骨头凹的股骨头韧带。

（3）取髋关节标本，观察关节囊坚韧情况及前方的髂股韧带、内侧的耻股韧带和后上方的坐股韧带。根据上述 3 条韧带位置，思考其对髋关节运动方向及幅度的限制情况。

2. 观察膝关节的如下结构

（1）取股骨、胫骨和髌骨，了解膝关节的组成。

（2）取有关节囊的膝关节标本，观察该关节囊宽阔而松弛。

（3）取膝关节矢状切标本，观察滑膜襞和滑膜囊。

（4）取去关节囊的膝关节标本，观察内侧的胫侧副韧带、外侧的腓侧副韧带、前方的髌韧带及关节腔内的前、后交叉韧带。观察内、外侧半月板的形态（在去股骨的膝关节标本上观察更为清楚），胫侧副韧带与关节囊、内侧半月板相附着。

3. 观察踝关节的如下结构

（1）取胫骨、腓骨和足骨标本，了解距小腿关节（踝关节）的组成。

（2）取踝关节标本，观察内侧的三角韧带，外侧的距腓前韧带、跟腓韧带、距腓后韧带。比较内、外侧韧带的强弱。比较内、外踝高低。思考为什么踝关节扭伤多伤及外踝。

（3）在足骨和踝关节标本上，观察足的内、外侧纵弓和横弓的组成，思考足弓的作用。

三、下肢各关节运动的实践

1. 骨盆的运动实践

（1）令学生站立位，做体前屈、后伸动作。前屈即骨盆前倾，后伸即骨盆后倾。

（2）体位同（1），做左、右体侧屈动作，即为骨盆左、右侧倾。

（3）体位同（1），做体转动作，即为骨盆左、右转动。

（4）体位同（1），做腰绕环动作，即为骨盆的环转运动。

2. 髋关节的运动实践

（1）令学生做前、后摆腿动作，即为大腿绕髋关节屈、伸运动。
（2）令学生做向侧摆腿动作，即为髋关节外展，还原动作为内收。
（3）令学生从解剖学标准姿势站立转为"立正"姿势，然后恢复解剖学标准姿势，前者为旋外，后者为旋内运动。
（4）令学生做武术的里合腿动作，此为大腿绕髋关节做环转运动。

3. 膝关节的运动实践

（1）令学生做正足背踢球的预摆和踢球动作，预摆小腿绕膝关节屈，踢球小腿绕膝关节伸。
（2）令学生分别做外足背踢球和内足背踢球，前者为膝关节屈位的旋内，后者则为旋外。

4. 足的运动实践

（1）令学生做足"伸直"和勾脚动作，前者为足跖屈，后者为足背屈。
（2）令学生做内、外足背踢球预备姿势，前者为足外翻，后者为足内翻。
（3）令学生做足"伸直"和勾脚，比较足外展、内收动作的幅度差异。思考为什么勾脚时足的外展、内收几乎不能做。

四、运动髋关节肌肉的观察

运动髋关节的肌肉分布于髋关节前面、后面、外侧和内侧，观察下肢肌肉标本（或全身肌肉模型）。

1. 髋关节前面肌肉群

髋关节前面肌肉群包括髂腰肌、缝匠肌、股直肌和阔筋膜张肌等。
（1）髂腰肌位于髂窝内的髂肌和位于腰部脊柱两侧的腰大肌。观察其起、止点，确定该肌收缩时肌拉力方向，分析其功能。
（2）缝匠肌是人体中最长的肌肉之一，位于大腿前面，上端起于髋部前方，向下延续至内侧，跨过并止膝关节后方（见图2-6-2）。根据该肌位置，起、止点，以及肌纤维走向与髋关节和膝关节的位置关系，思考其功能。
（3）阔筋膜张肌起于大腿前外侧，向下移行于大腿外侧的髂胫束。
（4）股直肌为股四头肌的一个头，见运动膝关节的肌肉。

2. 髋关节后面肌肉群

髋关节后面肌肉群包括臀大肌、臀中肌、臀小肌、半腱肌、半膜肌、股二头肌以及深层的梨状肌等。
（1）臀大肌、臀中肌和臀小肌。臀大肌位于骨盆后外侧面臀部皮下，为四方形强厚的扁肌臀中肌位于臀大肌深面，将臀大肌肌腹翻开便可观察到。臀小肌位于臀中肌深面，将臀中肌翻开便可观察到。观察上述肌肉的位置，起、止点，注意它们的肌纤维方向，确定肌肉收缩时肌拉力方向及其与髋关节运动轴的关系，并思考其功能。

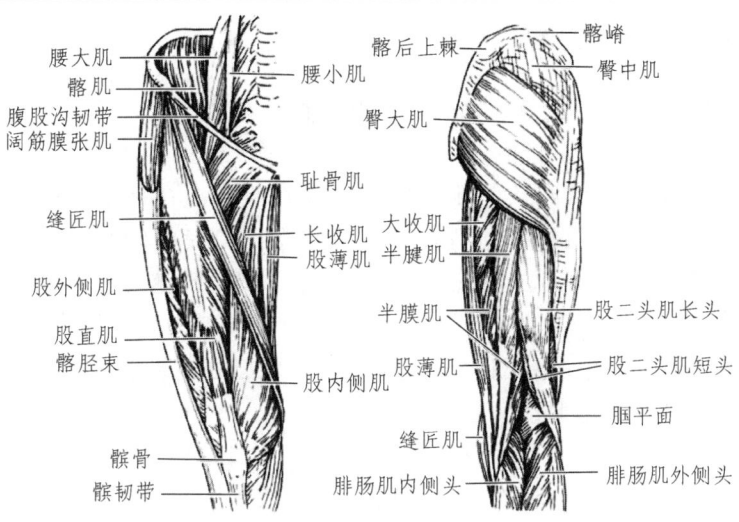

图 2-6-2 大腿前面和后面的肌群

（2）半腱肌、半膜肌和股二头肌 3 块肌肉共同起于坐骨结节（股二头肌短头起于股骨粗线）。半腱肌、半膜肌的肌腱经膝关节后面转至内侧止于胫骨粗隆的内侧。股二头肌则经膝关节后面转至外侧止于腓骨头。根据上述肌肉所跨过膝关节方位，起、止点，思考其对膝关节运动功能的异同。

3. 髋关节内侧肌肉群

髋关节内侧肌肉群在下肢肌肉标本上，自髋关节前内侧，由上向下进行观察，依次为耻骨肌、长收肌、短收肌（大部被长收肌遮盖）、大收肌和股薄肌。辨认每块肌肉，并思考其功能。

使髋关节屈的作用肌，主要有髂腰肌、股直肌、耻骨肌、缝匠肌、阔筋膜张肌。各肌的肌拉力线从髋关节冠状轴的前方跨越，近固定收缩时，使大腿在髋关节屈；远固定收缩时，使骨盆前倾或体前屈。

使髋关节伸的作用肌主要有臀大肌、半腱肌、半膜肌、股二头肌长头、大收肌、臀中肌和臀小肌的后部，各肌的拉力线从髋关节冠状轴的后方跨越。近固定时，能使髋关节伸；远固定时，可使骨盆后倾。

使髋关节内收的作用肌，位于大腿内侧，合称为内收肌群，主要有耻骨肌、短收肌、长收肌、大收肌和股薄肌。各肌的肌拉力线从髋关节轴的内下方跨越。近固定收缩时，可使大腿在髋关节内收；远固定收缩时，能使骨盆前倾（大收肌使骨盆后倾）。

使髋关节外展的作用肌，主要有臀中肌、臀小肌、臀大肌上部、阔筋膜张肌和梨状肌等。各肌的肌拉力线从髋关节矢状轴的外上方跨越，近固定收缩时，使大腿外展；远固定收缩时，使骨盆同侧倾。

使髋关节旋内的作用肌，主要有臀中肌和臀小肌的前部肌束等。各肌的肌拉力线从髋关节垂直轴的前或内侧跨越。

使髋关节旋外的作用肌，主要有髂腰肌、臀大肌、臀中肌和臀小肌的后部。

五、运动膝关节肌肉的观察

运动膝关节的肌肉，在膝关节前面、后面并从内、外侧跨过。在下肢肌肉标本或全身肌肉模型上，观察上述各群肌肉。

（1）股四头肌位于大腿前面及外侧的皮下。股直肌起点在标本（或模型）上可直接找到，股外侧肌的起点须沿其肌纤维向后查寻方可观察到，股内侧肌的起点，也须沿其肌纤维向后寻找方可观察到。观察时注意该肌 4 个头合并成的肌腱及所形成的髌韧带，确定其功能。

（2）半腱肌、半膜肌、股二头肌、缝匠肌和股薄肌已在运动髋关节肌肉中观察。

（3）腓肠肌见运动足关节肌肉。

使膝关节屈的作用肌，主要有半腱肌、半膜肌、股二头肌、股薄肌、缝匠肌和腓肠肌。

使膝关节伸的主要肌肉，主要有股四头肌。

使膝关节旋内的作用肌，主要有大腿后面内侧的半腱肌、半膜肌、缝匠肌、股薄肌及小腿后面内侧的腓肠肌内侧头。

使膝关节旋外的作用肌，主要有大腿后外侧的股二头肌和小腿后面外侧的腓肠肌外侧头。

六、运动足关节肌肉的观察

运动足关节肌肉主要包括小腿后群肌、小腿前群肌和小腿外侧群肌。在下肢肌标本或全身肌肉模型上观察上述各群肌肉。

1. 小腿后面肌肉群

小腿后面肌肉群包括小腿三头肌、拇长屈肌、胫骨后肌和趾长屈肌。

（1）小腿三头肌位于小腿后面，包括浅层的腓肠肌及深面的比目鱼肌。在下肢肌肉标本中，找出其起、止点，注意观察腓肠肌与比目鱼肌在小腿中部合并移行为强大的跟腱而止于跟骨结节，思考其功能。

（2）拇长屈肌、胫骨后肌和趾长屈肌，这些肌肉位于小腿三头肌深面，将小腿三头肌向上翻开便可观察到。拇长屈肌位于腓侧，中间为胫骨后肌，胫侧为趾长屈肌。3 块肌肉均为羽状肌，其肌腱均从距小腿关节和距跟关节后内侧跨过并转向足底。注意观察这些肌肉的位置、形态、肌腱走向，并思考其功能。

2. 小腿前面肌肉群

小腿前面肌肉群包括胫骨前肌、拇长伸肌和趾长伸肌，在下肢肌肉标本的小腿前外侧可观察到（见图 2-6-3）。胫侧为胫骨前肌，腓侧为趾长伸肌，拇长伸肌位于两肌之间。注意观察这些肌肉的肌腱方向，思考其功能。

3. 小腿外侧肌肉群

小腿外侧肌肉群包括腓骨长肌、腓骨短肌和第三腓骨肌。在下肢肌肉标本的小腿外侧可观察到，腓骨长肌位于最外侧，其深面为腓骨短肌，腓骨短肌的前面内侧为第三腓骨肌。注意观察这些肌肉的肌腱方向及位置关系，思考其功能。

使踝关节屈的作用肌，主要有小腿三头肌、胫骨后肌、拇长屈肌、趾长屈肌、腓骨长肌和腓骨短肌等。

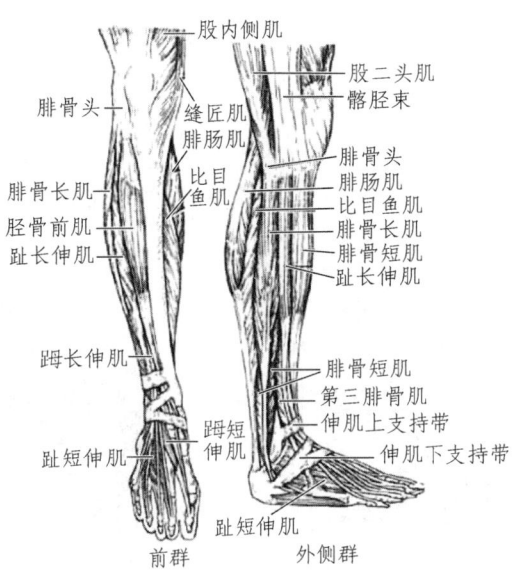

图 2-6-3　小腿前面和外侧的肌群

使足关节伸的作用肌，主要有胫骨前肌、趾长伸肌、拇长伸肌和第三腓骨肌等。

七、足　肌

足肌分为足背肌和足底肌。足背肌较弱小，包括拇短伸肌和趾短伸肌。取足肌模型，可见足底肌与手掌肌相似，也分为内侧群、中间群和外侧群，每群肌肉均有浅层、中间层和深层。在足肌标本或模型上可观察到上述肌肉。

八、下肢表层肌肉的触扪与观察

通过对下肢浅层主要肌肉的触扪与观察，进一步确认这些肌肉在活体中的位置、形态及其功能。

（1）阔筋膜张肌，可保持高抬腿姿势，此时髋关节屈，可在髋关节前外侧上方触扪到鼓起的阔筋膜张肌的肌腹。站立位，膝关节用力伸直，可在大腿外侧触扪到由阔筋膜张肌收缩被拉紧的髂胫束。

（2）股四头肌，可保持伸膝屈髋姿势，此时在大腿前面触扪到内侧的股内肌、外侧的股外肌以及前面正中膨隆的股直肌。

（3）臀大肌，可采取向后摆腿，然后制动，保持髋关节伸位，此时可在臀部触扪到紧张的臀大肌。

（4）股后肌群，可取单腿站立，非支撑腿屈小腿，此时可在大腿后面触扪到外侧的股二头肌肌腱和内侧的半腱肌、半膜肌的肌腱。

（5）小腿三头肌在提踵时，可在小腿后面观察并触扪到腓肠肌的内、外侧头肌腹。另外在踝关节后方可观察并扪到强大的跟腱。

（6）胫骨前肌在用力勾脚尖时，可在踝关节前方观察并扪到胫骨前肌肌腹和肌腱。

实验报告

（1）请对你自己的实验情况作出小结和评价。

（2）在图 2-6-4～图 2-6-6 中，填写引线所指各结构的名称。

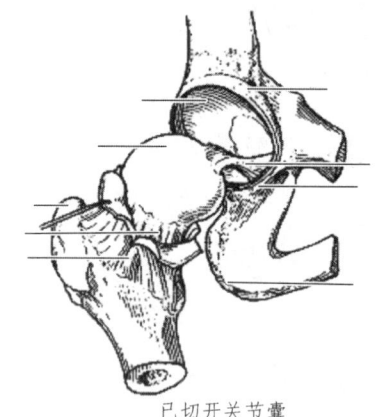

已切开关节囊　　　　　　冠状切面

图 2-6-4

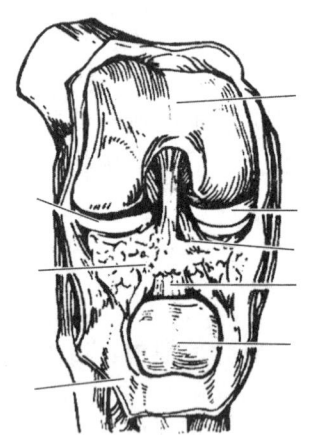 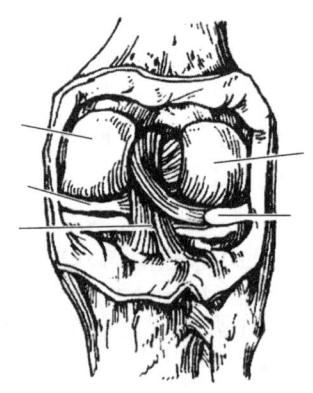

图 2-6-5

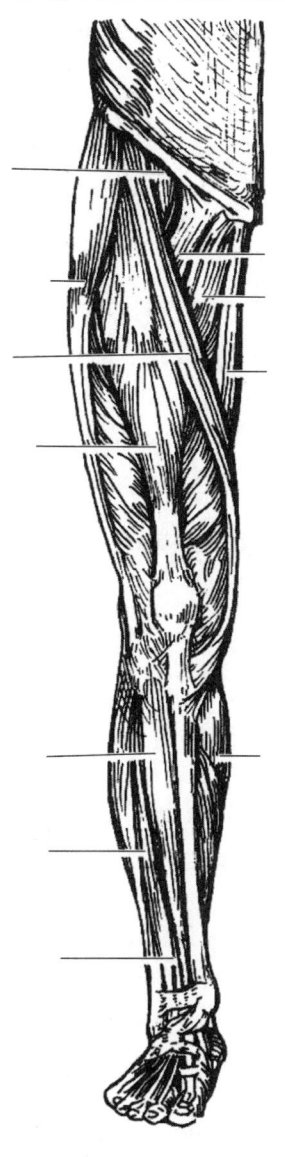
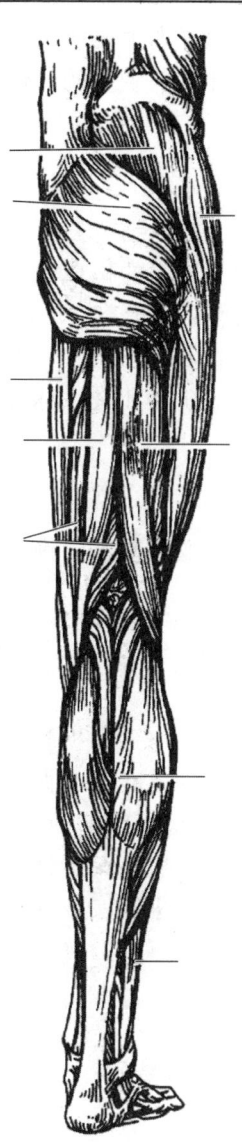

图 2-6-6

课后练习

1. 课后复习，掌握常见关节的构成、辅助结构及其运动，以及使之运动的常见骨骼肌。
2. 课后与同学相互进行常见骨骼肌、肌性、腱性标志的定位练习直至熟练。

实验七 中轴骨联结和运动中轴骨的主要肌群

实验目的

（1）掌握脊柱的联结，理解脊柱的整体观及运动，了解胸廓的联结、整体观及运动。

（2）掌握运动躯干的主要肌肉的位置、形态和功能，了解其他肌肉。
（3）掌握躯干和头部主要的肌性和腱性标志。

实验内容

（1）观察中轴骨的联结。
（2）观察脊柱、胸廓的构成和形状。
（3）脊柱的运动实践。
（4）观察常见骨骼肌的位置、形态和肌纤维排列方向。
（5）观察常见的肌性和腱性标志。

实验器材

人体骨架标本、颅骨标本、椎骨联结标本、脊柱标本或模型、颅骨分离模型、全身肌肉模型。

实验方法

（1）每2个学生一组，根据教材和实验指导仔细观察标本，并相互提问，掌握中轴骨的联结，进行脊柱的运动实践，掌握脊柱的运动。
（2）根据教材、标本认识常见的骨骼肌，理解其起止点和功能，并相互在同学或自己身上找到体表肌肉及常见肌性、腱性标志的位置并掌握。
（3）实验前半小时进行实验抽查考试。

实验步骤

一、观察颅骨的联结

取颅骨标本，观察颅骨除一对颞下颌关节外，均以缝联结。在头颅骨标本的上面观，辨认矢状缝、冠状缝和人字缝，侧面观辨认"H"状缝和颞下颌关节。

二、观察椎骨的联结（见图2-7-1）

1. 椎骨的联结

按如下3个方面进行观察：
（1）取椎骨联结的纵切和横切标本，观察位于上、下两椎体间的椎间盘，辨认其周围部分的纤维软骨环和中央部分的髓核；辨认椎体前面的前纵韧带和后面的后纵韧带。
（2）取椎骨联结完整标本和矢状切标本，辨认椎弓板间的黄韧带、上下横突之间的横突间韧带、上下棘突之间的棘间韧带和位于棘突尖的棘上韧带。
（3）取相邻上、下位椎骨，并将其联结，观其上位椎骨的下关节面与下位椎骨上关节面相联结构成椎间关节。

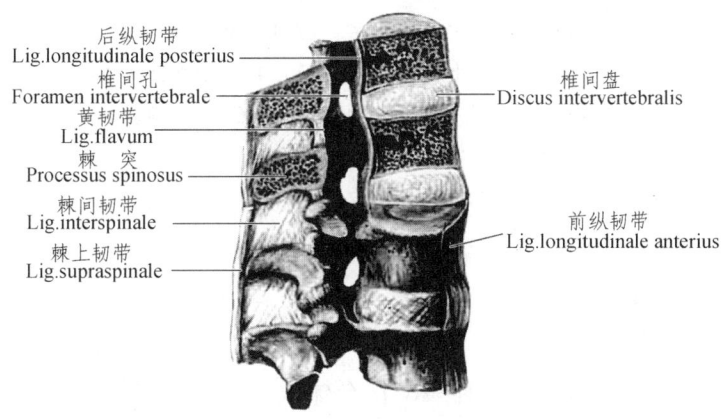

图 2-7-1 椎骨的联结

2. 脊柱整体观

取串联的脊柱标本和骨架,观察脊柱的组成及其形态。

(1)在脊柱标本上可观察到脊柱由 7 块颈椎、12 块胸椎、5 块腰椎、1 块骶骨和 1 块尾骨及 23 个椎间盘借助韧带、关节联结而成。前面观,椎体自第二颈椎至第二骶椎,椎体逐渐增大,第三骶椎向下逐渐窄小;椎间盘胸段最薄,腰段最厚。侧面观,可见到 23 对椎间孔。上面观,全部椎骨的椎孔串联构成椎管,其内容纳脊髓。

(2)在骨架上,从前、后面观察,脊柱全长为一直线,侧面观,则全长有 4 个弯,即颈、腰段凸向前(分别为颈弯和腰弯),胸、骶段凸向后(分别为胸弯和骶弯)。

三、观察胸廓的形态(见图 2-7-2)

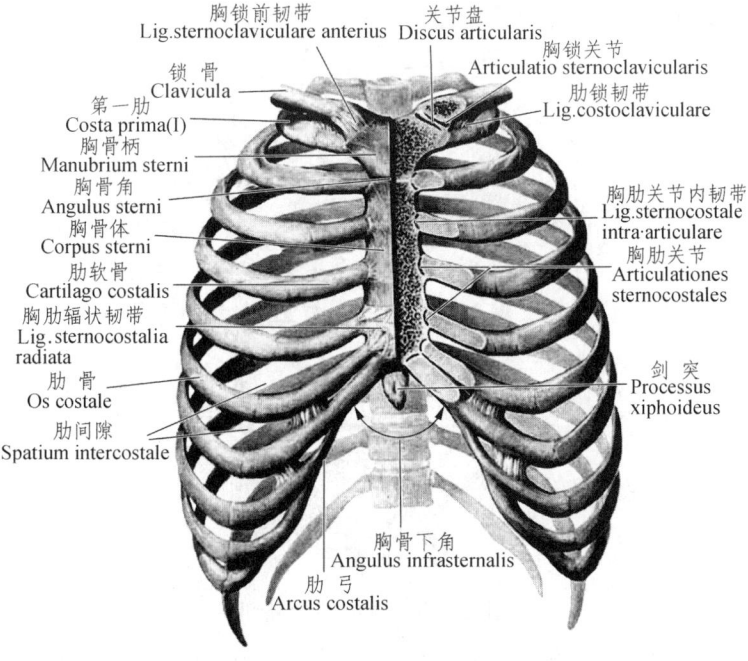

图 2-7-2 胸廓骨的联结

（1）取人体骨架，观察胸廓由 12 个胸椎、12 对肋骨、肋软骨及 1 块胸骨联结而成。注意观察上位 7 对肋骨借助软骨连于胸骨，为真肋；8~10 对肋骨不与胸骨直接联结，为假肋，第 11、第 12 对肋骨前端游离，为浮肋。同时观察肋骨后端与胸椎形成关节，并思考胸廓扩大时肋骨的上提、下降活动情况。

（2）观察胸廓的形态，可见呈前后稍扁的锥体，上口小、下口大，并由膈肌所封闭。这个形态形成了胸廓的前后径小于横径。

四、脊柱的运动实践

令学生做广播体操的腹背运动，伸展动作脊柱做伸运动，体前屈动作则为屈运动；体侧运动时，脊柱为左、右侧屈运动；体转运动时，脊柱为左、右回旋。平时的腰绕环，脊柱参与做环转运动。

五、运动头颈肌肉的观察

运动头颈的肌肉多位于头颈部腹侧、背侧和左右两侧。在此，着重观察胸锁乳突肌。

胸锁乳突肌在躯干肌标本的颈部，可见该肌斜列于颈部两侧的浅层。观察此肌起、止点和肌纤维方向。

六、运动脊柱肌肉的观察

1. 腹 肌

腹肌通常指位于躯干腹腔前壁和侧壁的肌肉，包括腹直肌、腹外斜肌、腹内斜肌和腹横肌。除腹横肌外，均可使脊柱运动（见图 2-7-3）。

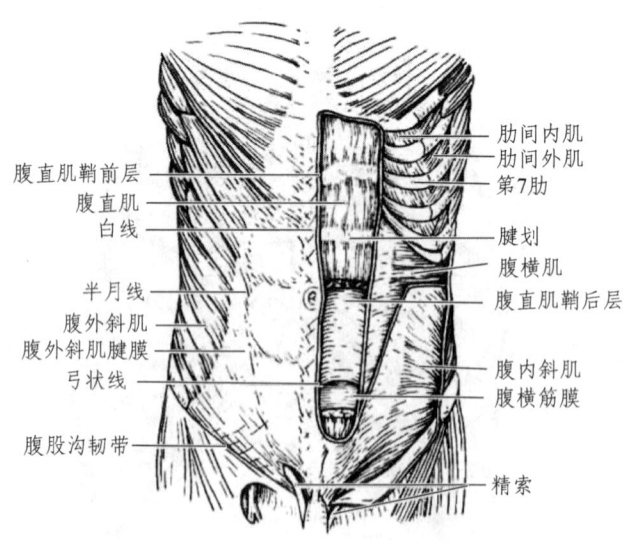

图 2-7-3 腹部的骨骼肌

（1）腹直肌在躯干肌标本腹侧，可见位于腹前壁正中线的两侧，被腹直肌鞘包裹。将腹直肌鞘翻开,可观察到此肌的全长有3~4个横行腱划。观察其起、止点,思考其功能。

(2)腹外斜肌位于腹前外侧部浅层,为宽阔扁肌。注意观察上部起点与前锯肌的肌齿相交情况及肌纤维排列方向,思考其功能。

(3)腹内斜肌位于腹外斜肌深面。观察其起、止点和肌纤维排列方向,思考其功能。

2. 背部伸肌

背部伸肌包括竖脊肌。

竖脊肌位于躯干背面深层,在已切除斜方肌、菱形肌和背阔肌的躯干肌肉标本上,便可观察到3条纵向平行排列的肌肉,从外侧向内依次是髂肋肌、最长肌和棘肌。观察其起、止点,思考其功能。

使脊柱屈的主要肌群有胸锁乳突肌、腹直肌、腹外斜肌和腹内斜肌等。

使脊柱伸的主要肌群有斜方肌和竖脊肌等。

使脊柱侧屈的肌群是位于脊柱矢状轴同侧的肌群,主要有胸锁乳突肌、腹直肌、腹内斜肌、腹外斜肌和竖脊肌等。

当同侧的腹内斜肌和对侧的腹外斜肌一起收缩时,使脊柱腰段完成向同侧回旋。

七、呼吸运动肌肉的观察

参与呼吸运动的肌肉很多,其中以膈肌的作用最为重要。主观察膈肌和肋间内、外肌。

(1)膈肌在胸腹腔和膈肌的标本中,可见到位于胸廓下口,分隔胸腔与腹腔,向上膨隆呈圆顶形宽薄的膈肌。观察此肌的形态特点:周围为肌性,中央为中心腱,注意其分布、肌纤维排列方向,辨认出此肌的3个裂孔(主动脉裂孔、食管裂孔和腔静脉孔)。思考该肌收缩与松弛时,与呼吸运动的关系。

(2)观察肋间外肌和肋间内肌位置,肋间外肌位于肋间隙内,居于浅层,肋间内肌位于肋间外肌深面。注意观察两肌的肌纤维方向,思考其功能。

八、人体实体表面躯干肌肉的触扪与观察

通过对躯干浅层有关肌肉的触扪与观察,进一步确认这些肌肉在人体实体中的位置、形态及其作用。

(1)胸锁乳突肌。当头用力转向对侧时,可观察并触扪到位于同侧颈部前方的胸锁乳突肌。

(2)腹直肌在用力收腹,上体稍前屈时,可在躯干腹部前面观察并触扪到两条凹凸分明的多腹肌,即腹直肌肌腹。

实验报告

(1)请对你自己的实验情况作出小结和评价。

(2)在图2-7-4~图2-7-6中,填写引线所指各结构的名称。

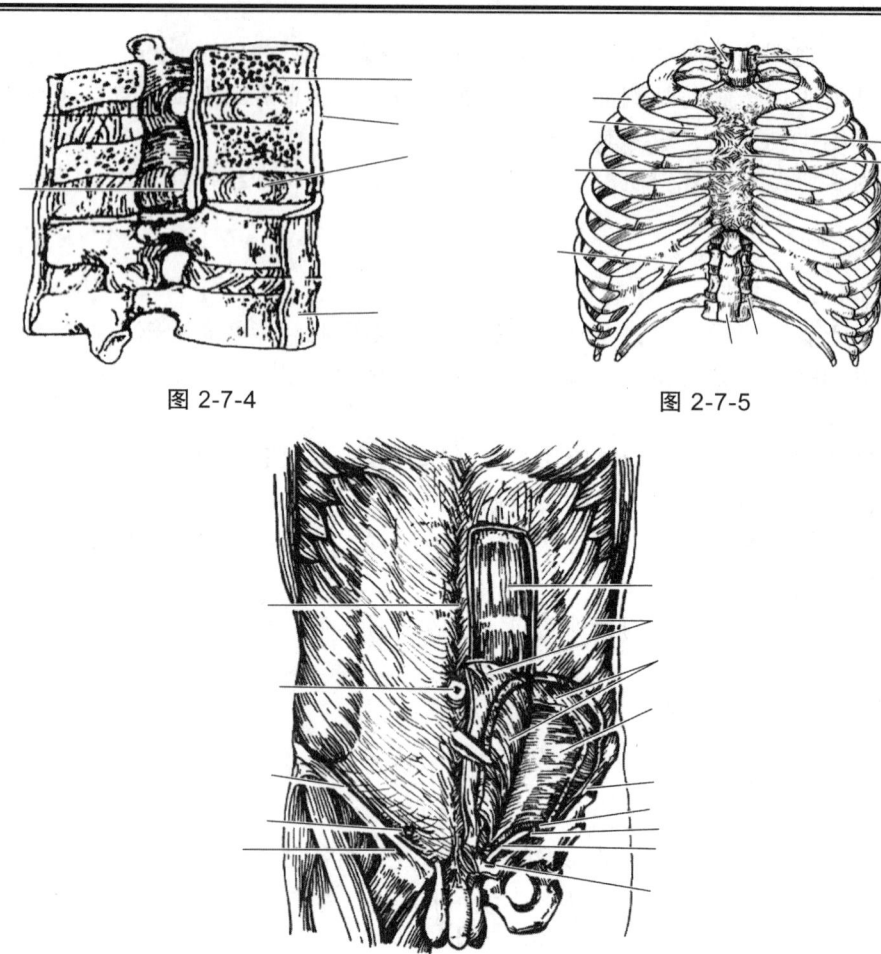

图 2-7-4　　　　　图 2-7-5

图 2-7-6

课后练习

1. 课后复习，掌握脊柱的联结及其运动，以及使之运动的常见骨骼肌。
2. 课后与同学相互进行常见骨骼肌、肌性、腱性标志的定位练习直至熟练。

实验八　常见运动动作的解剖学分析

实验目的

运用所学习的运动解剖学知识与体育实践相结合，对体育动作进行解剖学分析，深入理解人体各关节和肌肉在各项活动中的相互作用关系。

实验内容

（1）借助相应的条件，对常见的较为简单的运动动作进行练习和解剖学分析

(2)分析完成动作所需要的关节的运动、肌肉的工作性质和固定条件。
(3)分析运动动作的发展变化,判断动作技术的质量水平与练习效果。

实验器材

哑铃,单杠,肋木等。

实验方法

每2个学生一组,一人进行常见动作练习,另一人根据教材和实验指导仔细观察各关节的活动,进行相关的动作分析,二人轮换,掌握动作分析的方法。

实验步骤

一、直腿仰卧起坐(见图 2-8-1)

(1)动作要点描述:双手交叉于胸前或置于头后,躯干前屈向下肢靠拢,两腿伸直,随后躯干后伸还原至起始位。
(2)动作阶段划分:大致分为坐起和还原两个阶段。
(3)动作分析制表(见表 2-8-1、表 2-8-2):

图 2-8-1 下固定(仰卧起坐)

表 2-8-1 直腿仰卧起坐动作坐起阶段躯干肌的动作分析

环节	关节	运动	与外力矩的关系	原动肌	工作条件	工作性质
脊柱	腰骶关节	屈	相反,$M_{肌} > M_{外}$	腹直肌、腹外斜肌和腹内斜肌、胸锁乳突肌等	下固定	克制工作
骨盆	髋关节	前倾	相反,$M_{肌} > M_{外}$	髂腰肌、股直肌、缝匠肌和耻骨肌等	远固定	克制工作

注:肌力矩与外力矩方向相反,且肌力矩大于外力矩,原动肌位于关节的同侧

表 2-8-2 直腿仰卧起坐动作放下阶段躯干肌的动作分析

环节	关节	运动	与外力矩的关系	原动肌	工作条件	工作性质
脊柱	腰骶关节	伸	一致(慢),$M_{肌} < M_{外}$	腹直肌、腹外斜肌和腹内斜肌、胸锁乳突肌等	下固定	退让工作
骨盆	髋关节	后倾	一致(慢),$M_{肌} < M_{外}$	髂腰肌、股直肌、缝匠肌和耻骨肌等	远固定	退让工作

二、俯卧撑（见图 2-8-2）

（1）动作要点描述：两手支撑于地面，约与肩同宽，五指朝前，两上肢伸直，从头至足身体保持成一直线，体重由两手和两足尖承担。在下降和撑起阶段身体始终保持成一直线，上臂主要在矢状面内做前后方向运动。

（1）　　　　　　（2）

图 2-8-2　俯卧撑

（2）动作阶段划分：可分为准备姿势、下降和撑起 3 个阶段。

（3）动作分析制表：实践后完成填写表 2-8-3、表 2-8-4 的内容。

表 2-8-3　俯卧撑动作撑起阶段上肢肌的动作分析

环节	关节	运动	与外力矩的关系	原动肌	工作条件	工作性质

表 2-8-4　俯卧撑动作撑起阶段上肢肌的动作分析

环节	关节	运动	与外力矩的关系	原动肌	工作条件	工作性质

（4）动作综合评价：① 发展前锯肌、胸大肌、三角肌前部和肱三头肌等上肢肌肉的力量。② 训练腹直肌、腹内斜肌、腹外斜肌、股四头肌、小腿三头肌及竖脊肌、髂腰肌等肌肉的控制能力。

三、肋木悬垂举腿（见图 2-8-3）

（1）动作要点描述：两手反握肋木与肩同宽，身体重量分别由两手承担呈直臂悬垂，两腿伸直举到水平位以上。

（2）动作阶段划分：准备姿势、举腿和下落三个阶段。

体会：握住肋木和克服人体的重力，是由哪些肌肉收缩完成的？两腿与躯干成直角，髋关节、膝关节、踝关节各做什么运动？是由哪些肌肉收缩完成的，并指出肌肉的收缩形式和固定条件。

思考：两腿慢举慢放，主要是训练哪些肌肉？

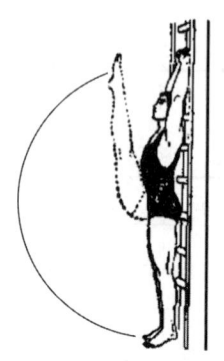

图 2-8-3　悬垂举腿

（3）动作分析制表：实践后完成填写表 2-8-5、表 2-8-6 的内容。

表 2-8-5　肋木悬垂举腿动作上举阶段下肢肌的动作分析

环节	关节	运动	与外力矩的关系	原动肌	工作条件	工作性质

表 2-8-6　肋木悬垂举腿动作下落阶段下肢肌的动作分析

环节	关节	运动	与外力矩的关系	原动肌	工作条件	工作性质

实验报告

请对你自己的实验情况作出小结和评价。

课后练习

根据自己的兴趣、专项，查找资料后选择一个常见体育动作进行观察，说出动作要点并对动作阶段进行划分，完成动作分析制表并对该动作做出综合评价。

实验九　发展肌肉力量的练习实践

实验目的

（1）通过学习和实践发展肌肉力量的主要练习方法，进一步巩固和掌握主要肌肉的功能。

（2）掌握发展主要肌肉力量的各种方法和动作要点，提高肌肉力量训练效果。

实验内容

学习发展身体肌肉力量的练习方法。

实验器材

人体骨架，全身肌肉挂图或模型、哑铃、杠铃、橡皮带、拉力器等健身器械，有条件可以在健身房、体操房或武术馆等场所进行。

实验方法

（1）在教师的指导下，学生分成4组，4~6人为一组，每组选派一位小组长，分别进行5 min的热身运动，以活动全身主要关节为主。

（2）教师现场示范介绍发展肌肉力量的练习方法，学生进行实践。

实验原理

抗阻力练习原理。

实验步骤

一、平卧杠铃推举（胸）

1. 动作要点

躺在平放的凳子上，肩与臀贴紧凳子，两脚平稳地放在地上。两手与肩同宽，从器械架上抓取杠铃，屈肘，将杠铃下降至上胸部水平，向上推举杠铃至手臂伸直，还原。重复上述动作。

2. 练习肌肉

该练习主要发展胸大肌、前锯肌、胸小肌和肱三头肌的肌肉力量。

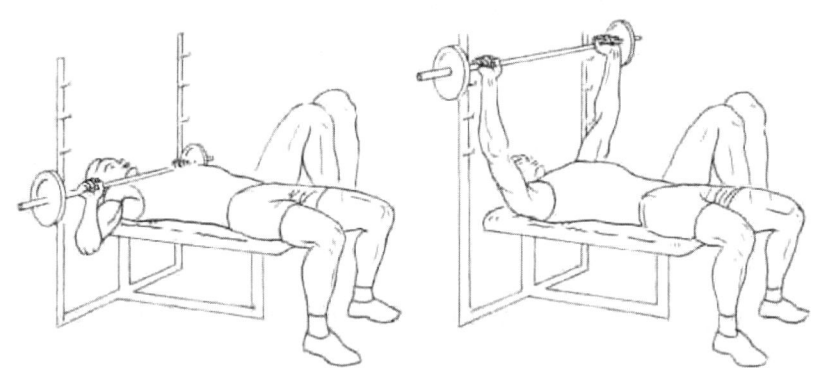

图 2-9-1 平卧杠铃推举

二、胸前下拉（背）

1. 动作要点

坐在凳子上，两脚平稳地放在地上。两手比肩宽15 cm左右，手臂伸直，正握杠铃，下拉杠铃至胸部水平，缓慢将杠铃回放至手臂伸直，还原，重复上述动作。

2. 练习肌肉

该练习主要发展背阔肌、胸小肌、菱形肌和肱二头肌的肌肉力量。

图 2-9-2　胸前下拉

图 2-9-3　负重半蹲

三、颈后杠铃负重半蹲（腿）

1. 动作要点

身体直立，挺胸，两脚开立与肩同宽，膝关节放松，将杠铃置于背部，宽握距抓握杠铃，缓慢下蹲，下蹲至屈膝大约90°，大腿与地面平行，还原。重复上述动作。

2. 练习肌肉

该练习主要发展臀大肌、股四头肌、小腿三头肌的肌肉力量。

四、屈膝仰卧起坐（腹）

1. 动作要点

身体仰卧，两足并拢，双膝弯曲，保持脊柱颈部的挺直，双手放于头部两侧，下半身保持不动，躯干向上屈曲，弓背抬肩，缓慢还原。重复上述动作。

2. 练习肌肉

该练习主要发展腹直肌、腹外斜肌、腹内斜肌等的肌肉力量。

图 2-9-4 屈膝仰卧起坐

在各小组长的带领下，分组进行上述器械的练习。

教师以提问的方式，指定某个运动器械，任意抽取某个小组，让其中一人讲解，另一人示范，介绍此器械的使用方法和锻炼的部位。

实验报告

请对你自己的实验情况作出小结和评价。

课后练习

1. 以小组为单位，讨论并制订一份发展上肢肌肉力量的训练计划，要求能够利用多种力量练习器。

2. 以小组为单位，讨论并制订一份发展下肢肌肉力量的训练计划，要求能够利用多种力量练习器。

3. 以小组为单位，讨论并制订一份发展腹部肌肉力量的训练计划，要求能够利用多种力量练习器。

实验十　发展肌肉伸展性的练习实践

实验目的

（1）学习和实践发展肌肉伸展性的主要练习方法，进一步理解和掌握发展肌肉伸展性的原则。

（2）掌握发展肌肉伸展性的各种方法和动作要点，提高肌肉伸展性训练效果。

实验内容

学习发展身体肌肉伸展性的练习方法。

实验器材

海绵垫、肋木架、橡皮带、木棍、绳、毛巾等；有条件可以在健身房、体操房或武术馆等场所进行。

实验方法

一、正压腿

方法要点：单脚支撑，脚尖向前；一腿搁于一定高度的物体上，脚尖勾起（足背屈），膝关节伸，身体前倾下压（骨盆向压腿一侧移动）。可发展股后肌群、腓肠肌的伸展性。其原因是脚尖勾起和膝关节伸可以使腓肠肌的起点（跟骨结节）和止点（股骨内、外侧髁）距离拉长；膝关节伸和身体前倾下压可以使股后肌群的起点（坐骨结节）和止点（胫骨、腓骨上段）距离拉长。

二、侧压腿

方法要点：侧立单脚支撑，一腿搁于一定高度的物体上，膝关节伸，身体侧屈下压（见图 2-10-1）。可发展大腿内侧肌群、股后肌群、小腿三头肌的伸展性。

三、跪 压

方法要点：跪于平面上，脚背伸直，臀部坐在脚跟上。可发展小腿前群肌、股四头肌的伸展性。

图 2-10-1 侧压腿

四、弓箭步压腿

方法要点：前跨一大步成弓箭步，后脚跟提起，膝关节略屈，向前顶髋。可发展大腿屈肌、股四头肌的伸展性。

五、后拉腿

方法要点：一手扶一定高度的物体，另一手抓异侧的脚背，向后拉腿。可发展大腿屈肌、股四头肌的伸展性。

六、正压肩

方法要点：手扶一定高度的物体或两人手扶对方肩，体前屈直臂压肩（见图 2-10-2）。可发展胸大肌、背阔肌的伸展性。

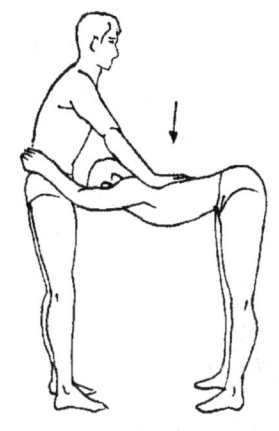

图 2-10-2 正压肩

七、转　肩

方法要点：用木棍、绳、毛巾等作直臂或屈臂的向前、向后的转肩，握距应逐渐缩小。可发展肩带周围肌群的伸展性。

体前屈方法要点：两腿并步或开立，膝关节伸直，身体前倾慢慢下压。可发展腰背肌群和股后肌群的伸展性。

八、体侧屈

方法要点：两腿开立，一手臂上举，上臂贴耳，身体侧屈下压。可发展体侧肌群的伸展性。

九、转　体

方法要点：把一只脚放于另一腿的膝盖外侧，向弯曲腿的方向扭转身体。可发展转躯干和臀部肌群的伸展性。

在教师的指导下，让学生分成4个组，4~6人为一组，分别围绕全身主要关节对上肢、下肢和躯干等部位的主要骨骼肌进行拉伸练习。最好每组负责一个身体部位的拉伸练习，要求不要按教科书的实例，自己创编。以后每小组推选一人讲解，另1或2人示范，介绍拉伸练习的具体做法（要点）和被伸展的肌肉。

实验报告

请对你自己的实验情况作出小结和评价。

课后练习

将自己设计的发展上肢或下肢或腰腹部肌肉伸展性的方法（10~20个）记录和整理，写成练习的实例，包括动力和静力、主动和被动、PNF拉伸练习的动作设计。

实验十一　消化、呼吸、泌尿系统的观察

实验目的

（1）掌握消化系统的组成及其各主要器官的位置、形态、结构。
（2）掌握呼吸系统各器官的位置、形态和大体结构。
（3）了解泌尿系统的组成及其各主要器官的位置、形态、结构。

实验内容

（1）观察消化系统的组成及各器官的位置，胃、小肠、大肠、肝、胰的位置、分部和主要结构。

（2）观察呼吸系统系统的组成及各器官的位置，喉的位置、主要软骨组成和主要结构。

（3）观察泌尿系统的组成及其各器官的位置，肾的位置和主要结构。

实验器材

消化系统全标本、模型，人体半身模型，胃壁、小肠纵切面和肝小叶的模型，呼吸系统全标本、模型或挂图，头部正中矢状切标本或模型，喉腔、气管连肺标本，左右肺标本或模型，支气管树、肺小叶和肺泡壁的模型或挂图，泌尿系统的模型。

实验方法

（1）每4个学生一组，根据教材和实验指导仔细观察标本，并相互提问，掌握消化、呼吸、泌尿系统的组成、主要器官的位置、形态、结构。

（2）实验前半小时进行实验抽查考试。

实验步骤

一、观察消化系统（见图 2-11-1）

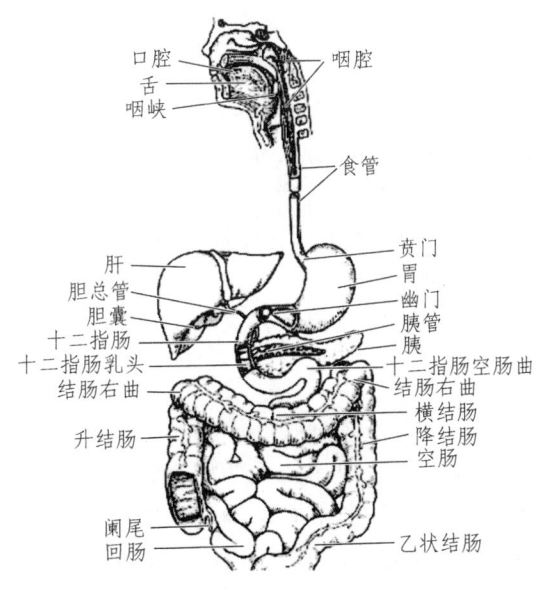

图 2-11-1 消化系统

1. 观察消化系统的组成及主要器官的位置、大体形态和结构

取消化系统全标本、模型或挂图，观察可见消化系统由消化管（口腔、咽、食管、胃、小肠、大肠）和消化腺（3对唾液腺、肝和胰等）组成。观察可见食管上接口咽，向下穿过膈，延续于胃的贲门；胃的幽门联结"C"形的十二指肠；向下的空肠和回肠在腹腔迂回成袢状，在右髂窝处移行为盲肠；盲肠的后下方细长的盲管为阑尾；结肠呈"门"字形环绕在小肠周围，分升结肠、横结肠、降结肠、乙状结肠4部分，在左髂窝处呈"乙"字形入小骨

盆接直肠，最后开口于肛管。

取人体半身模型，观察可见开口于口腔的 3 对唾液腺：腮腺、舌下腺和下颌下腺；还有肝和胰，分别有胆总管和胰腺管开口于十二指肠大乳头。

2. 观察胃的位置、形态、大体结构（见图 2-11-2）

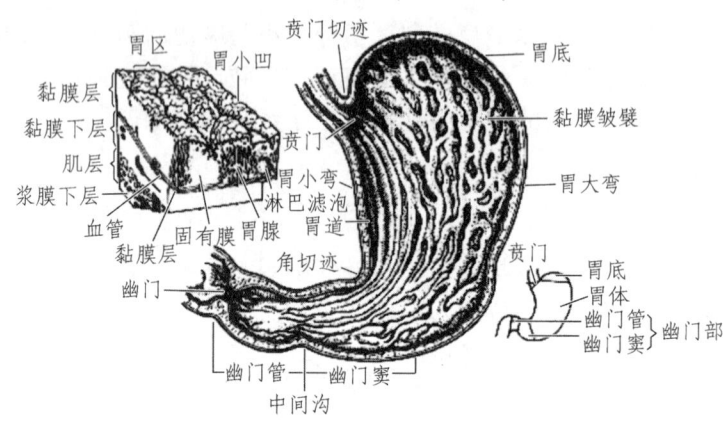

图 2-11-2　胃

取消化系统全标本，可见胃大部分位于腹腔的左季肋区，小部分位于腹上区。取胃的标本或模型或挂图，观察可见胃的 4 分部：近贲门的贲门部、自贲门向左上方膨出的胃底部、中部的胃体部和近幽门的幽门部。胃的入口称贲门，与食管相接；出口称幽门，与小肠相接；胃有前后壁，左侧向外凸起的称为胃大弯，右侧向内凹陷的称为胃小弯；

将胃模型打开成前后两半或取胃冠状切标本，可见胃壁由内向外分黏膜层、黏膜下层、肌织膜和外膜 4 层。黏膜层可见许多黏膜皱襞，在胃小弯处形成几条纵行皱襞。在去除外膜的胃模型上观察肌织膜的 3 层结构——外层纵行肌、中层环形肌、内层斜形肌，注意观察环形肌在幽门处增厚形成幽门括约肌。

思考并讨论上述结构如何与胃的生理功能相适应。

3. 观察小肠的形态、大体结构

取小肠的纵切面模型，观察可见小肠黏膜凸向肠腔形成环形皱襞，皱襞表面有密集的小肠绒毛。在显微镜下观察小肠绒毛的组织切片或使用多媒体观看切片幻灯，可见绒毛表面的单层柱状上皮，杯状细胞散布其间，绒毛中有中央乳糜管，周围可见较多的毛细血管。

思考并讨论上述结构如何与小肠强大的消化吸收功能相适应。

4. 观察肝的位置、形态、结构

取人体半身模型，观察可见肝大部分位于右季肋区，小部分位于腹上区及左季肋区。取肝模型，观察可见肝呈楔形，右端粗大而圆钝，左端细小，分上、下两面，前、后两缘。肝上面光滑，被矢状方向的镰状韧带分为左、右两叶，下面凹凸不平，有"H"形的 3 条沟，横沟称肝门，有肝动脉、门静脉、肝管、淋巴管和神经进出。右侧沟前半部分有一胆囊窝，容纳胆囊，后半部分有腔静脉沟，有下腔静脉通过。前缘较锐利，后缘较圆钝。

思考并讨论经食物吸收的营养如何在肝血窦完成物质交换。

二、观察呼吸系统（见图 2-11-3）

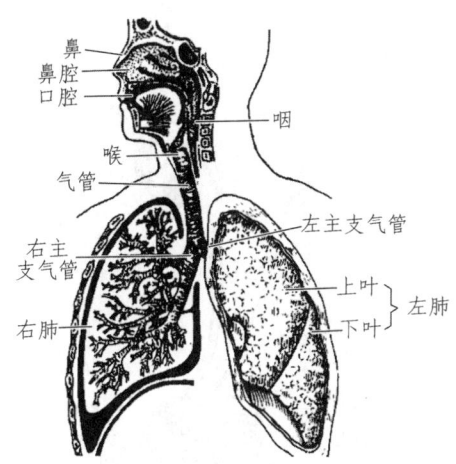

图 2-11-3　呼吸系统

1. 观察呼吸系统的组成及主要器官的位置、大体形态和结构

取呼吸系统全标本、模型或挂图，观察可见呼吸系统由鼻、咽、喉、气管、支气管和肺组成。上呼吸道始于鼻腔，向后通一漏斗形、前后略扁的肌性管道——咽，咽向前下通于喉，喉向下与气管相通。肺分左、右两肺，位于胸腔内，中间以纵隔相隔，是进行气体交换的实质性器官。注意观察并分辨进出肺门的管道。从头正中矢状切面标本或模型辨识固有鼻腔侧壁上 4 对鼻旁窦（额窦、筛窦、上颌窦、蝶窦）的开口和咽鼓管咽口。在活体上触摸喉结（甲状软骨），在喉腔模型上辨识环状软骨、会厌软骨、杓状软骨以及前庭襞、声襞和声门裂，前庭襞、声襞把喉分为 3 个腔，喉前庭，喉中间腔，声门下腔。取气管连肺标本或模型，可见成人气管在胸骨角（第二肋软骨）水平分为左、右支气管入肺。注意观察和总结左、右主支气管的形态差别及纵隔的位置和其中的主要器官。

2. 观察肺的位置、形态、结构和肺小叶的微细结构

在人体半身模型上，可见肺位于胸腔内，左右各一，分居于纵隔两侧。观察左、右肺标本或模型，可见肺的形状呈圆锥形，分 1 尖（肺尖）、1 底（膈面）、3 面（外侧面又称肋面、内侧面又称纵隔面，下面又称膈面）和 3 缘（前、后、下缘），内侧面中间凹陷处为肺门，有肺的血管、主支气管、淋巴管和神经进出，结缔组织包绕出入肺门的结构构成肺根。左肺较狭长，分上、下两叶，右肺较粗钝，分上、中、下 3 叶。左肺前缘下半有一弧形凹陷，称心切迹。

观察支气管树模型或挂图，可见主支气管从肺门入肺后反复分支，达细支气管后再分支为终末细支气管，随分支而管径渐小，管壁渐薄。这一段结构只输送气体而无气体交换作用，故称为肺的导气部。

观察肺小叶模型或挂图，辨认肺的呼吸部，即呼吸性细支气管、肺泡管、肺泡囊、肺泡。使用多媒体观看人肺切片的幻灯片，可见上述管壁及肺泡壁均衬有单层扁平上皮。

对照肺泡壁的模型或挂图，辨认气血屏障的构成——肺泡上皮、上皮基膜、毛细血管内皮基膜和内皮细胞。

思考并讨论肺小叶和肺泡壁的结构与其功能的关系。

三、观察泌尿系统（见图 2-11-4）

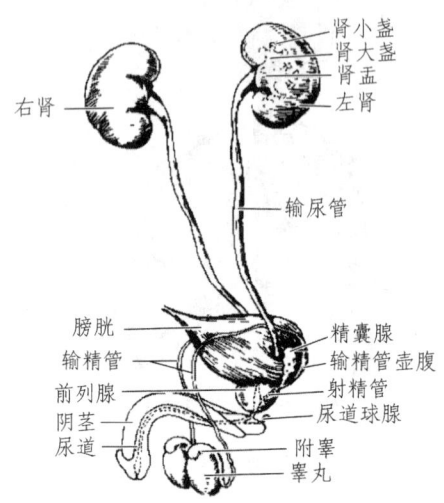

图 2-11-4　泌尿系统的组成

1. 观察泌尿系统组成及各主要器官的位置、形态和大体结构

取泌尿系统全标本或模型，观察可见该系统由肾、输尿管、膀胱和尿道组成。在人体半身模型上可见左、右两肾位于腹腔后上部、脊柱的两侧，紧贴腹后壁，两肾上端稍靠近，下端稍远离。左肾上端平 11 胸椎下缘，下端平第 2 腰椎下缘，右肾比左肾约低半个腰椎体，其上端平 12 胸椎，下端平第 3 腰椎。肾的内缘中部凹陷，该处即肾门，从前到后依次有肾静脉、肾动脉、淋巴、神经和肾盂出入。输尿管为长约 30 cm 的扁圆柱形肌性管道，两侧沿腰大肌前面下降进入盆腔内的膀胱。仔细观察标本全长，可发现输尿管的 3 个狭窄处分别位于起始部、跨过髂总动脉处和进入膀胱处，这 3 处狭窄是泌尿系统结石易滞留的部位。膀胱是位于盆腔内的肌性囊，其形状和大小随尿液的充盈程度不同而变。观察两性盆腔正中央矢状面标本、模型或挂图可见，成人膀胱空虚状态下呈锥体形，尖指向前上方，前为耻骨联合，后方在男性有精囊腺、输精管和直肠，在女性有子宫和阴道。尿道位于膀胱底部的下方，为长约 3~4 cm 的肌性管道，男性尿道细而长，女性尿道宽而短。

2. 观察肾的大体结构（见图 2-11-5）

取肾的大体结构模型，观察可见肾形似蚕豆，外缘凸起，内缘中部凹陷（即肾门）。在冠状切面上可见，肾的表面由内向外有纤维囊、脂肪囊和肾筋膜等 3 层被膜包绕，肾包括肾窦和实质。肾窦为肾门向肾内延续的一个较大的腔隙，内含肾动脉的主要分支、肾静脉的主要属支以及肾盂、肾小盏和肾大盏。实质包括皮质和髓质，皮质位于肾的边缘，呈红褐色，为致密的细小颗粒，其深入髓质的部分称肾柱；髓质位于肾的深部，色较淡，为较致密的条纹，有 15~20 个呈锥形的肾锥体，其尖钝圆伸向肾窦称肾乳头。仔细观察可见，每 2~3 个肾乳头被一个肾小盏包绕，每 2~3 个肾小盏集合成一个肾大盏，每个肾有 2~3 个肾大盏，由肾大盏汇合成漏斗状的肾盂，出肾门后移行为输尿管。

第二章 运动解剖学实验

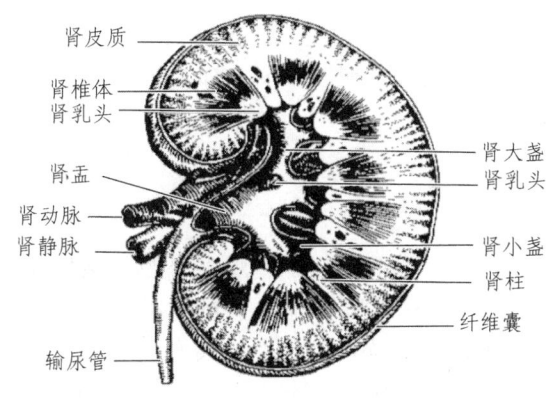

图 2-11-5 肾的大体结构

实验报告

（1）请对你自己的实验情况作出小结和评价。

（2）在图 2-11-6 和图 2-11-7 中，填写引线所指各结构的名称。

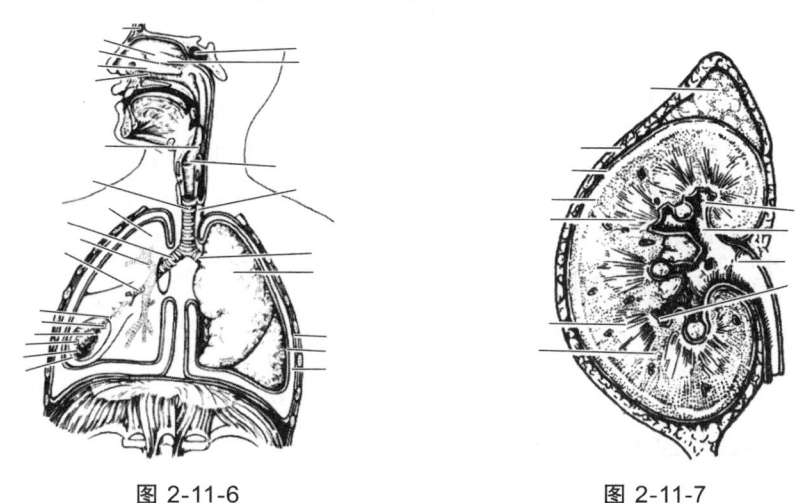

图 2-11-6　　　　　　图 2-11-7

课后练习

课后复习，掌握三大系统的构成、主要器官的位置、结构及其特点。

实验十二　脉管系统的观察

实验目的

（1）熟悉心脏的位置、形态与表面结构，掌握心的各腔结构和心壁结构，了解心营养血管的配布。

（2）掌握血液循环主要途径，根据肺循环和体循环的特点，弄清心房、心室的瓣膜开合与出入心脏的大血管之间的联系。

（3）掌握主动脉的位置及其分支，掌握主要大血管的位置及主要止血点。

（4）观察心的传导系。

实验内容

（1）观察心的位置、形态，解剖新鲜猪心，观察心腔的结构及心的营养血管。

（2）观察血液循环模型，熟悉肺循环和体循环的途径。

（3）观察体循环主要动脉的分支与分布，主要大血管的位置及主要止血点。

（4）观察心的传导系。

实验器材

胸腔解剖标本或模型，心的解剖模型，循环系统动态演示模型，新鲜猪心标本，全身血管分布模型，解剖盘，解剖刀，剪刀，镊子等。

实验方法

（1）每2个学生一组，根据教材和实验指导仔细观察标本，并相互提问，掌握脉管系统的组成，心的位置、形态，进行新鲜猪心的解剖，掌握其内部结构。

（2）观察全身血管分布模型，掌握体循环主要动脉的分支与分布，确定主要大血管的位置及主要止血点，相互在同学身上找到这些主要止血点的位置并熟悉。

（3）实验前半小时进行实验抽查考试。

实验步骤

一、心血管系统的组成

心血管系统由心、动脉、毛细血管和静脉组成。心是连接动脉和静脉的枢纽，是心血管系统的"动力泵"，并且具有重要的内分泌功能。心脏有节律地收缩与舒张，不停地将血液由动脉射出，由静脉纳入，保证血液在心血管内连续不断地做定向流动。动脉是运血离心的管道，静脉是引导血液回心的血管，毛细血管是连接动、静脉末梢间的管道。

二、血液循环路径（见图2-12-1）

1. 肺循环（又称小循环）

血液由右心室射入肺动脉，再经各级分支进入肺泡周围的毛细血管网，通过毛细血管壁和肺泡壁，血液与肺泡内的气体进行交换（排出二氧化碳、吸入氧气），最后血液经肺静脉出肺，进入左心房。肺循环的特点是路径短，只通过肺，使静脉血变成含氧丰富的动脉血。

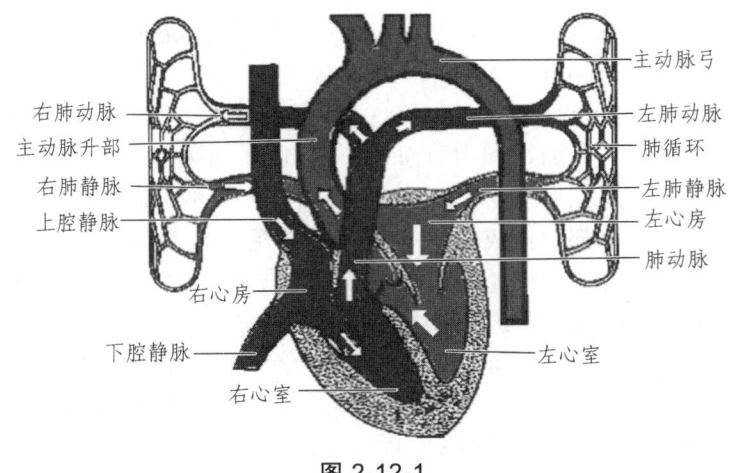

图 2-12-1

2. 体循环（又称大循环）

血液由左心室射入主动脉，经各级动脉分支最后送到身体各部的毛细血管。血液通过毛细血管壁与其周围的组织细胞进行物质和气体交换后，经各级静脉，最后汇入上、下腔静脉流回右心房。体循环的特点是路径长，流经范围广，以动脉血滋养全身各个器官，又将其代谢产物经静脉运回心脏。

三、心的位置观察

取胸腔解剖标本或模型，可见心位于胸腔之内、两肺之间，坐于膈肌之上、纵隔偏左，约 2/3 位于正中线左侧，1/3 位于正中线右侧。心尖指向左前下方，出入心底的大血管朝向右后上方，沿心底取中点与心尖作一条连线，即为心轴。

四、心的形态观察（见图 2-12-2）

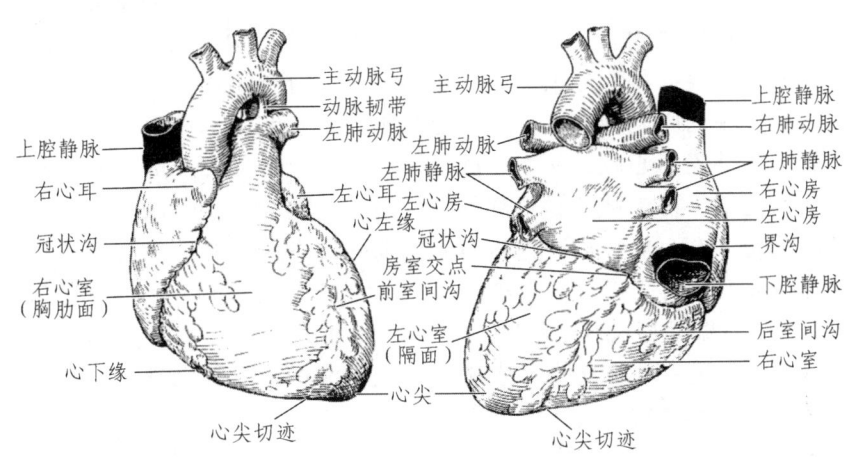

图 2-12-2

取心的解剖标本或模型，从外表面观察，心的外形近似前后略扁的倒置圆锥体。心的外形可分为心底、心尖和心体。心底大部分由左心房构成，小部分由右心房的后部构成。上、下腔静脉从上、下方分别注入右心房，左、右肺静脉共 4 条分别从两侧注入左心房。心底及心尖部有左右心室构成，主动脉和肺动脉分别发自左心室和右心室，心尖朝向左前下方，是左心室的一部分。

心的外表面可观察到 4 个面，即胸肋面（又称前面、前壁，由右心房大部分、左心耳小部分和右心室前壁大部分及左心室小部分构成）、膈面（又称下面，朝向后下方，贴于膈肌，由左心室大部分和右心室小部分构成）、左侧面（朝向左上方，由左心室大部分和左心房小部分构成）和右侧面（由右心房构成，上下分别续于上腔静脉和下腔静脉）。

4 个缘：上缘主要由左心房构成。左缘（或钝缘）：斜向左下方，大部分由左心室构成，小部分由左心耳构成。下缘（或锐缘）：近似水平位，大部分由右心室构成，心尖部由左心室构成。右缘：主要用于 X 线造影，由右心房构成，是向右侧微凸的右心房的轮廓。

心的外表面可观察到几条明显的浅沟，即冠状沟又称房室沟，近心底处呈横位环绕心脏，是分隔心房和心室的标志，冠状沟前部被肺动脉和主动脉隔断。沿冠状沟左行称为左冠状动脉，沿冠状沟右行称为右冠状动脉。前室间沟和后室间沟位于心的前、后面，自冠状沟向下达心尖右侧相汇合（此处又称心尖切迹），是左、右心室在心表面的分界标志。

五、观察心传导系

在心传导系的电动模型上观察心传导系，可见位于上腔静脉与右心房交界处心内膜深面的窦房结，以及与心房肌联络较细的纤维和较粗的结间束与房室结联系。房室结位于房间隔下部，下端延续于房室束，房室束进入室间隔内分为左、右两束支。在左、右束支的幻灯片上可见右束支较粗，左、右束支在心壁内又再分支为普肯野氏纤维。思考心脏自律跳动的兴奋波何处产生，如何传导。

六、离体新鲜猪心的解剖与观察

（1）取离体新鲜猪心，仔细地用解剖刀和镊子切除与心脏相连的血管周围的结缔组织，用剪刀从肺动脉和主动脉之间，沿前室间沟朝心尖方向将心的外膜剪开，然后用镊子和解剖刀沿左、右心房和心室表面将心外膜剥离，露出心脏。分辨出左、右心房和心室，辨认上、下腔静脉，肺动脉，主动脉，肺静脉；左右冠状沟、前室间沟和后室间沟。

（2）将已剥离心外膜的心脏，从上腔静脉用剪刀（或解剖刀）剪（剖）开，直至右房室口；翻开右心房的前壁，再由肺动脉根部外侧，沿前室间沟左侧斜向下方，用解剖刀将右心室剖开，这样不会切坏右心房室瓣，并将右心室前壁向右侧翻开。在已切开右心房、右心室的标本上（或者心脏模型），辨认右心房的入口（包括上腔静脉口、下腔静脉口、冠状窦口），出口（右房室口；内侧壁为房间隔，房间隔下方有卵圆窝）。右心室的入口为右房室口，有三尖瓣，三尖瓣借腱索和乳头肌固定在心室里，防止血液倒流。肺动脉口，有肺动脉瓣，观察肺动脉瓣的结构，思考其作用。

（3）将已切开左心房和左心室作用的心脏，从上、下两对肺静脉根，用剪刀把心房剪开，直至左房室口，翻开左心房；再用解剖刀由主动脉根部，沿前室间沟的左侧向下剖至心尖，这样不会切坏主动脉瓣，续由心尖向左将左心室翻开。在已切开的左心房和左心室的标本上，辨认左心房的入口肺静脉口有 4 个，流出口是左房室口；左心室的入口为左房室口，有二尖瓣，也是通过腱索和乳头肌固定。比较三尖瓣和二尖瓣的外形区别，思考其原因。左心室出口为主动脉口，有主动脉瓣，观察其外形，思考其作用。

（4）在已剖开心房、心室的标本上，用肉眼观察，并用手触摸，比较心房和心室肌的厚薄、左心室和右心室肌的厚薄。

（5）将上述已剖开的心脏，用解剖刀在左、右心房室口，肺动脉口和主动脉口处横切，仔细观察其横切面，辨认左、右房室口纤维环，肺动脉口纤维环和主动脉口纤维环。再仔细观察，可发现心房肌和心室肌不相连，从中理解纤维环的作用。

七、观察体循环主要动脉的分支与分布（见图 2-12-3）

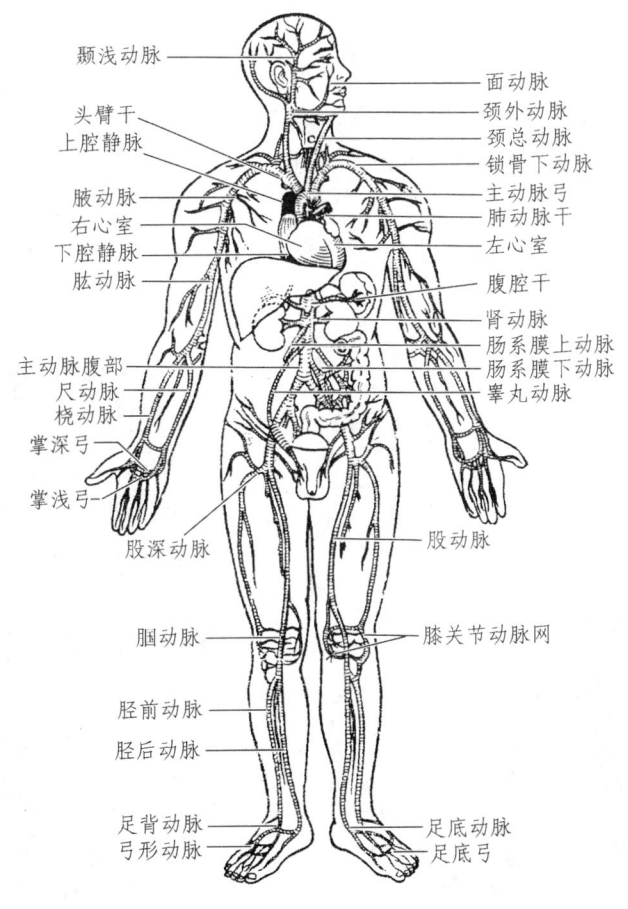

图 2-12-3

取全身动脉分布模型观察，可见主动脉连于左心室，起始部发出左、右冠状动脉，向上为主动脉升部和主动脉弓。在主动脉弓上，从右至左依次发出头臂干动脉、左颈总动脉和左锁骨下动脉 3 大分支。主动脉下行通过的一段称为主动脉胸部，通过腹腔的一段称为主动脉腹部，继续下行平第 4 腰椎高度，分为左、右髂总动脉。

在全身动脉分布模型上观察上肢的动脉，可见该动脉发出 2 个分支：一支向颈部和头部延伸称为颈总动脉，左、右颈总动脉向上延伸至甲状软骨上缘处分为颈外动脉和颈内动脉。在颈内动脉起始处，其内腔有膨大的颈动脉窦存在。在颈内、外动脉分叉处的后壁内有一麦粒状的颈动脉体。颞浅动脉在外耳门前方可摸到其搏动。另一支向上肢延伸称为锁骨下动脉。观察左、右锁骨下动脉，可见该动脉在穿越锁骨下方直接续为腋动脉，穿过腋窝向下移行为肱动脉，再达肘窝中点处分支为桡动脉和尺动脉。在活体上，肘窝的肱二头肌腱内侧可摸到肱动脉的搏动，是测量血压时的听诊部位。在桡骨下端近腕横纹桡侧腕屈肌的外侧，可摸到桡动脉的搏动，是常用的切脉部位。

在全身动脉分布模型上观察下肢的动脉，可见下肢动脉主干续于髂外动脉，下行至股骨前部移行为股动脉，在腹股沟处可摸到股动脉的搏动。股动脉再下行至腘窝处移行为腘动脉，腘动脉继续向下分支为胫前动脉和胫后动脉，继续分支分布于小腿和足。

实验报告

（1）请对你自己的实验情况作出小结和评价。

（2）完成下列填图作业（图2-12-4和图2-12-5）。

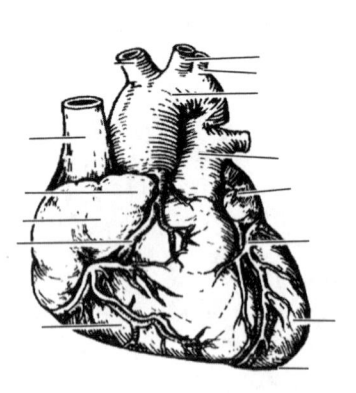

图 2-12-4

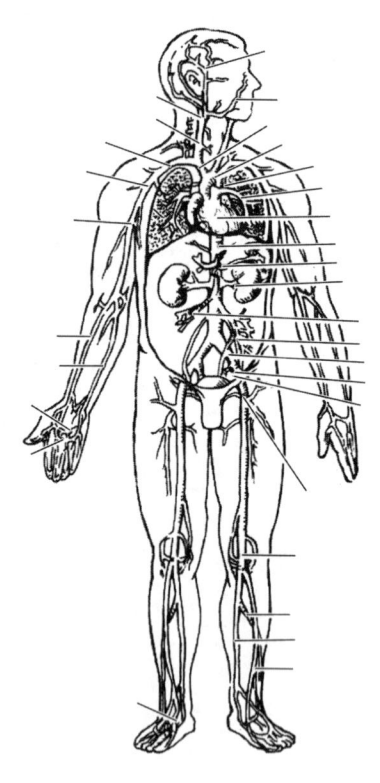

图 2-12-5

课后练习

课后复习，并与同学相互进行主要大血管的止血点的定位练习直至熟练。

实验十三 观察中枢神经系统

实验目的

（1）了解脊髓的外形及相关的结构。
（2）掌握脊髓内部主要结构。
（3）掌握脑干的位置、形态、组成，了解与脑干相连的脑神经及其功能。
（4）掌握端脑的组成及了解间脑、小脑、大脑的位置、分部、外形及内部结构。

实验内容

（1）观察脊髓的位置、外形及与脊髓相关的脊神经、脊神经节等结构。
（2）观察脊髓的内部结构。
（3）观察脑干、间脑、小脑、大脑的组成、位置、外形及内部结构。

实验器材

脑标本或模型，中枢神经系统标本或模型，脊髓横断面标本和模型，脊髓节段模型，脑干电动模型，脑干放大模型。

实验方法

（1）每2个学生一组，根据教材和实验指导仔细观察标本和模型，掌握中枢神经系统的组成和主要结构。
（2）实验前半小时进行实验抽查考试。

实验步骤

一、观察脊髓的外形

观察中枢神经系统整体标本或模型，可见脊髓呈前后稍扁的圆柱体，上部有颈膨大、下部有腰骶膨大，向下渐渐缩小成脊髓圆锥，再向下延伸为一根细长的终丝。

二、观察脊髓表面的沟及与脊髓相关的结构

（1）脊髓表面的沟，在脊髓解剖模型上，腹侧面可见正中较深的前正中裂及其两侧一对较浅的前外侧沟；背侧面可见正中较浅的后正中沟及其两侧一对较浅的后外侧沟。
（2）与脊髓相关的结构，在脊髓节段解剖模型上可见自脊髓前外侧沟走出的前根；自后外侧沟进入的后根；同一节段的前根和后根在椎间孔处汇合成脊神经（共有31对）。后根在与前根汇合之前，于椎间孔处有膨大的脊神经节。
（3）脊髓节段，与每对脊神经的前、后根相连的脊髓节段为脊髓节（共有31节）。注意

观察从脊髓各节段发出的脊神经根在椎管内不是平行地穿出相应的椎间孔，其中颈上段为横行，颈下段和胸段为斜下行，然后走向相应的椎间孔，而腰、骶、尾部的脊神经根在出相应椎间孔之前，先在椎管内向下行，围绕终丝集聚成马尾。

三、观察脊髓的内部结构

（1）在脊髓横断面标本或模型上观察，可见位于中央颜色较深、呈蝶形的灰质，它纵贯脊髓全长，中央有中央管。辨认每侧灰质前端膨大部分的前角、后端较窄细部分的后角和在脊髓胸段灰质的前后角之间有一个向外突出的侧角。思考前角、后角和侧角内有何性质的神经元。

（2）在脊髓横断面标本或模型上，可见位于灰质周围、颜色较浅的白质，包括前正中裂与前外侧沟之间的前索、后正中沟与后外侧沟之间的后索和前、后外侧沟之间部分的侧索。在前索和外侧索中辨认出皮质脊髓前束和侧束，脊髓小脑前束和后束，脊髓丘脑前束和侧束；在后索中辨认出薄束和楔束；辨认出紧贴灰质表面的固有束等。思考上述各束属何性质的纤维束。

回忆脊髓的功能（有传导和反射的功能）。

四、观察辨认脑干、间脑和小脑的位置

取脑模型，将左、右两半分开，从内侧面观察。可见脑干呈柱状，上方为间脑，大部被大脑半球覆盖，下方连脊髓，脑干的背侧、大脑后下方为小脑。脑干自下而上依次为延髓、脑桥、中脑。

五、观察辨认脑干的形态与结构

观察、辨认脑干外部形态及主要结构，分3个步骤。

（1）取脑干放大模型观察延髓段。腹侧面可见延髓上部正中裂两侧，有一对纵行隆起为锥体，其下方可见锥体交叉。锥体外侧一对卵圆形隆起为橄榄；背面可见与脊髓相连的后正中沟两侧，有两对隆起，近中线的一对为薄束结节；外上方一对为楔束结节。还可观察到楔束结节外上方的小脑下脚，以及延髓与脑桥背侧面的菱形窝，即第四脑室底。

（2）取脑干放大模型观察脑桥段。腹侧面可见隆起的基底部，有横行粗大的纤维束，中央纵行的基底沟，下方为延髓与脑桥的界沟。背侧面可见菱形窝上半部以及小脑中脚。

（3）在脑干放大模型观察中脑段。腹侧面可见两条纵行的大脑脚；背面观可见小脑中脚内侧上方的小脑上脚，还可见两对圆形隆起，上方一对为上丘，下方一对为下丘。

脑干的功能，除有传导和反射的功能外，网状结构有其特殊的功能。

六、观察、辨认间脑的分部与结构

（1）间脑分为5部分，在脑干放大模型的上后隆凸部，辨认上丘脑和背侧丘脑，在背侧丘脑后下方辨认后丘脑的内侧膝状体和外侧膝状体。在脑干放大型的腹侧，中脑的大脑脚上

方辨认下丘脑的乳头体、灰结节、漏斗。丘脑底部在模型上不易观察到。

（2）在透明脑干电动模型上，可观察到背侧丘脑内部有一对较大的卵圆形灰质块，此即丘脑核。模型上有不同染色，可辨认出其前核、内侧核和外侧核。同时可观察到内、外侧膝状体内部有相应的神经核。思考丘脑核和内、外膝状体核分别接受来自何种纤维，属什么皮质下中枢。

七、观察、辨认小脑的形态和内部结构

（1）取小脑模型，辨认小脑两半球、中间的蚓部以及表面许多排列有序的沟回。

（2）取小脑切面标本，可见小脑内部的表层染色较深的灰质，即小脑皮质，深部色淡的白质，以及白质中有4对染色较深的小脑中央核。

八、观察大脑的位置与外形（大脑切面标本，透明脑干电动模型）

（1）将人体半身模型的一侧头部取下，可见大脑位于颅脑内，其下方有间脑与脑干相连，后下方为小脑。

（2）在脑标本和模型上可观察到大脑由正中的大脑纵裂分为左、右两半球。沿大脑纵裂将大脑模型分成两半球，取一侧半球模型可见有3个面，即背外侧面，较为隆凸的面；内侧面是两半球相对较平坦的面；底面向下，为凹凸不平的面。内侧面可见呈弓形的胼胝体，它由连接两半球的横行纤维束构成。

九、观察大脑半球表面的主要沟、回、分叶及大脑皮质重要功能中枢部位

（1）取一侧大脑半球模型观察大脑半球的主要沟裂，辨认位于背外侧面，从前下向后上行的外侧沟；位于背外侧面，半球上缘中点稍后方向前下斜行的中央沟；位于内侧面后部，从前下向后上行，并略转至背外侧面的顶枕沟。

（2）在模型上观察大脑半球的5个分叶，辨认位于中央沟之前，外侧沟之上的额叶；位于中央沟之后，外侧沟之上，顶枕沟之前的顶叶；位于顶枕沟之后的枕叶；位于外侧沟之下的颞叶；位于外侧沟深部的岛叶。

十、观察大脑的内部结构

取大脑冠状切面标本，可见其表层染色较深的灰质，深部色淡的白质。白质中可见回与回之间走向的，即为联络纤维；位于两半球之前弧形走向的为连合纤维，也即构成胼胝体的纤维；从各回向下行走至脑干的纤维为投射纤维。在白质中接近脑底部可见有灰质，此即基底核。在透明脑干电动模型上辨认尾状核、豆状核、杏仁核等。

实验报告

（1）请对你自己的实验情况作出小结和评价。

（2）完成下列填图作业（图 2-13-1 和图 2-13-2）。

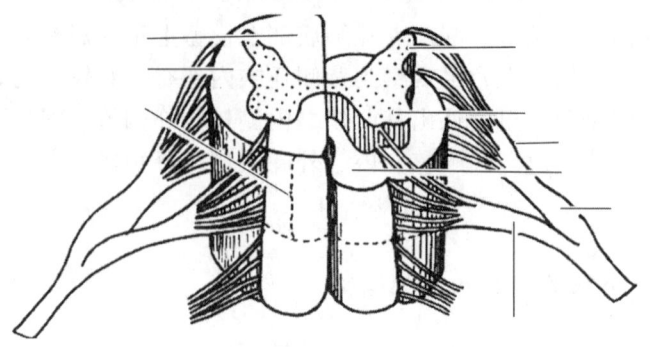

图 2-13-1

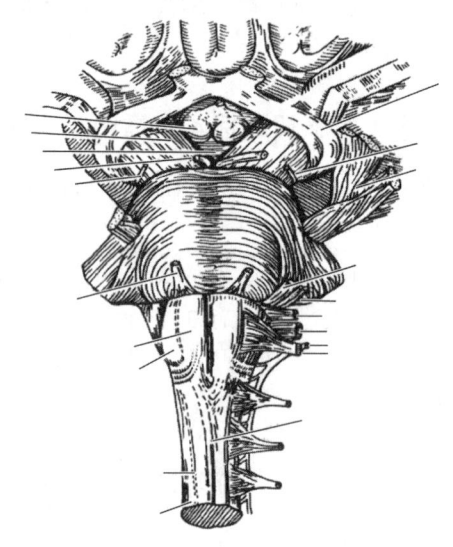

图 2-13-2

课后练习

课后复习，掌握中枢神经系统的组成和主要结构。

实验十四　观察周围神经系统和传导通路

实验目的

（1）熟悉第Ⅰ至第Ⅻ对脑神经进出脑的部位，了解其分布概况。
（2）了解脊神经的组成及颈丛、臂丛、腰丛和骶丛的组成、位置和主要分支、分布概况。
（3）了解躯干和四肢的一般感觉传导路、意识性本体传导路、锥体系传导路。

实验内容

（1）观察第Ⅰ至第Ⅻ对脑神经进出脑的部位及其分布。

（2）观察脊神经的组成、分支与分布。
（3）观察躯干和四肢的一般感觉传导路、意识性本体感觉传导路和锥体系传导路。

实验器材

脑和脑干模型，脑干电动模型，全身主要神经、血管分布模型，传导通路电动模型。

实验方法

（1）每2个学生一组，根据教材和实验指导仔细观察标本和模型，掌握周围神经系统的组成，主要的脑神经及脊神经的功能。
（2）实验前半小时进行实验抽查考试。

实验步骤

一、观察脑神经

取附有脑神经的脑和脑干模型，观察、辨认第Ⅰ至第Ⅻ对脑神经的位置，观察、辨认脑神经的分布概况。

（1）嗅神经自鼻黏膜处上行穿过筛孔，在额叶底面终于嗅球。思考其属何类性质的神经。
（2）视神经自眼球的视网膜穿过视神经孔经视交叉、视束，终于外侧膝状体核。思考其属何类性质的神经。
（3）动眼神经由中脑的大脑脚内侧出脑至眼眶，分布于眼肌。思考其属何类性质的神经。
（4）滑车神经起于中脑背面，下丘上方，分布于眼外肌。思考其属何类性质的神经。
（5）三叉神经位于脑桥腹侧小脑中脚跟部，分布于咀嚼肌和面部皮肤。思考其属何类性质的神经。
（6）展神经位于延髓脑桥界沟内最内侧的一对，分布于眼肌。思考其属何类性质的神经。
（7）面神经位于延髓脑桥界沟内，展神经外侧，分布于面部表情肌及舌黏膜等。思考其属何类性质的神经。
（8）前庭蜗神经位于延髓脑桥界沟内，面神经外侧，分布于内耳。思考其属何类性质的神经。
（9）舌咽神经位于延髓腹侧面橄榄后方的纵沟内，为纵沟内最上一对脑神经，分布于咽部和黏膜、舌后黏膜、颈动脉窦和颈动脉球。思考其属何类性质的神经。
（10）迷走神经位于舌咽神经下方的纵沟内，分布于颈、胸、腹部的脏器。思考其属何类性质的神经。
（11）副神经位于迷走神经下方的纵沟内，分布于胸锁乳突肌和斜方肌。思考其属何类性质的神经。

（12）舌下神经位于延髓锥体外侧，橄榄和舌咽神经内侧，分布于舌肌。思考其属何类性质的神经。

二、观察脊神经

（1）取附有脊神经的脊髓模型观察脊神经的组成，每一脊髓节的前、后外侧沟内，有脊神经根丝出入。辨认前根和后根，思考其内含神经纤维的性质。后根在近椎间孔处可见一膨大的结节，即脊神经节，思考节内有何神经细胞体。在椎间孔处可见由前根和后根汇合成的脊神经。

（2）取全身主要神经、血管分布模型，观察脊神经前支的分布概况，除胸部的胸神经前支保持着明显的节段性外，其余的相邻脊神经前支均互相吻合交织成神经丛。在模型上分别辨认颈丛、臂丛、腰丛和骶丛的组成及其主要分支。

① 在模型上可见由第一至第四对颈神经的前支组成的颈丛，其分支主要分布于颈肌、肩部。

② 在模型上可见由第五至第八对颈神经前支和第一胸神经前支的大部分组成的臂丛，辨认其主要分支腋神经、正中神经、肌皮神经、尺神经、桡神经。它们分布于上肢肌和上肢皮肤。

③ 在模型上可见由第12胸神经前支的一部分和第一至第四对腰神经前支组成的腰丛，辨认其分支股神经和闭孔神经。股神经主要分布于股前群肌和股前面皮肤，闭孔神经主要分布于股内侧肌群和股内侧皮肤。

④ 在模型上可见由第四至五腰神经前支、第一至第五骶神经和尾神经前支组成的骶丛，辨认该丛发出短支臀上神经和臀下神经、长而粗大的坐骨神经。臀上、下神经分布于臀部肌肉和皮肤。坐骨神经在大腿部的分支分布于股后肌群和股后面的皮肤。坐骨神经于腘窝处分支，在模型的腘窝部和小腿处辨认其分支胫前神经、胫后神经、腓神经等，它们分布于股后肌群、小腿肌、足底肌和小腿、足部皮肤。

三、取传导通路模型，观察躯干和四肢一般感觉传导路途径

（1）在模型上辨认每个断面在中枢的部位，以及与传导路有关的结构即脊髓丘脑侧束、脊髓丘脑前束、脊髓丘脑束、内囊、丘脑皮质束；脊神经节、脊髓后角细胞、丘脑外侧核、大脑皮质中央后回和中央旁小叶后部。

（2）在辨认与传导路有关结构基础上，在模型中追寻由躯干和四肢一般感受器，经脊神经节周围突传至大脑皮质感觉中枢的传导途径。注意第一至第三级神经元胞体所在位置，每级神经元纤维沿途交叉部位、上行途径，以及最终到达部位。

四、取传导通路电动模型，观察意识性本体感觉传导路途径

（1）在模型上辨认每个断面在中枢的部位，以及与传导路有关的结构：薄束、楔束、内侧丘系、丘脑皮质束、内囊；脊神经节、薄束核、楔束核、丘脑外侧核、大脑皮质中央后回和中央旁小叶后部。

（2）在辨认与传导路有关结构基础上，在模型中追寻意识性本体感觉传导途径。注意第一至第三级神经元胞体所在位置，每级神经元纤维沿途交叉的部位及其上行途径，最终到达部位。

五、取传导通路电动模型，观察锥体系传导途径

（1）在模型上辨认每个断面在中枢的部位，以及与传导路有关的结构，即内囊、大脑脚、锥体、锥体交叉、皮质脊髓前束、皮质脊髓侧束；大脑皮质中央前回、中央旁小叶前部、脊髓灰质前角。

（2）在辨认与传导路有关结构基础上，在模型中追寻锥体系传导途径。注意上、下两级神经元胞体所在部位，每级神经元纤维沿途交叉的部位及其下行途径，最终到达部位。

实验报告

（1）请对你自己的实验情况作出小结和评价。
（2）请指出篮球投篮时的神经传导途径。
（3）请指出听到枪声到起跑的神经传导途径。

课后练习

1. 课后复习，熟练掌握主要的传导途径。
2. 思考：当听到枪声起跑的神经传导途径。

实验十五　感觉器官的观察

实验目的

（1）了解眼球的解剖结构。
（2）通过活体观察眼，了解眼副器。
（3）了解耳的形态结构。
（4）了解螺旋器、囊斑、壶腹嵴的微细结构。

实验内容

观察视器的构造；观察耳的构造。

实验器材

眼球模型，听小骨标本，耳放大模型，内耳放大模型，螺旋器、囊斑、壶腹嵴微细结构幻灯片。

实验方法

（1）每2个学生一组，根据教材和实验指导仔细观察标本和模型，掌握视器和耳的构造，相互观察眼睑、泪小点等附属结构。

（2）实验前半小时进行实验抽查考试。

实验步骤

一、观察眼球外形

取眼球模型，可见到眼球近似球形，前部稍凸，后方连视神经。

二、取水平切的眼球模型或标本的下半部，观察眼球的结构

1. 观察眼球壁的3层结构

用眼球模型或标本进行观察。

（1）观察纤维膜（外层）。在模型或标本上辨认前1/6圆凸、无色透明的角膜，后5/6乳白色的巩膜。思考角膜与巩膜的功能。

（2）观察血管膜（中层）。在模型或标本上辨认角膜后方呈圆盘状棕褐色的虹膜，以及虹膜上放射形排列的瞳孔开大肌，虹膜后面可见染成黑色、由色素细胞构成的色素层。虹膜向后环形增厚的部分是睫状体，取眼球标本观察睫状体借睫状小带与晶状体相连。思考睫状肌舒缩对晶状体凸度的调节功能。

（3）观察视网膜（内层）。在模型上辨认视网膜盲部和视部，以及视部后方的视神经盘、黄斑和中央凹。思考视网膜视部含哪些感光细胞？为什么盲部无感光作用？中央凹对什么感受最敏感？

2. 观察眼球的屈光装置

取眼球标本下半部观察，辨认角膜、前房水、后房水、晶状体和玻璃体。

三、观察眼的附属结构

相互间或自我（对照镜子）进行活体人眼的附属结构观察。

（1）相互间观察，眼睑与内眦，可见较大的上眼睑和较小的下眼睑。上、下眼睑间的裂隙是睑裂。眼睑的内侧端，上、下眼睑所夹成的角是内眦。眼睑的边缘生有睫毛。

（2）将上、下眼睑翻开观察泪点与结膜，可见到内眦附近的上、下睑缘上有一小突起，中央有一小孔是泪点，是泪小管的开口。衬在眼睑内面的一层光滑的薄膜即睑结膜，移行于巩膜前部的是球结膜。结膜内富有血管。

四、取耳放大模型、观察耳的3个组成部分

（1）结合耳放大模型和听小骨标本，观察外耳的耳郭、外耳道和鼓膜的形态。观察中耳

各部的位置和邻接关系。辨认鼓室的外侧壁鼓膜；内侧壁上有两个孔，后上方的前庭窗和后下方的蜗窗；前壁的咽鼓管开口。同时辨认鼓室内的 3 块听小骨及彼此连接成听骨链，锤骨柄附着于鼓膜，镫骨底封闭前庭窗，砧骨在中间。思考鼓膜、3 块听小骨在声波传导中所起的作用。

（2）结合内耳放大模型，观察内耳中骨迷路和膜迷路的结构。

① 观察骨迷路，先在内耳放大模型上辨认骨半规管、前庭、耳蜗 3 部分，然后分别观察 3 部分的结构。

• 骨半规管。在模型上可见骨半规管位于前庭后方。根据方位分辨出前、后、外骨半规管，外半规管水平位，前半规管矢状面位，后半规管冠状面位，三者互相垂直。辨认每个骨半规管较细的单骨脚和一个膨大的骨脚，即骨壶腹。注意前、后骨半规管的单骨脚合成一个总骨脚。因此，3 个骨半规管只有 5 个脚，即有 5 个孔开口于前庭。

• 前庭位于骨迷路的中部，耳蜗的后方。在模型上辨认其外侧壁上前庭窗和蜗窗。将模型上的骨半规管和前庭打开，可见其前下方有一孔通耳蜗，后上方有 5 个孔通向 3 个骨半规管。

• 耳蜗为骨迷路的前部，形似蜗牛壳。在模型上可观察到蜗螺旋管绕圆锥形蜗轴盘旋两周半；将耳蜗模型从蜗顶至蜗底的切面打开观察，可见蜗轴向蜗螺旋管内伸出一骨板，即骨螺旋板，此板未达蜗螺旋管的外侧壁。

② 观察膜迷路，将内耳模型的骨迷路打开，可见膜迷路套在骨迷路管内。然后分别观察膜半规管、椭圆囊和球囊、蜗管。

• 取下模型上的骨半规管，可见膜半规管套在骨半规管内，骨壶腹部相应膜部也膨大，即膜壶腹。膜壶腹壁可见局部增厚的壶腹嵴。

• 取下模型上的骨半规管和前庭部分，可见前庭内有两个膜性膨大结构，后上方的椭圆囊，与膜半规管相通；前下方为球囊，借小管与蜗管相通；将两囊模型横切的上半部取下，可见囊壁均有局部增厚部分，分别为椭圆囊斑和球囊斑。

• 将模型的耳蜗纵切打开，在纵切面上可见蜗管呈三角形，底边为白骨螺旋板至外侧壁的一段膜性结构，即螺旋膜，膜上可见突出部分的螺旋器；上壁为前庭膜；外侧壁与蜗管紧贴。

五、观察壶腹嵴、椭圆囊斑和球囊斑、螺旋器微细结构

（1）在幻灯片上观察壶腹嵴微细结构，可见壶腹嵴上有毛细胞，表面覆以终帽，毛细胞底部有前庭神经末梢分布，它们构成位觉感受器。思考其功能。

（2）在幻灯片上观察椭圆囊斑和球囊斑微细结构，可见囊斑上皮层内高柱状的支持细胞和毛细胞，毛细胞位于支持细胞之间，毛细胞上有纤毛插入于位觉砂膜内，细胞底部有前庭神经末梢分布，它们构成位觉感受器。思考其功能。

（3）在幻灯片上观察螺旋器微细结构，可见螺旋器在螺旋膜上，内有支持细胞和毛细胞，毛细胞位于支持细胞之间，其上方有一胶质薄膜，即盖膜，毛细胞底部有蜗神经末梢分布，它们构成听觉感受器。思考其功能。

实验报告

（1）请对你自己的实验情况作出小结和评价。
（2）完成下列填图作业（图2-15-1）。

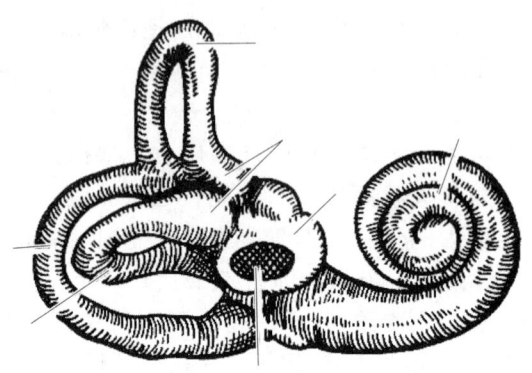

图 2-15-1

课后练习

课后复习，熟练掌握视器和耳的主要结构。

实验十六　肌肉力量练习的实验研究

实验目的

（1）设计发展肌肉力量的练习方法，培养学生综合分析问题和解决问题的能力。
（2）对实验结果进行讨论分析，进一步理解和掌握发展肌肉力量的原则和注意事项。

实验内容

（1）设计发展肌肉力量练习的实验内容、对象和观测指标。
（2）设计实验实施的方法与步骤。
（3）对实验结果作出讨论分析和结论。

实验器材

根据健身房条件和实验要求自行选择。

实验方法与步骤

（1）把学生分成若干个组，4~6人为一组，要求各组自行设计一个关于发展某部位肌肉力量的实验。

（2）小组讨论，确定要发展力量的肌肉。

（3）根据拟定的实验内容和目标，学生查阅文献，确定练习方法及实施步骤，评价指标等。

（4）明确分工，根据实验设计方案组织实验对象进行练习。

（5）在实验周期结束时，根据评价指标对各种练习方法的效果进行评价，并对结果进行讨论分析，得出结论。

注意事项

（1）遵循超负荷原则，超负荷是指接近本人平时所能克服的最大阻力或超过以往已适应的负荷。超负荷训练能对肌肉产生较大的刺激，使肌肉产生相应的生理学适应，导致肌肉力量增加。

（2）在力量训练过程中，随着力量的增长，应逐渐地增加负荷，以使肌肉经常保持在超负荷的条件下工作，从而使肌肉的力量潜能得到有效的发挥。

（3）力量训练要有针对性，不仅要求着重发展与运动专项相关肌群的力量，而且要求力量训练的形式与专项运动相接近。

（4）在力量训练中，为了保证大肌群的练习效果，一般应先练大肌群，后练小肌群。有人提出了下面的练习顺序可供参考：大腿和髋部→胸和上臂→背和大腿后部→小腿和踝→肩带和上臂后部→腹部→上臂前部。

（5）力量训练要持之以恒进行，要有意志力和耐心。

实验报告

根据自己的实验设计和结果分析，以小论文的形式写一篇实验报告或按设计性实验报告格式完成作业。

实验十七　发展肌肉伸展性练习的实验研究

实验目的

（1）设计发展肌肉伸展性的练习方法，培养学生综合分析问题和解决问题的能力。

（2）对实验结果进行讨论分析，进一步理解和掌握发展肌肉伸展性的原则和注意事项。

实验内容

（1）设计发展肌肉伸展性的实验内容、对象和观测指标。

（2）设计实验实施的方法与步骤。

（3）对实验结果进行讨论分析。

实验器材

根据健身房条件和实验需要自行选择。

实验方法与步骤

（1）把学生分成若干个组，4~6人为一组，要求各组自行设计一个发展某部位肌肉伸展性的实验研究。

（2）小组讨论，确定实验发展肌肉伸展性的具体部位。

（3）根据拟定的实验内容和目标，学生查阅文献，确定练习方法及实施步骤，评价指标等。

（4）明确分工，根据实验设计方案组织实验对象进行练习。

（5）在实验周期结束时，根据评价指标对各种练习方法的效果进行检测，并对结果进行讨论分析，得出结论。

注意事项

进行伸展性练习时应注意以下几个方面：

（1）伸展性要循序渐进、持之以恒进行，要有意志力和耐心。

（2）在进行大强度的肌肉伸展前必须做充分的热身运动，以身体微微出汗为宜。

（3）肌肉、韧带等软组织只有通过略超正常范围的伸展练习，伸展性才能提高。略超的范围为酸胀起效、疼痛终止，所以练习时不能幅度太大、用力过猛，以防疼痛和拉伤。

（4）在静力拉伸练习后应结合进行动力拉伸练习或肌肉主动收缩，以使肌肉的供血、供能得到加强，有助于伸展肌群的放松和恢复。如压腿后做几次踢腿或屈膝下蹲动作；体前屈练习之后做几次挺腹挺胸动作等。

（5）进行伸展练习时要保持正常的呼吸状态，不要屏气。

（6）早晨身体的伸展性会明显降低，而在10~18时之间人体关节能表现出良好的伸展性，可进行一些强度较大的伸展性练习。

（7）如果想达到理想效果，每周至少做3次伸展练习，最好每周5~6次练习，发展伸展性的效果更好。

实验报告

（1）结合自己的实践，谈谈在进行锻炼时应注意哪些问题？

（2）根据自己的实验设计和结果分析，以小论文的形式写一篇实验报告或按设计性实验报告格式完成作业。

附：运动解剖学实验指导参考文献

[1] 胡声宇. 运动解剖学（全国体育院校统编教材）[M]. 北京：人民体育出版社，2000.

[2] 李世昌. 运动解剖学[M]. 1版. 北京：高等教育出版社，2006.

[3] 卢义锦,姚士硕. 人体解剖学[M]. 1版. 北京:高等教育出版社,2001.
[4] 柏树令. 系统解剖学[M]. 6版. 北京:人民卫生出版社,2004.
[5] 顾德明,缪进昌. 运动解剖学图谱[M]. 修订版. 北京:人民体育出版社,2006.
[6] 李瑞祥. 实用人体解剖彩色图谱[M]. 北京:人民卫生出版社,2001
[7] 李世昌. 运动解剖学实验[M]. 北京:高等教育出版社,2007.
[8] 华东师范大学《运动解剖学》精品课程网站. http://jpkc.ecnu.edu.cn/0709/jiaocai.asp
[9] 沈阳体育学院精品课程《运动解剖学》课程网站 http://jpk.syty.edu.cn/index.asp?CourseID=4
[10] 上海体育学院精品课程《运动解剖学》课程网站 http://elearning.sus.edu.cn/ydjpx/index.asp
[11] 湖南师范大学精品课程《运动解剖学》网站 http://lab.hunnu.edu.cn/ec/C243/Course/Index.htm
[12] 大众医药网 http://www.51qe.cn
[13] 37度医学网 http://www.37c.com.cn
[14] 尼克·埃文斯. 健身解剖指南[M]. 刘润芝,译. 北京:人民体育出版社,2008.

第三章 运动生理学实验

实验一 坐骨神经-腓肠肌标本的制备

实验目的

（1）学习蛙类动物单毁髓与双毁髓的方法。
（2）掌握蟾蜍的坐骨神经-腓肠肌标本的制备方法。

实验原理

蛙类的一些基本生命活动和生理功能与温血动物近似，而其离体组织器官的生活条件较为简单，可以在室温条件下，于一定时间内保持其功能。因此在生理实验中常以蟾蜍的坐骨神经-腓肠肌标本来观察兴奋性、兴奋过程及骨骼肌的收缩特性等。

蛙类坐骨神经-腓肠肌标本是研究神经冲动和肌肉收缩机能等生理试验最常用的试验材料，制备此标本是生理学试验的一项基本但又非常重要的操作技术。

实验器材

蟾蜍或蛙、常用手术器械（粗剪刀、手术剪、眼科剪、手术镊、眼科手术镊）、蛙板、蛙钉、探针、锌铜弓、玻璃分针、培养皿、任氏液、滴管、烧杯、手术缝合线、棉花。

实验方法

（1）每2人一组，其中1人为主试，另1人担任主试助理，2人互相配合，共同完成坐骨神经-腓肠肌标本的制作。
（2）根据实验步骤，严格按规程操作。随时请教师指导。
（3）及时检验标本的活性。

实验步骤

一、破坏脑脊髓

双毁髓的方法：左手握蟾蜍（一般可用纱布包住蟾蜍躯干部），背部向上。用食指按压其头部前端，拇指压住躯干的背部，使头向前俯；右手持毁髓针，由两眼之间沿中线向后方划触，触及两耳后腺之间的凹陷处即是枕骨大孔的位置。将毁髓针由凹陷处垂直刺入，即可进入枕骨大孔。然后将针尖向前刺入颅腔，在颅腔内搅动，以捣毁脑组织。如毁髓针确在颅腔内，实验者可感到针触及颅骨。此时的动物为单毁髓动物。再将毁髓针退至枕骨大孔，针尖转向后方，与脊柱平行刺入椎管，以捣毁脊髓。彻底捣毁脊髓时，可看到蟾蜍后肢突然蹬直，然后瘫软。此时的动物为双毁髓动物。如动物仍表现四肢肌肉紧张或活动自如，必须重新毁髓。操作过程中应注意使蟾蜍头部向外侧（不要挤压耳后腺），防止耳后腺分泌物射入实验者眼内（如被射入，则立即用生理盐水冲洗眼睛）。见图3-1-1。

图 3-1-1　破坏脑脊髓

二、剪除躯干上部及内脏

在骶髂关节上 0.5～1.0 cm 处剪断脊柱，将躯干下部脊椎两旁的腹壁及内脏剪去，仅留下后肢、骶骨、脊柱及由它发出的坐骨神经。见图 3-1-2。

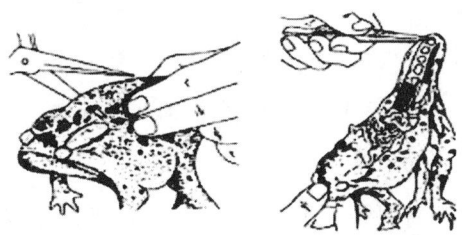

图 3-1-2　剪除躯干上部及内脏

三、剥　皮

避开神经，左手握住脊柱断端，右手捏住其断端上边的皮肤向下剥掉全部后肢皮肤。然后将标本放在盛有任氏液的培养皿中。见图 3-1-3。

四、清　洗

将手及用过的剪子、镊子等全部手术器械洗净，再进行下述步骤。

五、制作坐骨神经-腓肠肌标本

1. 方　法

（1）分离两腿：避开坐骨神经，用粗剪刀从背侧剪去骶骨，然后沿中线将脊柱剪成左右两半，再从耻骨联合中央剪开（为保证两侧坐骨神经完整，应避免剪时偏向一侧）。将已分离的标本浸入盛有任氏液的培养皿中。

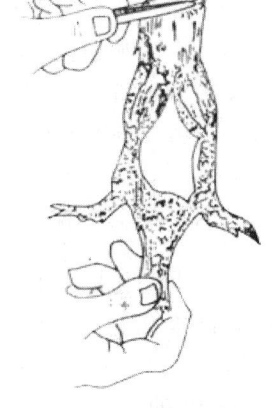

图 3-1-3　剥皮

（2）游离坐骨神经：取腿一条，先用玻璃分针沿脊柱侧游离坐骨神经腹腔部，然后用大头针将标本背位固定于干净蛙板上。再用玻璃分针循股二头肌和半膜肌之间的坐骨神经沟，纵向分离暴露坐骨神经之大腿部分，直至分离至腘窝胫神经分叉处。然后剪断股二头肌腱、半腱肌和半膜肌肌腱,并绕至前方剪断股四头肌腱。自上向下剪断所有坐骨神经分支。将连着 3~4 节椎骨的坐骨神经分离出来。

(3)完成坐骨神经-腓肠肌标本:用尖头镊子在上述坐骨神经-腓肠肌标本的跟腱下方穿孔,穿线结扎之。提起结扎线,在结扎线下方剪断跟腱,并逐步游离腓肠肌至膝关节处,左手握住标本的股骨部分,使已游离的坐骨神经和腓肠肌下垂,右手持粗剪刀水平方向伸进腓肠肌与小腿之间,在膝关节处剪断,与小腿其余部分分离。左手保留部分即为附着于股骨之上的、具有坐骨神经支配的腓肠肌标本。将标本浸入盛有新鲜任氏液之培养皿中待用。见图3-1-4。

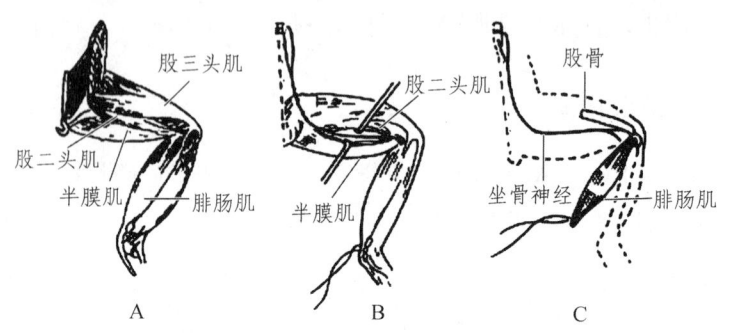

图 3-1-4　坐骨神经-腓肠肌标本

2. 方　法

上述已剥皮的标本不先分离两腿,取仰卧位,用玻璃分针将两侧坐骨神经紧靠脊柱根部各结扎一线暂不剪下。再将标本俯卧,用 3 根大头针将其钉在蛙板上,使标本充分伸直成人字形。用尖头镊子夹住骶骨尾端稍向上提,使骶部向上隆起,用粗剪刀水平位剪除骶骨。用弯头玻璃分针自剪口处伸入将一侧坐骨神经轻轻勾出,在其下方横置玻璃分针,使其暴露于剪口上方并具有一定的张力。同方法 1,用玻璃分针循坐骨神经沟分离暴露坐骨神经大腿部分,直至腘窝处。剪断股二头肌和半膜肌等肌腱,剪断前方的股四头肌腱。然后以同样的步骤,处理另一侧之大腿坐骨神经。撤除固定,从脊柱根部剪断坐骨神经,手执结扎线将神经轻轻提起,顺序向下剪断其所有分支。将神经搭在腓肠肌上,用粗剪自膝关节周围向上剪除刮净所有大腿肌肉,距膝关节约 1 cm 处剪断股骨。依同法处理另一侧标本。这样就制得两个坐骨神经-腓肠肌标本。方法 2 的优点是:标本固定良好,不摇晃易操作;神经有一定张力,只要进剪方向与神经方向保持平行,初学者不易伤及神经;缩短操作时间。

六、检验标本

左手提起标本的脊柱骨片,使神经离开玻璃板,右手持经任氏液浸湿的锌铜弓,使锌铜弓两极接触坐骨神经,如果腓肠肌发生收缩,说明标本机能正常。

注意事项

(1)破坏脑脊髓前可用纱布挤捏蟾蜍头部两侧大的耳后腺,使其排除分泌物,避免蟾酥溅入眼内。

(2)尽量避免用手或金属器械接触神经肌肉,以免降低组织的兴奋性。

（3）要经常用任氏液润湿及清洗标本，防止干燥，勿用清水冲洗，以免影响神经和肌肉的功能。

（4）为便于固定标本，股骨的保留长度约 1 cm 左右为宜。提取标本时，手提跟腱结扎线或用镊子夹住股骨断端，不要直接夹住牵拉标本。

（5）每次刺激后应使肌肉休息 30 s。连续刺激不可超过 5 s。

实验报告

（1）根据实验的原理及操作规程完成实验后，检验标本的活性，注明自己的实验是否成功。

（2）对自己的实验过程和结果做出评价，并就如何提高实验的操作熟练程度提出一些看法。

课后练习

1. 制备的坐骨神经-腓肠肌标本为什么要在任氏液中保存？标本为什么不能用清水冲洗或浸泡？
2. 金属器械碰压、触及或损伤神经及腓肠肌，可能引起哪些不良后果？
3. 破坏脑脊髓成功的标志是什么？

实验二　肌肉生理横断面大小对肌肉收缩力量的影响

实验目的

（1）掌握使用背力计和握力计测量肌肉力量大小。
（2）了解肌肉生理横断面大小对肌肉收缩力量的影响。

实验原理

通常肌肉的力量可用肌肉的绝对力量和比肌力来表示。肌肉的绝对力量是指肌肉作最大收缩时产生的力量，它与肌肉的生理横断面面积有关，肌肉生理横断面面积越大，肌肉的绝对力量也越大。比肌力是指肌肉单位生理横断面面积的绝对力量。由于直接测量人体肌肉的生理横断面面积较困难，而身体某一部位的净围度与该部位的生理横断面积成正相关，因此，通过测量身体某部位的净围度，可间接了解该部位肌肉的生理横断面大小。如已知该部位肌肉的绝对力量，可推算出比肌力相关值。

实验器材

握力计、背力计、皮脂厚度测量计、小皮尺等。

实验方法

（1）每 2 人一组，其中 1 人为主试者，另 1 人为受试者，2 人互相配合，共同完成本实验所有内容。

（2）校验准仪器，严格按规程操作。随时请教师指导。

（3）注意防止肌肉拉伤。

实验步骤

一、绝对力量的测定

1. 前臂肌绝对力量

用握力计测量，见图 3-2-1。测量时将握柄调至受试者 2~5 指第 2 指间关节至大拇指虎口距离最适宜位置，然后，一手握住握力计，指针向外，双腿自然开立，双臂下垂，全力紧握握力计，握力计指针随即摆动，当握力计的指针停止摆动时，指针对应的读数即为所测的握力值。连测 3 次，每次之间休息 30 s，记录最大值，即为前臂肌绝对力量。

2. 腿部伸肌绝对力量

用背力计测量。受试者站立于背力计（见图 3-2-2）踏板指定位置上，膝关节弯曲成 130°~140°，调节背力计握柄的高度，将其置于两大腿内侧中部，然后用力伸直膝关节向上拉背力计，测量 3 次，取最大值记录，即为腿部伸肌绝对力量。测量时不得借助屈臂和身体后倒的力量，否则重测。

 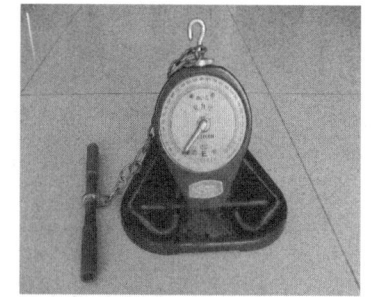

图 3-2-1　握力计　　　　　图 3-2-2　背力计

二、比肌力的测定

1. 前臂和大腿围度

前臂伸直下垂，在前臂最粗的位置测量前臂围度；两腿取站立位，在臀皱襞下呈水平位测量大腿围度。

2. 前臂和大腿皮脂厚度

采用皮脂厚度测量计测量。测试前应对仪器精确性进行校正，要求测量卡尺压强为 10 g/cm^2，接触面积为 20~40 mm^2。测试时，要求受试者自然站立，暴露被测部位。测试者右手持皮脂厚度测量计，左手拇指和食指捏起所测部位的皮肤和皮下组织，使其成一皱褶，皮褶走向与肢体长轴平行。然后，右手将卡尺在距指端 1 cm 处卡住皮褶，待指针稳定 2 s 后，以 mm 为单位读取记录数，如此反复 3 次，取误差小于 5% 的测量结果均值。

3. 净围度计算

（1）计算围度半径 R 值：

$$R = C/2\pi$$

式中，C 为围度；R 为围度半径。

（2）计算净围度：

$$C' = 2\pi(R - r)$$

式中，R 为围度半径；C' 为净围度，单位为 cm；r 为皮褶厚度。

4. 比肌力计算

比肌力可用单位净围度肌力表示。计算时则用净围度除以所测得的绝对肌力求得，单位为 kg/cm。

注意事项

（1）仪器要校对准确，严格按实验步骤进行实验。
（2）注意做好准备活动，防止运动损伤的发生。

实验报告

（1）根据实验的原理及操作规程完成实验后，写出自己的实验结果。
（2）对自己的实验过程和结果做出评价，并结合实践谈谈如何提高肌肉力量。

课后练习

1. 依据实验结果，描述生理横断面大小对肌肉收缩力量的影响。
2. 分析肌肉收缩力量和比肌力测量在运动实践中的意义。

实验三　肺通气量的测定与评价

实验目的

（1）学会测定肺活量、时间肺活量、最大肺通气量的测定方法。
（2）掌握肺功能的评价指标体系。

实验原理

为了维持内环境中氧分压和二氧化碳分压的相对恒定,以适应新陈代谢的需要,有机体必须不断地进行呼吸活动。外呼吸主要受呼吸运动、呼吸道的通畅程度、肺的顺应性及肺的弹性的影响。因此,常以测定肺活量(能反映呼吸运动的能力)、时间肺活量(能反映肺组织的弹性和呼吸道的通畅程度)、最大肺通气量(能反映肺的全部潜在通气功能)来了解外呼吸的功能。其中肺活量可以反映人体呼吸运动的机能。但肺活量的绝对值尚不能全面地反映人的通气功能,有时用肺活量的相对值,即肺活量除以体重(mL/kg)或身高(mL/cm)来评价肺通气功能水平和作横向的比较研究。

肺活量由3部分气体容积组成,即潮气、补吸气、补呼气。肺活量测定方法简便,可重复性很好,应用很广。但肺活量测定时不加以时间限制,因而反映肺通气功能有其局限性。见图3-3-1。

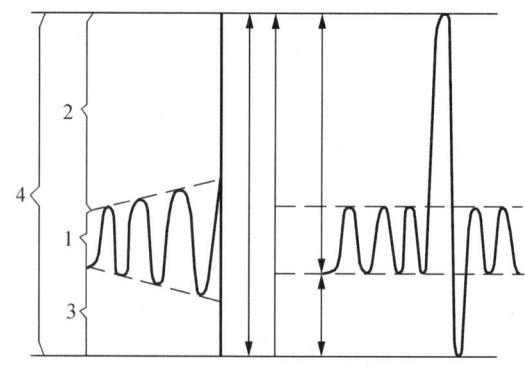

图 3-3-1　肺活量组成成分的分析
1—潮气量;2—补吸气量;3—补呼气量;4—肺活量

应用与评价:肺活量、时间肺活量和最大通量气是评价肺通气功能的常用和重要的生理指标。

肺活量可以反映呼吸运动的最大深度,其大小受性别、年龄、身高、体重、训练水平和运动项目等因素影响。我国成年男子的肺活量为 3 500 ~ 4 000 mL,女子为 2 500 ~ 3 500 mL;若以体重肺活量计算,男子约为 62 mL·kg^{-1},女子约为 51 mL·kg^{-1}。40 岁以上的人肺活量有逐渐减少的趋势。运动员肺活量一般大于正常人,尤其是划船和游泳运动员可达到 5 000 mL 以上。但是该指标只表示一次呼吸运动的幅度,不能反映呼吸的时间和速度,故不能显示呼吸功能的动态过程。

时间肺活量比肺活量更能反映肺组织的弹性和呼吸道的畅通能力。健康成人时间肺活量第 1 秒为 83%,第 2 秒为 96%,第 3 秒为 99%,其中以第 1 秒的意义最大。

最大通气量可以全面反映肺的通气贮备能力,一般成年男子为 100 ~ 110 L·min^{-1},女子为 80 ~ 100 L·min^{-1}。有良好训练的优秀运动员可达 180 ~ 210 L·min^{-1} 以上。

实验器材

FJD-80 单筒肺量计、FHL-1 旋转式肺活量计、75% 酒精棉球、橡皮吹嘴、鼻夹、水温计。

实验方法

（1）每2人一组，其中1人为主试者，另1人为受试者，做完一轮后，轮流交换角色进行相同的实验。

（2）根据实验步骤，严格按标准操作。

（3）严格要求，做好实验结果记录。

实验步骤

一、了解肺量计的结构、功能及使用方法

单筒肺量计的构造和原理：肺量计主要由一对套在一起的圆筒组成，见图3-3-2。外筒是一层夹水槽，夹层中装满清水，内筒中有进出2个通气管，远端有三通活门与外界相通，当活门开放时，呼吸气可经通气管进出肺量计，使倒置于水槽中的内筒随之上下移动，这时，经滑轮与内筒相对的平衡锤上安装的描笔便可在记录纸上记录出呼吸气量变化的曲线。在呼吸管道内安装有钠石灰筒，用来吸收呼出气体中的二氧化碳。

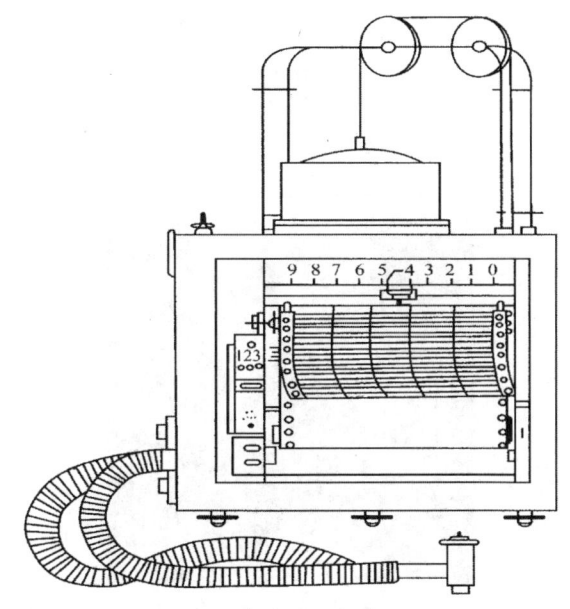

图3-3-2　FJD-80型肺量计

肺量计除具有一般肺活量计的结构外，尚有鼓风机、钠石灰筒、记录装置等。实验前应先将外筒装好水，水量为外筒容量的80%。装好记录纸，接通电源，检查肺量计运转情况。

二、基本肺容积的测定

打开肺量计进气阀门，使筒内充灌4~5L空气，然后关闭阀门。受试者将消毒处理过的橡皮吹嘴捂紧口腔前庭。用鼻夹夹鼻或用手捏鼻。先将三通开关通向外界，练习用口呼吸后，再接通肺量计，进行各项测定。

（1）潮气量：描记几次平静呼吸曲线，吸气或呼气量的平均值即为潮气量。潮气量×每分钟呼吸频率即为每分通气量（L/min）。

（2）补吸气量：描记从一次平静吸气之末起，继续做一次最大限度吸气，所能吸入的气量即为补吸气量。

（3）补呼气量：描记从一次平静呼气之末起，继续呼气直至不能再呼出为止的气量，即为补呼气量。

三、肺活量的测定

用回转式肺活量计测定，见图 3-3-3。首先根据水温计上所显示的温度调节肺活量计前部的指针到相应的刻度，令受试者作一次竭力深吸气后，立即由吹气口向筒内作最大限度的呼气，记下计量盘上刻度数字。连测 3 次，取最大一次的数值作为肺活量值。见图 3-3-4。

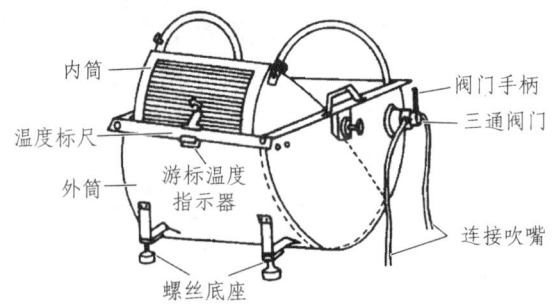

图 3-3-3　FHL-1 型回转式肺活量计

图 3-3-4　肺活量的测定

四、时间肺活量的测定

受试者取立位，夹上鼻夹，用肺量计相通的橡皮吹嘴揩紧口腔前庭，开动记纹鼓作平静呼吸数次，然后令受试者作最大吸气，屏住气，鼓速为 25 mm/s，立即作最大的一口气呼出，直到不能再呼出为止，记录结果，然后再分别计算出第 1 秒、第 2 秒、第 3 秒的呼出气量，求出占肺活量的百分比。健康成人第 1 秒时平均约占 83%，第 2 秒时约占 96%，第 3 秒时约占 99%。见图 3-3-5。

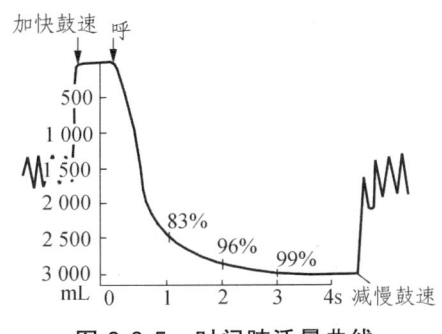

图 3-3-5 时间肺活量曲线

五、最大肺通气量的测定

用单筒肺量计测定，令受试者在 15 min 内尽量作最深且最快的呼吸，在肺量计上记录下来，鼓速 1.67 mm/s，根据记录曲线高度，计算 15 s 内呼出气的总量乘以 4，即为每分钟的最大肺通气量。一般男子平均最大肺通气量为 100～110 L，女子约 80 L 左右。有良好训练的运动员可达 220 L 左右。

注意事项

（1）测试前，受试者应了解测试指标顺序，掌握测试方法。
（2）受试者使用吹嘴前，应进行消毒，做到呼吸吹嘴一用一消毒，避免交叉感染。
（3）在测试时，要戴好吹嘴及鼻夹，不要漏气。吹气时，姿势要正确，不要弯腰，防止其他肌肉参与。
（4）每一单项指标测完后，需平静呼吸几次，然后再测下一个指标。
（5）测试时，主试者可用语言提示测试顺序。根据不同的观察内容，调整记录纸的走纸速度。一般记录纸上一小格为 100 mL。

实验报告

（1）根据实验的原理及实验步骤完成实验后，计算出自己的肺容量和肺通气功能各项指标。
（2）对自己的实验过程和结果做出评价，并就如何提高肺功能提出一些合理的建议。

课后练习

1. 分析肺活量的组成成分，比较分析肺活量和时间肺活量的意义有何不同。
2. 呼吸通气量受哪些因素影响？
3. 比较本实验介绍的 3 个常用测定肺通气功能指标的异同点。
4. 比较本班同学中有训练者和无训练者，或从事不同项目训练的同学间肺通气功能有无差别。

实验四　人体 ABO 血型的鉴定

实验目的

（1）掌握 ABO 血型的鉴定方法。
（2）观察红细胞凝集现象，掌握 ABO 血型鉴定的原理。

实验原理

血型是指红细胞上特异抗原的类型。在 ABO 型系统中，红细胞上有两种凝集原，分别称为 A、B 凝集原，根据红细胞上的这两种凝集原的不同或有无，可将血液分为 4 个类型，即 A 型、B 型、O 型、AB 型。ABO 血型系统是 1900 年奥地利兰茨泰纳发现和确定的人类第一个血型系统。所谓 A 型指红细胞膜上存在 A 抗原，其血清中存在抗 B 抗体（凝集素）；B 型指红细胞膜上存在 B 抗原，其血清中存在抗 A 抗体；AB 型指红细胞膜上存在 A 和 B 抗原，其血清中没有抗 A 或抗 B 抗体；O 型则红细胞膜上没有 A 和 B 抗原，血清中同时存在抗 A 抗 B 抗体（见图 3-4-1）。具有 A 抗原的红细胞可被抗 A 抗体凝集；抗 B 抗体可使含 B 抗原的红细胞发生凝集。输血时若血型不合会使红细胞发生凝集，引起血管阻塞和溶血反应，造成严重后果。所以在输血前必须做血型鉴定。

血型鉴定可用红细胞凝集试验，通过正、反定型准确确定 ABO 血型。所谓正定型：即血清试验，用已知抗 A、抗 B 分型血清来确定红细胞上有无相应的 A 抗原和 B 抗原；所谓反定型：即细胞试验，是用已知 A 细胞和 B 细胞来测定血清中有无相应的抗 A 或抗 B。见表 3-4-1。

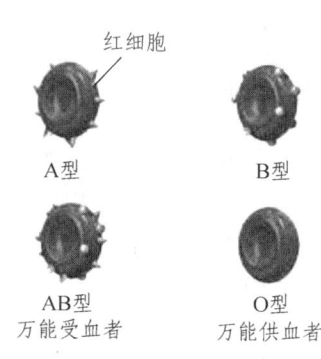

图 3-4-1　血型的分型

表 3-4-1　ABO 血型鉴定原理

诊断血清＋待测者红细胞（正向定型）		受检者血型	待检者血清＋诊断红细胞（反向定型）		
抗 A 血清	抗 B 血清		A 红细胞	B 红细胞	O 红细胞
－	－	O	＋	＋	－
＋	－	A	－	＋	－
－	＋	B	＋	－	－
＋	＋	AB	－	－	－

血型分布：O 型血在人类学上是一种非常古老的血型，也叫做狩猎血型；A 型血是第二种最多见的血型，其祖先是最先从事农耕作物的，也叫做农耕血型；与 O 型和 A 型相比，B 型却是人类学上较晚出现的血型，这类人是最早习惯于气候和其他变迁的游牧民族，也叫做游牧血型。AB 型为最晚出现、最稀少的血型，占总人口不到 5%，这类人拥有部分 A 型血和部分 B 型血的特征。

在我国长城的两边地区，B 型血占了大多数；湖北人、湖南人、广东人、福建人、江浙人等 A 型血数量呈上升趋势，估计为 30%～60%；在长江流域，AB 型血是比较常见的，但数量非常少，历史上是 B 型血人南下跟 A 型血人繁杂而成的。在中原地区，陕西、山东、山西、河北南部、河南北部等，O 型血占主要地位，估计有 40%～55%。

实验器材

75% 酒精棉球，一次性采血针，双凹玻璃片，试管，牙签，生理盐水，滴管，干棉球，标准 A、B 型血清（见图 3-4-2）。

实验方法

（1）每 2 人一组，其中 1 人为主试者，另 1 人为受试者，做完一轮后，轮流交换角色进行相同实验操作。
（2）根据实验步骤，严格操作，确保血清不能混在一起以免影响实验结果。并请教师指导。
（3）严格要求，采血针等不能共用，严防交叉感染。

图 3-4-2 标准 A、B 型血清

实验步骤

用玻片法鉴定血型实验步骤：
（1）将已知的 A 型与 B 型标准血清各滴一滴在双凹玻片的凹内，分别标明 A 与 B。
（2）用 75% 酒精棉球消毒指端后，采血针刺破皮肤（见图 3-4-3），滴 1～2 滴血于盛有 1 mL 生理盐水的小试管内混匀，制成 5% 红细胞悬液。

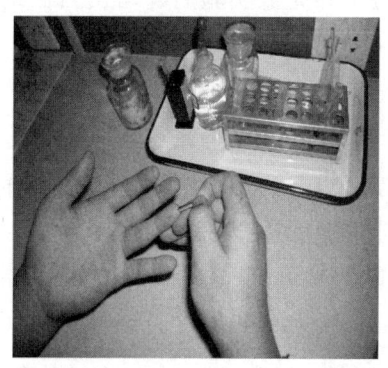

图 3-4-3 用一次性采血针刺入无名指端采血

（3）用滴管吸取红细胞悬液，分别滴一滴于玻片两端的血清上，再分别用牙签搅匀（注意严防两种血清接触）。
（4）10～15 min 后用肉眼观察有无凝集现象。如无凝集现象，可再搅匀混合，再静止 10～15 min，根据其有无凝集现象判断血型。具体有以下几种实验现象。
若只是抗 A 侧发生凝集，则血型为 A 型；若只是抗 B 侧凝集，则为 B 型；若两边均凝集，则为 AB 型；若两边均未发生凝集，则为 O 型。见图 3-4-4。

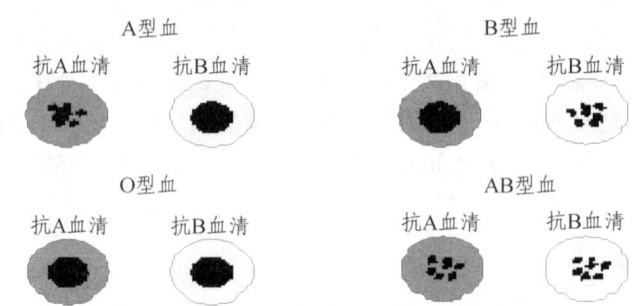

图 3-4-4　ABO 血型鉴定实验现象

注意事项

（1）实验操作过程中严格操作规程，所用双凹玻片等器材必须干燥清洁，以免出现假凝集现象。采血针等均一次性使用，避免交叉感染。

（2）采血时，要用一定的力度，快速刺破皮肤。以免用力小、动作缓慢，而只刺破表皮，无血液流出。

（3）标准血清的质量、性能要符合要求。标准血清从冰箱取出待其平衡至室温后再用，用毕后应尽快放回冰箱保存，减少细菌污染。

（4）抗 A 及抗标准血清绝对不能相混，竹签一端去混匀一侧就不能去接触另一侧。

（5）严格标记，摇动载玻片动作要轻。如肉眼观察难以辨认，可使用显微镜观察凝血现象。

实验报告

（1）根据实验的原理及实验步骤完成实验后，写出自己的实验结果，即自己的血型。

（2）结合实际，谈谈血液安全措施。

课后练习

1. 在无标准血清情况下已知某人为 A 或 B 型，能否用其血去检查未知血型？如何操作？
2. 如何区别血液的凝集与凝固？其机理是否一样？
3. 统计全班或全年级学生血型分布情况。

实验五　人体安静状态及运动负荷下心电图的描记

实验目的

（1）学习心电图机的使用方法。

（2）了解人体正常心电图各波的波形及其生理意义。

（3）观察人体在运动负荷下心电图的变化特征。

实验原理

心脏在收缩之前，首先发生电变化。在每个心动周期中，心电变化由窦房结开始，经特殊传导系统，依次传向心房和心室，这种兴奋的产生和传播所伴随的生物电变化，通过周围组织传到全身，使身体各部位在每一个心动周期中都发生有规律的电位变化，用引导电极置于肢体或躯体的一定部位记录出来，即成为心电图（Electrocardiagram）。心电图反映心脏兴奋的产生、传导和恢复过程中的生物电变化，并不反映心肌的机械收缩过程，正常心电图包括 P 波、QRS 波群、T 波 3 个波群。运动心电图通过运动增加心脏氧耗负荷可用来检测潜在的心肌供血不足，同时也可判断冠状动脉的供血与心肌的血液需要之间是否有不平衡现象以及了解人体运动耐力、心功能的情况。

应用与评价：心电图是诊断心脏疾病的常规检查，当心脏缺血缺氧时，心电活动的变化能正确及时地反映在心电图上，表现在各个波形的异常变化和进行性演变过程，为诊断心律失常、心室肥厚、急性缺血、心肌梗死等心脏疾病提供可靠依据。

在运动医学上，心电图可以作为运动员身体功能状态及疲劳的辅助诊断方法。运动时的心电图（心电运动试验）既是临床诊断冠心病的重要指标，又是评估心功能和体力活动能力及科学制订运动处方的依据之一。另外，监测运动过程中的心电变化，也是确保一些慢性病人在康复锻炼时防止发生意外的必要措施。

实验器材

心电图机（见图 3-5-1）、分规、75% 酒精棉球、一次性电极、血压计、听诊器、导电糊、功率自行车。

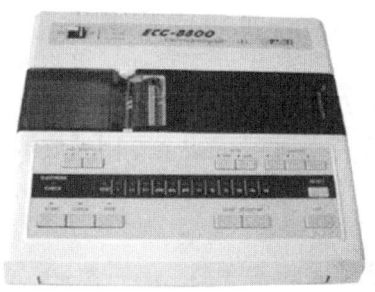

图 3-5-1　心电图机

实验方法

（1）人员分工：安静时测量心电图一般每 2 人一组，其中 1 人为主试者，另 1 人为受试者，做完一轮后，轮流交换角色进行操作。运动时测量心电图一般每 3 人一组，其中 1 人为主试者，1 人为主试者助理，另 1 人为受试者。

（2）根据实验步骤，严格操作，确保电极安放正确以免影响实验结果。遇到问题请教师指导。

（3）运动过程中心电图的测量应密切注意终止运动实验的指征。

实验步骤

一、心电图机简介及使用方法

1. 心电图机的基本结构

心电图机的型号繁多、样式各异,但基本结构大同小异,有 3 个主要部件。
(1) 电流计是最重要的部件,它可以反映心脏不断变化的电流。
(2) 放大器可把心脏的微弱电流加以放大,再引入电流计、以便记录或观察。
(3) 记录装置一般采用热笔直接描记或其他记录装置,它可将电流计中测出的电流在心电图纸上记录出来。

2. 心电图的主要控制旋钮及其作用

(1) 导联选择开关作为选择导联用。一般有 O、Ⅰ、Ⅱ、Ⅲ、aVR、aVL、aVF、V 等 8 个位置。使用前后此开关应置于"O"位。
(2) 记录开关一般分为 3 挡:"准备"、"观察"和"记录"。在"准备"位时,热笔电源切断,放大器输入封闭,热笔不偏转。在"观察"位时,热笔接通电源,放大器开放,热笔偏转。在"记录"位时,开始走纸。使用前后及变换导联时,应置于"准备"位。
(3) 灵敏度(增益)调节钮作为调节放大倍数用,一般顺时针旋转为增加。在实验中,调节适当后不宜再行转动。
(4) 定标电压钮。按压此钮可得到方形标准电压。
(5) 衰减开关分"1"和"1/2"两挡。按下"1/2"挡时,灵敏度减小一半。一般将"1"挡按下。如心电图形电压过大,可按下"1/2"挡,但需再记录定标电压,1 mV 偏转 5 mm。
(6) 走纸变速开关一般有 25 mm/s 和 50 mm/s 两挡。常规走纸速度 25 mm/s。
(7) 基线调节钮。动此钮时,基线上、下移动,可将描笔置于中间位置。
(8) 热笔温度调节可调节热笔的温度,一般顺时针转动使温度升高。
(9) 地线插孔供机器接地使用。地线可接至专用地线或自来水管上,但必须接触良好,否则不仅会产生严重干扰,甚至会危及人身安全。

二、安静状态下心电图的描记

(1) 受试者安静平卧,全身肌肉放松。
(2) 心电图机妥善接地,预热 5 min。
(3) 安放电极:
肢体导联按右上(红)、左上(黄)、左下(绿)、右下(黑)连接。
胸部导联按 V1(胸骨右缘第四肋间)、V2(胸骨左缘第四肋间)、V3(V2 与 V4 连线的中点)、V4(左锁骨中线与第五肋间交点)、V5(左腋前线与 V4 同一水平)、V6(左腋中线与 V5 同一水平)连接。见图 3-5-2。

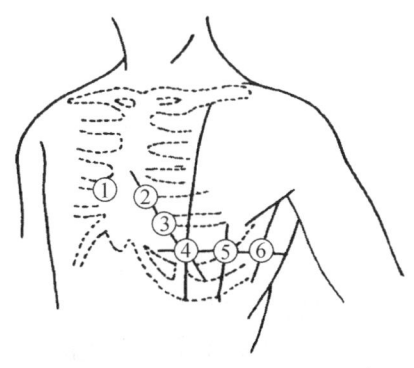

图 3-5-2 胸导联的探测电极安放的位置

①—胸骨右缘第四肋间;②—胸骨左缘第四肋间;③—②-④的中点;④—左锁骨中线与第五肋间交点;
⑤—④水平与左腋前线交点;⑥—④水平与左腋中线交点

(4) 分析心电图。见后。

三、运动负荷下心电图的测试

(1) 输入受试者的相关资料。
(2) 根据受试者的相关资料设定运动方案,并确定运动目标心率。
(3) 安放电极(同安静时心电图的描记),同时上臂绑缚血压计。
(4) 受试者在运动实验开始前,应分别记录立体心电图和血压作为运动前的对照指标。
(5) 受试者按照预先制订的运动方案做蹬车运动,见图 3-5-3。

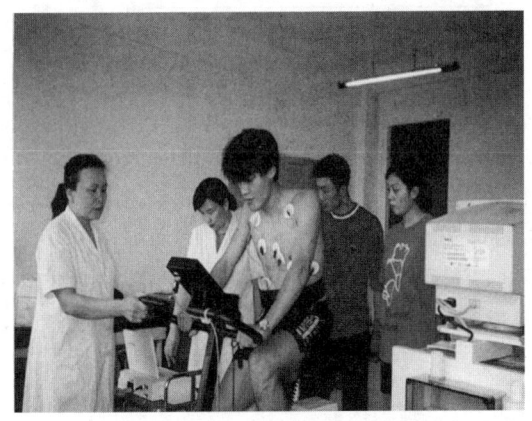

图 3-5-3 运动过程中心电图的测定

(6) 描记笔基线调节在记录纸中央,按 1 mV 定标键,走纸。
(7) 选择按手动/自动键,依次记录各导联心电图。
(8) 描记完毕后,依次标出心电图各导联,注明受试者姓名、年龄、性别、日期、时间等。
(9) 在每级运动负荷结束时记录全导联心电图并测量血压,直至达到目标心率或以下终止运动实验的指征:
① 达到目标心率。

② 出现典型心绞痛。
③ 出现 S-T 段水平下降大于 0.2 mV。
④ 出现严重的心律失常。

四、心电图分析

（1）时间和波幅的测量。

因常规记录心电图采用 25 mm/s 的走纸速度，常规标准电压 1 mV 为 10 mm，故心电图纸上每一小格（1 mm）代表的时间为 0.04 s，波幅为 0.1 mV。测量波幅时，正向波由基线上缘测量至波峰的顶点，负向波由基线下缘测量至波谷的底点。

（2）辨认各波段 P 波、QRS 波群、T 波、P-R 间期、S-T 段和 Q-T 间期。参照图 3-5-4。

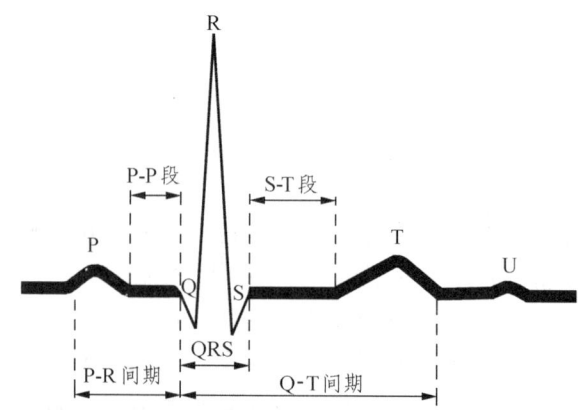

图 3-5-4　正常心电图的组成及命名

（3）心律分析。

窦性心律的正常心电图表现为 P 波在 Ⅰ 和 Ⅱ 导联中正向，aVR 导联中负向，P-R 间期在 0.12 s 秒以上。若心电图中最大 P-P 间期和最小 P-P 间期相差 0.12 s 以上，称心律不齐。成年人正常窦性心律为心率在 51～100 次/分。

（4）心率的测量是用圆规测量若干个心电图导联上的 P-P 或 R-R 间隔，求其平均数，用 60 s 除以这个平均数就是心率。

$$\text{心率} = \frac{60}{\text{P-P 间期(秒)}} \text{ 或 } \frac{60}{\text{P-R 间期(秒)}}$$

若 P-P 或 R-R 间期相差 0.12 s 以上，则可以读出连续 10 s 内出现的 QRS 波数，乘以 6 即为心率。

（5）正常心电图各波段分析，见表 3-5-1。

① P 波：肢体导联中 P 波高度不超过 0.25 mV，在心导联中不超过 0.15 mV。
② P-R 间期的测量：P-R 间期是自 P 波开始至 QRS 波开始的时间间隔。正常心率下，成人的 P-R 间期一般在 0.12～0.20 s。
③ QRS 波群：正常成人 QRS 波群时间 0.06～0.10 s。

④ Q-T 间期的测量：QT 间隔是自 QRS 波群开始至 T 波终末期间的时间间隔。选择 T 波较高的导联。

⑤ S-T 段：指 QRS 波群终了与 T 波开始之间的间隔。

⑥ T 波：在 I、II 导联中是直立的，III 导联中可能直立、平坦、双向甚至倒置。

表 3-5-1　心电图各波段正常值及其特征

名　称	时　间	电　压	形　态
P 波	≤0.11 s	I、II、III < 0.25 mV aVF、aVL < 0.25 mV $V_1 \sim V_5$ < 0.15 V V_1、V_2：双向时其总电压 < 0.2mV	I、II、aVF、$V_4 \sim V_6$ 直立，aVR 倒置 III、aVL、$V_1 \sim V_6$ 直立、平坦、双向或倒置
P-R 间期	0.12 ~ 0.20 s*		
QRS 波	Q < 0.04 s 总时间为 0.6 ~ 0.10 s	Q < 1/4R（R 波为主的导联） R_{AVR} < 0.5 mV R_{AVL} < 1.2 mV R_{AVF} < 2.0 mV R_{V_1} < 1.0 mV；V1R/s < 1 R_{V_5} < 2.5 mV；V5R/s > 1 $R_{V_1} + S_{V_5}$ < 1.2 mV $R_{V_5} + S_{V_1}$ < 4.0 mV（男） 　　　　　　< 3.5mV（女）	aVR 呈 Qr、rS 或 rSr 型 V_1 呈 rS 型 V_5 呈 Rs、qRs、qR 或 R 型
ST 段		I、II、aVL、aVF、$V_4 \sim V_5$ 抬高不超过 0.1mV，压低不超过 0.05mV；$V_1 \sim V_3$ 抬高不超过 0.3mV	
T 波		> 1/10R（R 波为主的导联）	I、II、$V_4 \sim V_6$ 直立；aVR 倒置；III、aVL、aVF、$V_1 \sim V_3$ 直立、平坦或倒置
Q-T 间期	< 0.40 s*		
U 波	0.1 ~ 0.3 s	肢体导联 < 0.05 mV 心前导联 < 0.03 mV	其方向应与 T 波一致

* P-R 间期、Q-T 间期的正常值与心率有关。

注意事项

（1）运动实验室应保持室温在 20 ~ 22 ℃，湿度控制在 40% ~ 60%。

（2）记录心电图时，先将基线调到中央，使图形能在纸的中央描出，防止造成基线不稳和干扰的因素。

（3）在变换导联时，必须将输入开关关上，再转动导联选择开关。

（4）运动过程中，密切注视受试者状态及心电图、血压的变化，如出现阳性变化，则立即终止试验。

(5)记录心电图时,观察基线是否平稳或有干扰以及电极是否连接紧密。

(6)记录完毕后,将电极和皮肤擦净,心电图机各控制旋钮转回关的位置,最后切断电源。

实验报告

(1)根据实验的原理及实验步骤完成实验后,对自己的心电图记录纸进行详细的分析并得出实验结果。

(2)对自己的结果做出客观评价,并就运动对心电图的影响提出一些合理的看法。

课后练习

1. 根据记录结果,讨论正常心电图各波段的生理意义。如果 P-R 间期延长而超过正常值,说明什么问题?

2. 运动开始至结束,受试者的运动心电图发生了哪些变化?

实验六 人体安静与运动时脉搏和动脉血压的测定与评价

实验目的

(1)掌握人体脉搏的测定方法,观察运动时心率的影响。

(2)了解人体动脉血压测定的原理,学会人体在安静时和运动前后脉搏及血压的测定。

实验原理

心率的测定有脉率指触法、心音听诊法和心率遥测法。在心脏的舒缩活动中,动脉内压力的变化发生周期性波动,引起管壁发生搏动,并能以波的形式沿管壁向外周传播,且与心脏的周期性活动一致。故用手指触摸到身体浅表部位动脉脉搏率,一般情况下能代表心率。

心脏在活动中产生的心音可通过周围组织传递到胸壁。通过听诊器在胸壁一定部位听诊可确定心率。心率遥测法是根据心脏兴奋时的电变化而采集心率的。心脏兴奋时的电变化传至体表,表面电极将心电信号接收后送入发射机,经接收机接收后而显示。

血压的测定,最常用的是间接法。通过使用血压计在动脉外加压,根据血管音的变化测定血压。通常血液在血管内流动时并没有声音,如果对血管施加压力,使血管腔变窄而形成血液涡流时可发生血管音。当外加压力超过动脉血压的收缩压时,受压部位的血流完全被阻挡,此时在受压部位的远侧听不到声音。当外加压力低于收缩压而高于舒张压时,血液则可断续地通过受压部位使血流形成涡流而发出声音。当继续降低压力时,且外加压力等于舒张压时,受压部位的血流由断续流动恢复到持续流动,受压部位远侧的声音则由强变弱或突然消失。因此,动脉血流刚能发出声音时的最大外加压力相当于收缩压,而动脉内血流声音突变后消失时的外加压力则相当于舒张压。正常成人安静时心率为 60~100 次/分。心率常受年龄、性别、生理状况、训练水平、体力劳动及体育运动的影响。在实践中通过测定血压、心率可了解受检查者循环系统的功能，了解运动量、运动强度、运动训练对人的影响、运动后的恢复情况、运动的密度。

应用与评价：

（1）测定基础心率、安静时心率和运动时、运动后恢复期心率，用于评定身体机能状态、确定运动强度，间接测定最大吸氧量、最大心率、无氧阈值和运动后机体恢复状态。

（2）测量血压是临床上常用的诊断心血管疾病对心血管功能影响的方法。亦用于评价正常人的心血管状况。运动后测量用于观察心血管机能的恢复和推测运动负荷量。其测量方法简便，易于掌握。

实验器材

心率遥测系统、血压计、听诊器、秒表、电子节拍器。

实验方法

（1）每2人一组，其中1人为主试者，另1人为受试者，做完一轮后，轮流交换角色进行相同实验操作。

（2）运动时的脉搏与血压的测定要求时间上的严格把握，及时并熟练进行测量操作。

（3）及时做好记录，以便进行分析与评价。

实验步骤

一、安静时脉搏血压的测定

（一）脉搏的测定

1. 扪诊法

桡动脉扪诊法：将食指、中指、无名指在受试者一侧手腕部桡动脉处测量脉率。在测试安静脉搏时较为方便。

颞浅动脉扪诊法：位于耳前部略偏上，颞浅动脉经过此处，适合于运动后。

心前区扪诊法：位于左心前区心尖部，适合于运动后。

颈动脉扪诊法：位于胸锁乳头肌前、下颌角下部。

2. 器械法

听诊法：用听诊器在心前区直接听诊，计算心率。

心率遥测仪：可准确记录运动中和运动后心率。

指脉仪：应用光电或压力传感器记录手指光密度或容积的周期性变化来显示心率。

3. 扪诊法测量步骤

（1）受试者静坐 5 min。

(2)脉搏测量先以 10 s 为单位,连续测量 3 个 10 s,其中两次相同并与另一次相差不超过 1 次时,即认为是相对安静状态,否则应当适当休息后继续测量,直至符合要求,然后测量 30 s 的脉搏乘 2,即为心率。

4. 心率遥测法测量步骤

普能(POLAR)运动心率遥测法:
(1)用胸带将传感发射器固定在胸前。
(2)将手表遥测仪戴在手腕上,如"选择"键已处于"测试"状态,这时就可以按"使处于状态/起动 – 停止"键,开始进行测定相对安静状态和运动过程中的心率变化。
(3)测试完毕,按"使处于状态/起动 – 停止"键,手表遥测仪停止记录。
(4)按"回忆、回收"键,手控提取记录数据或将数据输入到计算机进行分析处理。

(二)动脉血压的测定

(1)熟悉血压计的结构。血压计有汞柱式、弹簧式和电子式,一般常用的是汞柱式血压计,它由检压计、压脉带和橡皮充气球 3 部分组成。检压计是一标压力刻度的玻璃管,上端通大气,下端和水银槽相通。压脉带为外包布套的长方形橡皮囊,它借橡皮管分别和检压计的水银槽及充气球相通。橡皮充气球是一个带有螺丝帽的橡皮囊,供充气、放气用,见图 3-6-1。

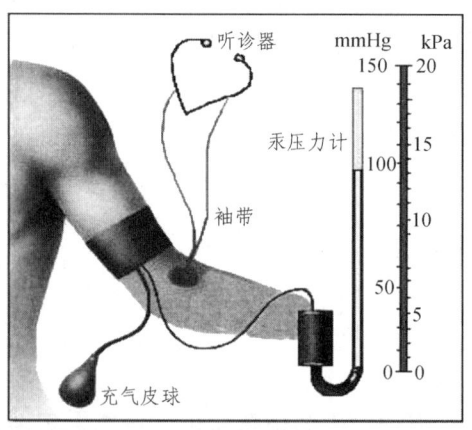

图 3-6-1 人体动脉血压测定法

(2)受试者脱去一侧衣袖,静坐 5 min 以上。
(3)松开血压计橡皮球螺丝,驱出压脉带内残留气体,再旋紧螺丝。
(4)令受试者将前臂平放于桌上,与心脏在同一水平位,手掌向上。将脉压带绑在被试者的上臂,其下缘应距肘关节上约 2 ~ 3 cm,松紧以能放入一指为宜。
(5)在肘窝内侧找到搏动点,将听诊器头紧贴肘窝肱动脉处。将听诊器耳件塞入外耳道,其弯曲方向与外耳道一致,即略向前弯曲。在肘窝内侧先用手指触及肱动脉脉搏,将听诊器胸件放在其上。
(6)把气球的气门旋紧打气,随脉压带内的压力升高,逐渐可以听到有节奏的"咚咚"声,继续打气等声音消失时再使压力升高 20 ~ 30 mmHg*或 2 ~ 4 kPa,然后旋开气门徐徐放气。

---

* mmHg,非法定计量单位,1 mmHg = 133.322 Pa。

（7）测量收缩压：用橡皮球将空气打入压脉带内，使检压计中水银柱逐步上升到听诊器听不到脉搏音为止。继续打气使水银再上升 2.6~4.0 kPa（20~30 mmHg）。随即松开气球螺旋，连续缓慢放气，减低压脉带内压力，在水银柱缓慢下降的同时仔细听诊。当开始听到"砰、砰"的动脉音时检压计上水银柱的刻度即为收缩压。一般青壮年收缩压为 12~17.3 kPa（90~130 mmHg）。

（8）测量舒张压：继续缓慢放气，动脉音先由低到高，然后由高变低，最后完全消失。在声音突然变弱的瞬间，检压计上水银柱刻度即代表舒张压。一般青壮年舒张压力 8~10.6 kPa（60~80 mmHg）。血压记录常以收缩压/舒张压 kPa（或 mmHg）表示。1 kPa = 7.5 mmHg。反复测血压，如血压值波动 < 0.5 kPa 或 < 4 mmHg 即为准确。见图 3-6-2。

图 3-6-2　血压的测量

（9）记录所得结果，例如 110/70 mmHg 或 13/9 kPa。

二、运动前后脉搏和血压的测定

运动前脉搏、血压可在安静时测定，也可在准备活动前测定，测定运动后脉搏、血压，一般先测 10 s 脉搏频率然后测定血压，并记录所得结果。全部测定和记录要在 1 min 内完成。

下面以 30 s 蹲起 20 次的定量运动（见图 3-6-3）为例，测定运动前后脉搏、血压。其步骤如下：

（1）被试者坐位，测定其运动前的脉搏、血压，并做好记录。

（2）截断脉压带和血压计之间的连接，让脉压带仍绑在被测者上臂。

（3）被试者手托气球，两腿分开与肩同宽，按 20 次/30 秒的节奏，蹲起 20 次。

（4）运动后即刻坐下，立即先测其运动后第 1 分钟前 10 s 的脉搏，然后测定血压并记录结果。

（5）运动后第 2 分钟开始时，仍按第 1 分钟要求，测定其脉搏、血压并记录结果。第 3、第 4 分钟测定同上，直到测定结果已恢复到运动前的水平为止。

（6）所测定的结果记录在表 3-6-1 中，然后进行分析。

图 3-6-3　30 s 蹲起 20 次的定量运动

表 3-6-1　实验结果记录表

指标	安静时	运动后			
		第 1 分钟	第 2 分钟	第 3 分钟	第 4 分钟
脉搏					
血压					

三、基础心率、最大心率、心率贮备、靶心率和靶心率范围的测定

基础心率是指人在基础状态时的心率。基础状态是指人清醒、静卧、空腹、无肌肉活动时的状态。基础心率不受肌肉活动、环境温度、食物及精神紧张等因素的影响，通常是在早晨刚刚醒来尚未起床活动时测取的心率。

运动时运动强度与心率成正比例关系，当人体进行大强度并持续一定时间的运动时，心率增加到极限水平，这就是最大心率。最大心率随年龄增长而逐渐减小，一般用 220 减去年龄来估算最大心率，或者 $HR_{max} = 208 - 0.7 \times$ 年龄。

最大心率与安静心率之差称心率贮备。如靶心率是运动训练或体育课、体育锻炼中欲达到的心率，如要跑 10 000 m 的心率控制在 150 次/min，则 HR = 150 次/min 即为靶心率，但靶心率控制十分困难，故体育实践中，常用靶心率的范围。有氧运动的靶心率范围是：安静心率 + (最大心率 - 安静心率) × 60% ~ 安静心率 + (最大心率 - 安静心率) × 80%。

注意事项

（1）进行遥测心率时，受试者不宜穿尼龙类衣服，以免干扰。

（2）遥测仪能收集到 90 ~ 110 cm 范围内的信号，因此在使用时，在这个范围内不能有其他的发射器。

（3）在使用发射器和手表遥试仪时，一些强磁源，如电视机、机动车和高压电线会导致心率接收错误。

（4）测量血压应在安静环境中进行。
（5）受试者应脱去衣袖，以免袖口过紧，阻碍血液循环。
（6）袖带的缠绕要松、紧适度，不能过紧或过松，且应选择合适宽度的袖带进行测量，袖带过宽或过窄都会影响测量结果。
（7）压脉带的宽度有 7 cm、9 cm、12 cm 3 种，应覆盖受试者上臂 1/3～1/2。
（8）肱动脉听诊点应充分暴露，勿将听诊器胸器塞入袖带内进行听诊。
（9）如果认为测量数值不准，须放气使水银柱下降至零水平再行测量，或让受试者休息 5 min 后再重测。

实验报告

（1）根据实验内容写出自己的安静与运动时各状态下的实验结果。
（2）对自己的实验结果做出评价，并就运动对心率与血压的影响提出一些合理的看法。
（3）结合实际谈谈如何提高心血管机能。

课后练习

1. 运动时心率加快及恢复的规律如何？产生这些变化的原因是什么？
2. 体位和呼吸改变后，血压有何变化？为什么？

实验七　视力、视野和眼肌平衡的测定与评价

实验目的

（1）掌握测定视力、视野和眼肌平衡的方法。
（2）了解视力和视野的评价指标。

实验原理

视力（视敏度）：视觉器官对物体形态的辨别能力，常以能辨别两点的最小距离为衡量标准。当两点在视网膜上的成像有一定距离，即两点与眼的节点所成的视角有一定大小时，便有可能被辨别清楚，故采用视角的倒数表示视敏度。视角为 1′ 时，人正常眼即可辨别两点，即视力＝1/视角，因而临床上将 1′ 视角的视力定为 1.0，为视力的正常值分辨两点所需要的最小视角越大则视力越弱；最小视角越小则视力越强。视力表就是根据此原理设计的，常用的国际标准视力表是大小不同的 E 字，按大小由上到下排成 12 横行，第 10 行是由直径为 7.5 mm，缺口为 1.5 mm 的 E 字组成。当人们站在距离视力表 5 m 处，能分辨该行 E 字缺口时，其视角恰好为 1′，故规定此视力为 1.0，即认为是正常视力。若某人只能辨认此行上面的，则视力＜1，为视敏度低；若某人能辨认此行下面的，则视力＞1，为视敏度高。表上每行左边的数字表示在 5 m 距离处能辨认该行 E 字的视力。见图 3-7-1。

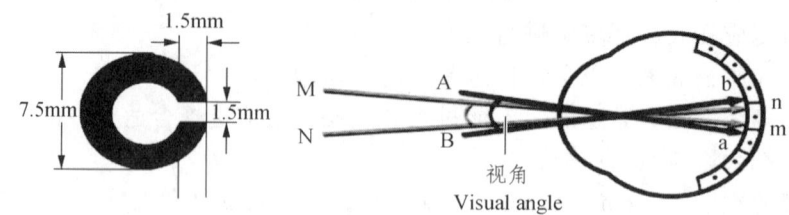

图 3-7-1　视力判断原理示意图

视野：指当眼球固定注视正前方一点时所能看到的空间范围，借此可了解整个视网膜的感光功能，并有助于判断视觉传导通路及视觉中枢的机能。正常人的视野范围鼻侧和额侧较窄，颞侧和下侧较宽。在相同的亮度下，白色视野最大，其次是黄色、蓝色、红色，绿色视野最小。

眼肌平衡：眼球的运动是由 6 条眼肌的协调活动来完成的。如果其中有一条肌肉紧张性增大，眼球则偏向一侧，成为斜视眼。但若某条肌肉的肌紧张仅仅稍大而产生失调活动时，则能靠其对抗肌紧张性加强来补偿，因而眼球仍能保持正中位置，则称隐斜视。具有隐斜视的人，如果用立杆测定仪将眼遮蔽，就可以使对抗肌的额外紧张作用消除，使眼肌的张力不一致表现出来。利用此方法可测定人的隐斜视程度。

应用与评价：

（1）视力的好差与视网膜中央凹视锥细胞直径大小、视觉中枢分析能力、眼折光机能、光源情况及图形背景的对比鲜明与否等因素有关。视力不足 5.0 常由折光异常引起，若将对数远视力表与近视力表配合使用，便能检测出近视眼、远视眼、散光眼，凡视力小于 5.0 者为视力低下，小于 5.0 而大于 4.8 为轻度，4.8 ~ 4.6 为中度，4.5 以下为重度视力低下者，使用串镜检查，若正片视力下降，负片视力正常者为近视，反之为远视。

（2）视野大小除决定于感光细胞在视网膜上的分布外，还可因面部结构的阻挡视线而受到影响，在同一光照下，视野大小顺序为（见图 3-7-2）：

白（90°）＞黄、蓝（80°）＞红（70°）＞绿（60°）

颞侧（90°）＞鼻侧（50°）

下侧（60°）＞上侧（50°）

研究表明，有训练的运动员，特别是球类运动员的视野大于一般人，球类运动后视野可暂时比运动前大，这可能与交感神经兴奋性升高有关。

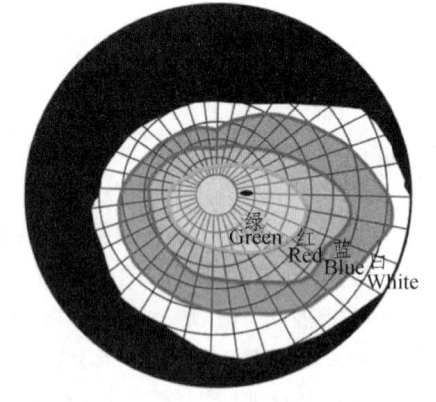

图 3-7-2　人右眼不同颜色视野

实验器材

国际标准视力表、遮眼板、指示棍、米尺、视野计、各色视标、视野图表、铅笔、眼肌平衡测定器（包括立杆）。

实验方法

（1）将全体学生分两大组，实验过程中分别进行视力和视野的测量。然后每 2 人一小组，其中1人为主试者，另1人为受试者，做完一轮后，轮流交换角色进行操作。

（2）严格要求，及时在视野记录纸上做好记录。

实验步骤

一、视力的测定

（1）了解对数视力表的使用方法，见图3-7-3。

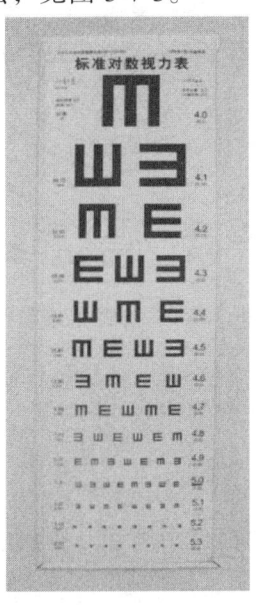

图 3-7-3　标准对数视力表

（2）将视力检查表挂在光线充足而均匀的墙上。

（3）受试者站立或坐在距离视力表5 m远的地方，用遮眼板将左眼遮蔽，用右眼看视力表。主试者用指示棍从表的第一行开始，依次向下指各行，直到受试者完全不能辨认的最小字行为止，依照表旁边所注的数字来确定其视力。

（4）用同一方法测试左眼的视力，分别记录两眼视力。

（5）若受试者对单眼不能辨别第一横行，可让受试者向前移动，直至能辨认最上一行字为止，依据下列公式计算其视力。

$$视力 = 受试者站立的距离/视力表上规定的距离$$

二、视野的测定

（1）了解视野计的构造及使用方法。见图3-7-4。

（2）受试者背光而坐，将眼托贴于被测眼的眼眶下部，被测眼的目光注视正前方刻度盘中心点，另一只眼用遮眼板遮住。

（3）测试者旋转半圆弧使与地面垂直（指针标示在0°），然后将视标放入半圆弧内，由远端慢慢地向轴心移动同时让受试者

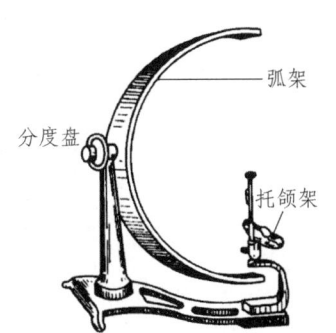

图 3-7-4　视野计

说出视标的颜色，待受试者回答正确时，则将这时视标所在的刻度记在视野图纸（图）相对应的经纬线刻度上。见图 3-7-5。

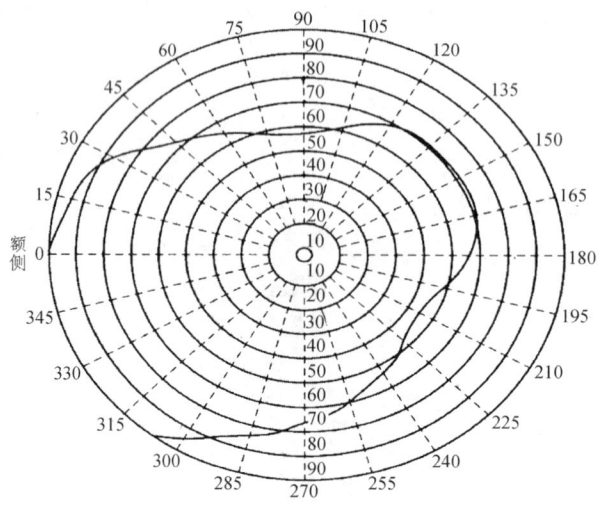

图 3-7-5　视野记录图纸

（4）依次旋转弧架，分别旋至 45°、90°、135°、180°、225°、275°、315° 各个方向的视野，检查完毕后将所测各点连接起来就构成视野图。

（5）同样用红、黄、绿、蓝等颜色视标，按照上述方法，测定各色觉的视野（用颜色视标时必须看清颜色）。

（6）依同样的方法测定另一眼的白色视野和其他颜色视野。

三、眼肌平衡测定

1. 熟悉眼肌平衡测定器的结构

眼肌平衡测定器，由有刻度的十字形标尺和立杆两个部分组成。它是附有刻度的十字形标尺，标尺交叉点的正中央装有小灯泡一只。立杆是一个带柄的木框，内嵌镶着十几支平行排列的玻璃棒，用作眼的遮蔽物。见图 3-7-6。

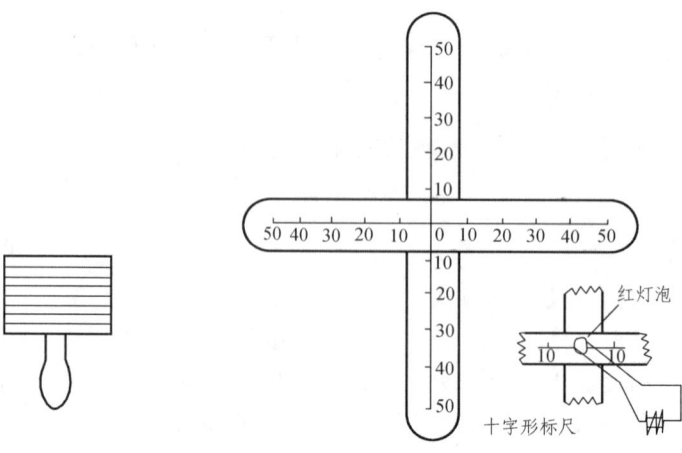

图 3-7-6　眼肌平衡仪

2. 测定内外侧隐斜视

（1）让受试者站立在距标尺 5 m 处。面对标尺，两眼注视前方。

（2）受试者一手持立杆置于欲测眼的前面，立杆的玻璃棒走向要与地面平行，这样被立杆所掩蔽的眼，就看不到标尺上的红灯，只能看到由于立杆上玻璃棒折光的缘故所形成的与地面垂直的一条细红线。

（3）受试者另一只眼睁开，并注视标尺。因为立杆的掩蔽而解除了被测眼对抗肌的额外紧张作用，所以有隐斜视的人，双眼视轴的平行性就受到破坏，立杆上的红线将发生向右或向左的偏斜。此偏斜是由于内直肌紧张性过强之故。只有正视的人，红线才能与灯泡重合。

（4）主试者记下横标尺上红线偏离小灯泡的刻度数和偏斜方向。偏斜程度越显著，隐斜视程度就越大。假如受试者所见之红线往返移动，应待其静止后再读出刻度数；若红线长时间摇摆不定，则可取其中间值。

3. 测定上下隐斜视

方法同上，唯手持立杆时应使立杆上的玻璃棒走行方向与地面垂直，经折射的光线则成为一条与地面平行的红线。具有隐斜视的人会发生向上或向下的偏斜，这种偏斜是因为上直肌或下直肌紧张性过强的缘故。只有正视的人，红线才能与灯泡重合，记下纵标尺上红线偏斜的方向和偏离的刻度数。

注意事项

（1）检查视力前应摘去配戴的眼镜，不要揉眼睛，检查时，不要眯眼睛或斜眼看。

（2）使用遮眼板时不要压迫眼球，以免影响视力。

（3）视野计要对着光线放好，受试者背光而坐。

（4）在实验过程中受试者略休息，避免眼睛疲劳而影响实验结果。

（5）被测眼一定要固定在注视弧架上的中心点，眼球不能转动，而是用余光观察视标。测颜色视野时一定要看清是什么颜色方为有效。

实验报告

（1）根据实验的原理及实验步骤完成实验后，把自己的实验结果描记到视野记录纸上。

（2）对自己的实验过程和结果做出评价，并就不同颜色的视野有何变化作出讨论。

（3）通过实验，评定分析自己的眼肌平衡状况。

课后练习

1. 如何解决各视野和光亮视野的不同？

2. 根据实验结果对全体学生测得的数据进行统计分析，比较不同颜色视野的差异，以及与运动项目之间的关系。

实验八　前庭功能稳定性的测定与评价

实验目的

（1）掌握前庭功能稳定性的测定方法。
（2）了解前庭功能稳定性高低的评定方法。

实验原理

前庭器官能接受身体或头在空间做直线或旋转运动的刺激产生位置觉。当过度刺激前庭器官会诱发许多反射性反应，例如，姿势反射（肌紧张发生改变）、眼震颤、植物性功能反应（脉搏、血压、呼吸频率、汗腺活动、消化系统等功能变化）等。其反应程度与刺激强度、前庭器官功能稳定性有关。前庭感受器受到刺激强度越大，这些反应也就表现得越明显。经常地有系统地参加体育锻炼，可以有效地提高前庭器官功能的稳定性。也就是说，前庭器官受到较强的刺激时，其反应也较小。本实验用转动方法观察旋转对人体的影响，并根据反应的程度评定前庭器官功能的稳定性。

应用与评价：前庭器官功能稳定性在社会生活和体育运动中具有重要意义。随着社会生产力和科学水平的提高，人类的活动范围不断扩大，如宇宙航行，乘坐高速交通工具等，对人体耐受各种加速度的能力提出了更高的要求。同样，运动技术不断地发展，需运动员完成更多更复杂的变速运动、旋转和翻腾等动作，也要求机体有高的平衡和判断方位的能力。前庭器官功能稳定性可以通过体育锻炼得到提高，若从幼年开始训练前庭器官的功能稳定性，则其发展潜力大，速度快。前庭功能稳定性可以作为评定训练程度的一项重要指标。

实验器材

人体前庭功能转椅、血压计、听诊器、秒表、皮尺、评分表。

实验方法

（1）实验时每组3人，1人为受试者，1人为主试者，1人为主试者助理。在每项实验前要做好分工。按实验要求及时准确地做出测定与观察，3人在实验中可轮流进行。
（2）观察并测量前庭反应的指标时要及时把握时机。并请教师指导。
（3）严格要求，做好记录，以便做出客观评价。

实验步骤

一、前庭分析器受刺激时，植物反射的观察

根据旋转前后脉搏和血压的变化，按陆查诺夫和柏钦柯所制订的评分表来判定前庭分析器的稳定性。

（1）令受试者坐在旋转椅子上，5 min 后测定安静时前 10 s 的脉搏和血压。

（2）令受试者头前倾 30°，闭眼，以两秒钟一周的速度均匀地旋转 5 周（逆时针）。见图 3-8-1。

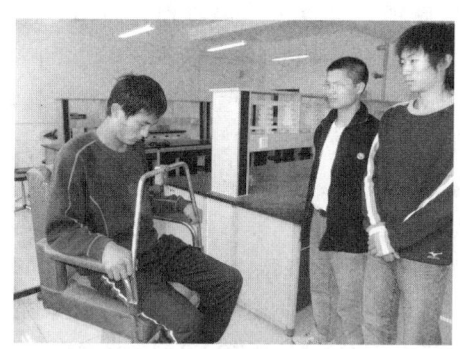

图 3-8-1　前庭功能测试

（3）旋转停止时，受试者立刻抬头睁眼，并即刻测出旋转后第一个 10 s 的脉搏和血压。

（4）根据所得实验结果，查《评分表》来评定受试者前庭分析器的稳定程度。

根据旋转前后脉搏、血压的变化值按陆查诺夫和柏钦柯所制订的前庭器官功能稳定性评分表来评定受试者的前庭器官功能的稳定性。见表 3-8-1。

表 3-8-1　前庭功能稳定性评分表

脉率变化 （每 10 s 次数）	+5	+4	+3	+2	+1	0	-1	-2	-3	-4	-5	-6
	4.00	—	—	2	2.25	2.5	2.75	—	—	—	—	—	—
	3.45	—	2.20	2.25	2.5	2.75	3.0	2.5	—	—	—	—	—
	3.05	2.0	2.25	2.5	2.75	3.0	3.25	2.75	—	—	—	—	—
	2.67	2.25	2.5	2.75	3.0	3.25	3.5	3.0	2.5	—	—	—	—
	2.26	2.5	2.75	3.0	3.25	3.5	3.75	3.25	2.75	2.0	—	—	—
	1.86	2.75	3.0	3.25	3.5	3.75	4.0	3.5	3.0	2.5	2	—	—
最高血压变化（kPa）	1.46	3.0	3.25	3.5	3.75	4.0	4.25	3.75	3.25	2.75	2.25	—	—
	1.06	3.25	3.5	3.75	4.0	4.25	4.50	4.0	3.5	3.0	2.5	—	—
	0.66	3.5	3.75	4.0	4.25	4.5	4.75	4.25	3.75	3.25	2.75	—	—
	±0.26	3.75	4.0	4.25	4.5	4.75	5.0	4.5	4.0	3.5	3.0	2.5	2.0
	-0.66	2.5	3.0	3.5	4.0	4.5	4.75	4.25	3.75	3.35	2.75	—	—
	-1.06	2.25	2.75	3.0	3.5	4.0	4.25	3.75	3.25	2.75	2.25	—	—
	-1.46	—	2.5	2.75	3.0	3.5	3.75	3.25	2.75	2.25	—	—	—
	-1.86	—	—	2.25	2.5	3.0	3.25	2.75	2.25	—	—	—	—
	-2.26	—	—	—	2	2.5	2.75	2.25	—	—	—	—	—

（5）评分表使用说明。

① 根据受试者旋转前后 10 s 脉搏和血压的差值来查评分表。例如，某受试者在安静时的脉搏是 11 次/10 s，动脉血压是 15.42/8.51 kPa；旋转后的脉搏是 13 次/10 s，动脉血压是 16.22/8 kPa 也就是说，旋转后脉搏增加 2 次，最高血压升 0.8 kPa，根据评分表上端的脉率变化以及表左边所表示的高血压的变化，可以查出脉搏在 +2 的一纵行数字和最高血压 0.8 的一横行数字的交叉点是"4"，这"4"就是评分值。受试者在旋转前后脉搏和血压的变化越小，所得的分数越高，即前庭器官功能稳定性越高，在 3 分以下是稳定性不良的表现。

② 最高血压变化一栏的数字，正数是表示上升的差数，负数代表下降的差数。

③ 表中最高血压变动数字" ± 0.26"是表示在 + 0.26 ~ - 0.26，"0.66"是表示 0.27 ~ 0.66，"1.06"是表示 0.67 ~ 1.06，" - 0.66"是表示 - 0.26 ~ - 0.66，其他依此类推。

④ 当脉搏压没有降低，最低血压变化若在 ± 1.33 ~ ± 2 kPa 时，要在查表所得分减 0.5 分；在 ± 2.12 ~ 2.67 kPa 时要减去 1 分；在 2.79 kPa 以上时要减 1.5 分。

⑤ 如遇到脉搏压降低时，就不能按最高血压的变化查表，而是把最高血压变动数字相加之和按负数查表。

二、前庭分析器受刺激时躯体性反应的观察

1. 运动反射观察法

（1）用粉笔在旋转椅正中的地面上画一条直线，6 ~ 7 m 长。

（2）受试者坐在旋转椅上，双脚沾点水，头前倾 30°，闭眼，以两秒钟一周的速度均匀地旋转 10 周，旋转椅停止转动后立刻抬头睁眼并站起来沿直线行走，尽量控制自己沿着直线行走。

（3）一人在旁边保护，并测量行走的脚印与直线之间的垂直距离，记录试验结果。

（4）试验结果分析，按四级分制评分。

① 旋转停止后，沿直线全程正常行走，偏离直线不超过 0.25 m 者，属于前庭稳定性好，可评为 5 分。

② 旋转停止后，沿直线全程正常行走，偏离直线不超过 0.5 m 者，得 4 分。

③ 旋转停止后，沿直线全程行走，偏离直线不超过 1.0 m 者，得 3 分。

④ 旋转停止后，2 s 站不起来，或行走时偏离 1.0 m 以外者，属前庭分析器不稳定，评分给予不及格。

2. 眼震颤观察法

人在做旋转运动时，引起眼球发生不随意的颤动，称眼震颤。眼震颤持续时间，正常人约持续 15 ~ 40 s，次数为 20 ~ 30 次正常，震颤时间过长或过短，说明前庭功能有过强或过弱的可能。

（1）受试者坐在旋转椅上，头前倾 30°，闭眼，以两秒钟一周的速度均匀地旋转 10 周（逆时针）。

（2）旋转椅停止转动后立刻抬头，睁眼，注视竖立在脸右侧上方的目标（手指或小棍），这时可观察到眼球有规律地左右震颤。

（3）记录眼球的震颤次数和持续时间。
（4）结果评定。

① 正常人旋转停止后，应有中等强度的水平性眼震颤，快动相方向与旋转方向相反，持续时间为 15~40 s。

② 前庭器官功能减退者，旋转停止后眼震颤消失或减弱，或持续时间过短。

③ 前庭器官功能亢进者，旋转停止后眼震颤持续时间延长，并伴有眩晕或恶心呕吐等症状。

注意事项

（1）严格按实验要求控制转椅的旋转速度，用节拍器控制不得忽快忽慢。旋转时让受试者坐稳，并加以保护，以免有人因眩晕掉下来。

（2）测定旋转后的植物性反应时，要做到及时而准确，因此，在旋转前要做好准备，如让受试者左上臂扎好血压计的袖带，以便旋转停止后，能立刻接上血压计的检压计，尽快而准确地测血压。另一主试者则要做好测量脉率的准备。

（3）在进行运动性反应观察时，受试者只能尽力沿正中直线行走，不能跑进。检测者要密切注意受试者的反应，做好保护，避免因眩晕跌倒或碰撞在其他物上而造成损伤。但也不要扶他行走，以免影响实验结果。

实验报告

（1）根据实验的原理及实验步骤完成实验后，详细写出自己的各项前庭反应指标的实验结果。

（2）对自己的实验过程和结果做出评价，并就运动对前庭功能的影响提出一些合理的建议。

课后练习

根据受试者的训练年限、项目等因素的差异，对测定结果进行统计分析。

实验九　无氧功率的测定与评价

实验目的

（1）掌握无氧功率的间接测定方法。
（2）如何用无氧功率来评价机体的能量供应系统。

实验原理

无氧代谢供能的过程主要包括磷酸原系统和糖酵解供能。不同能源物质供能的输出功率不同，表现出的运动能力也不同。

无氧功率是指在无氧条件下最短时间内发挥出最大作用力的能力。人的爆发力如跳跃、冲刺投掷或起跑的能力取决于能量转换的快慢,这种快速的功率与肌肉力量和收缩速度有关,其物质基础是与ATP-CP系统的能量来源有关。

应用与评价:玛格里亚和温盖特无氧功率测试,反映ATP、CP和糖酵解供能过程。在需要速度、又需要爆发力的短跑、举重、跳跃、冲刺等运动中,磷酸原系统起着相当大的作用,并直接影响着运动成绩。因此,可以用无氧功率来评定受试者的无氧能力。

实验器材

自行车测功计、听诊器(或心率遥测仪)、秒表、皮尺。

实验方法

(1)将全班分为3个大组,每组进行一种方法的测量,随后再轮换。每种方法测量时每3人一小组,其中1人为主试者,1人为主试助理,另1人担任受试者,做完一轮后,轮流交换角色进行操作。

(2)根据实验步骤,严格按标准操作,并请教师指导。

(3)根据不同的测量方法,做好实验结果记录。

实验步骤

一、萨扎特纵跳法(Sargent法,1921)

(1)测定站摸高高度,原地纵跳摸高高度。见图3-9-1。
(2)计算纵跳高度,连续测3次。
(3)以最好成绩代入公式计算无氧功率。

根据下列公式计算功率

$$P = W \times \sqrt{0.5gH} \times 9.8$$

式中　P——功率($J \cdot s^{-1}$);
　　　W——体重(kg);
　　　g——重力加速度($m \cdot s^{-2}$);
　　　H——纵跳高度(m)。

图3-9-1　原地跳摸高

二、玛格里亚-卡耳曼(Kalamen-Margaria)无氧功率测试法(跑楼梯法,1968)

(1)听到发令后从6 m远地方助跑,以一步3个阶梯跑到第9个阶梯,测定第3阶梯到第9阶梯所需要的时间。连续测3次,见图3-9-2。

第三章 运动生理学实验

图 3-9-2 玛格里亚卡耳曼测试法

（2）以最好成绩代入公式计算无氧功率。

$$功率(kg \cdot m/s) = \frac{体重(kg) \times 楼阶垂直距离(1.05\ m)}{蹬楼阶时间(s)}$$

（3）评价见表 3-9-1。

表 3-9-1 根据 Margaria 测验评价磷酸原系统功率输出能力分级表（单位：$kg \cdot m \cdot s^{-1}$）

级别	性别	年龄				
		15～20	21～30	31～40	41～50	51～60
差	男	<113	<106	<85	<65	<50
	女	<92	<85	<65	<50	<38
一般	男	113～149	106～139	85～111	65～84	50～65
	女	92～120	85～111	65～84	50～65	38～48
中等	男	150～187	140～175	112～140	85～105	66～82
	女	121～151	112～140	85～105	66～82	49～61
很好	男	188～224	176～210	141～168	106～125	83～98
	女	152～182	141～168	106～125	83～98	62～75
优秀	男	>224	>210	>168	>125	>98
	女	>182	>168	>125	>98	>75

三、温格特法（Wingate 法，1977）

（1）先测身高、体重、肺活量、皮脂厚度。

（2）做准备活动。先让受试者根据自己的情况调节坐垫高度，受试者不加负荷、速度 80 转/min，在功率自行车上蹬车 2～4 min，使其心率上升到 150～160 次/min，其中做 2～3 次/min（每次持续 4～8 s）全力蹬车。

（3）准备活动后受试者休息 3～5 min。

（4）Wingate 法正式测试：操作者 A 打开电脑中的 Wingate 文件夹，选择 Select File，然后用键盘上的上下移动键选择文件（可以创建一个新的文件 New file，也可继续使用已有的文件名），选择好以后进入新的测试（New Measurement），输入受试者的基本情况，包括学号（ID-number），姓名（Name），体重（BodyWeight，单位用 kg），身高（Height）。然后根据受试者体重的 7.5% 电脑自动设置负荷，操作者 B 根据电脑提示加好功率自行车的阻力负荷（注意负荷篮子有 1 kg 重量）。等操作者 B 加好重量，拉起拉线，操作者 A 可以打回车，此时电脑左上方显示"Waiting For Start Pulse"，只要操作者 B 把拉线一放，测试即刻开始。操作者 B 发出口令"开始"后，受试者以最快速度全力蹬车 30 s，电脑屏幕每隔 5 s 将显示出 Rpm 和 Power，即每秒自行车的转速和受试者所做的功，30 s 运动后记录电脑显示的最大功、平均功。

（5）整理活动：测试结束后，受试者进行放松活动 2~3 min，同时运动负荷尽快减轻。

计算：

发出口令后，受试者用全力以最快速度蹬车 30 s，同时每隔 5 s 记录蹬踏圈数和心率，然后计算成绩。

$$功率（W）= 负荷阻力（kg）\times 圈数 \times 11.765（monark 自行车适用）$$

① 最高无氧功率（PAP）：以前 5 s 的圈数为准，所得的瓦特数为 PAP，反映 ATP、CP 供能能力。

② 平均无氧功率（AAP）：6 个 5 s 圈数相加除以 6，经平均后所得为 AAP，反映 CP 和糖酵解的最大能力。

③ 无氧功率递减率（APD）：反映无氧供能条件下疲劳程度的指数。

$$A.P.D = \frac{最高无氧功率值 - 最低无氧功率值（W）\times 100}{最高无氧功率值}$$

④ 无氧功率的评价。见表 3-9-2。

表 3-9-2 无氧工作能力测试参考标准

性别	最大功（W/kg）		平均功（W/kg）		纵跳（cm）	
	一般	优秀	一般	优秀	一般	优秀
男	9.9	12.1	7.7	8.7	44.0	70.1
女	8.2	11.2	6.4	7.4	28.0	53.3

注意事项

（1）玛格里亚和温盖特无氧功率测试前，应试练几次，以熟悉动作过程。

（2）各种实验前受试者应该充分做好准备活动，以免受伤。

（3）运动结束后及时进行整理活动，以防发生头晕等重力休克现象。

实验报告

（1）根据实验原理及实验步骤完成实验后，写出自己 3 种测量方法的实验结果，并注意有无异同。

（2）对自己的实验过程和结果做出评价，并就如何提高自己的无氧功率提出一些合理的看法。

课后练习

将全班同学所测的数据,按不同专项特长和训练程度进行统计和分析。

实验十 最大摄氧量的直接和间接测定与评价

实验目的

(1) 学习最大摄氧量的直接和间接测定方法。
(2) 掌握人体耐力水平的评价指标。

实验原理

人体在进行有大量肌肉参加的长时间激烈运动中,心肺功能和肌肉利用氧的能力达到本人极限水平时,单位时间所能摄取的氧量称为最大吸氧量(maximal oxygen consumption, V_{O2max})。通常以每分钟为计算单位。最大摄氧量的测定方法分为直接测定法和间接测定法。

V_{O2max} 直接测定法:V_{O2max} 的直接测定法一般采用跑台或功率自行车进行测定。测定时要求以呼吸循环系统为中心的各器官系统,充分而最大限度地参加运动。运动过程中有递增法和间歇法两种。通过气体分析仪器,收集受试者的呼出气,达力竭运动负荷时测出运动中的最大摄氧量。直接测定法所测出的数据较准确,但费时间,实验程序复杂,并且需要较贵重的仪器和一定的技术。同时,测定时所进行的激烈运动,对于体弱和中老年人比较危险。

V_{O2max} 间接测定法:由于心率、功率和吸氧量在一定范围内呈线性关系,因此可利用人体在进行亚极量运动时,机体处于稳定状态时的功率和心率,推测出受试者的最大摄氧量。

应用与评价:人体进行有氧耐力运动时,最大摄氧量反映机体呼吸、循环系统氧运输工作的能力。最大摄氧量可用于综合判断人的体质状况和运动能力水平,它是评价有氧工作能力的最佳指标,是心肺功能、肌肉耐力以及意志品质的最佳综合反应。最大吸氧量是有氧耐力的基础,其值越大有氧耐力水平越高,目前,已广泛应用于运动员的选材及运动训练程度的评定。

实验器材

MAX-Ⅰ运动心肺系统、功率自行车、心率遥测仪。

实验方法

(1) 人员分工:心率测定操作者1人,控制运动负荷强度者1人,安全保护者1人,计时1人,记录1人及总指挥1人。
(2) 实验步骤较为复杂,严格按标准操作。如遇问题及时请教师指导。
(3) 注意运动状态中各项生理指征的把握,以防出现危险或运动损伤。

实验步骤

一、运动现场直接测定法

（1）连接仪器，打开电源，对 MAX-Ⅰ运动心肺系统进行调试、校准（心率调试、机器调零、通气流量、气体自动定标）。

（2）输入受试者的个人资料。

（3）让受试者坐在功率自行车上，调节座位高度，使之与腿长相适应。

（4）给受试者戴上心率遥测仪，口含呼吸口嘴，夹上鼻夹。

（5）开始进行负荷运动测定最大摄氧量。在功率自行车上设定递增负荷，基础负荷为 50 W，每 3 min 递增 50 W。递增负荷运动见表 3-10-1。

表 3-10-1 递增负荷运动参数

Bruce 方案（活动跑台）			McArdle 方法（功率自行车）		
速度（mph）*	坡度（%）	时间（min）	蹬圈数（r/min）	功率（W）	时间（min）
1.7	10	3	60	30	2
2.5	12	3	60	60	2
3.4	14	3	60	90	2
4.2	16	3	60	120	2
5.0	18	3	60	150	2
5.5	20	3	60	180	2
6.0	20	3	60	210	2
6.0	22	3			

（6）令受试者以 60 转/min 蹬车，直至力竭。最大摄氧量的判断方法：当受试者在运动中感到力竭时，测试者可用以下 4 种情况中任何 3 种同时出现时来确定：① V_{O_2max} 不再增加而出现平台；② 呼吸商大于 1.15；③ 心率大于 180 次/min；④ 血乳酸浓度大于 8 mmol/L。

（7）测得最大摄氧量后，跑台慢慢减速到开始准备活动时的强度，受试者进行慢跑至步行整理活动，同时可摘下呼吸面罩或口嘴，然后停机并摘下呼吸面罩（或口嘴）及心率遥测仪（或电极）。

（8）MAX-Ⅰ运动心肺系统每 30 s 记录运动过程中的呼吸商、通气量、心率、摄氧量等指标，运动结束后可打印结果。见图 3-10-1。

---

* mph：非法定计量单位，mile per hour（英里每小时）

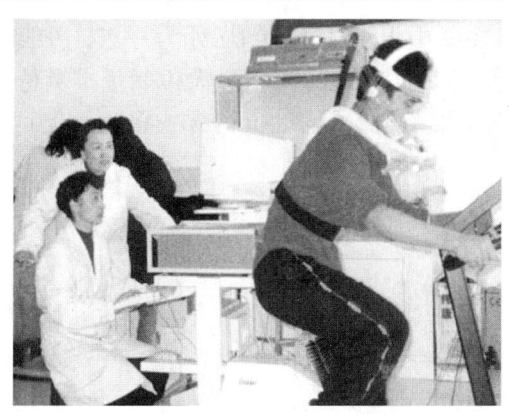

图 3-10-1　最大摄氧量的直接测定法

二、实验室间接测定法

1. Astrand-Ryhming 列线图推算方法

（1）人员分工：心率测定操作者 1 人，控制运动负荷强度者 1 人，安全保护者 1 人，计时 1 人，记录 1 人及总指挥 1 人。

（2）受试者称体重，然后安装心率遥测带（或电极），测定受试者坐位安静时心率。

（3）达安静时指标后，令受试者上跑台（或功率自行车、台阶）。

（4）进行次极限运动负荷（运动负荷方法可选择表 3-10-2 中任何一种递增负荷运动或台阶实验），测定最后 2 min 的平均心率（或脉搏）。

① 递增负荷运动。

表 3-10-2　运动负荷的方法

性别	固定运动负荷法			递增负荷运动法		
	转速（r/min）	功率（W）	时间（min）	转速（r/min）	功率（W）	时间（min）
男	60	150	6	60	30	2
女	60	100	6	60	60	2
男				60	90	2
女				60	120	2

② 台阶实验。

这种负荷运动一般进行 5 min 持续运动，再以 25 次/min 的速度进行连续上下蹬踏台阶运动（台阶高度：男子为 40 cm，女子为 33 cm），测定结束后第一个 10 s 的心率，乘以 6，作为恢复期第 1 分钟的心率，用 Astrand-Ryhming 计算图推测最大摄氧量。见图 3-10-2。

（5）最大摄氧量的推测方法。

见图 3-10-3，此图是 25 岁，最高心率 200 次/分的受试者使用，可用图中修正其他不同条件的受试者。例如：20 岁男子，体重 50 kg，台阶实验（见图 3-10-2）最后 2 min 的平均心率 156 次/min，可在图 3-10-3 中男子体重 50 kg 处为一点，引线到男子心率 156 次/min 处，交叉于最大摄氧量 2.4 L 点，然后此数值经图中最大摄氧量推测值修正表的年龄修正后的值，可作为该受试者的最大摄氧量推测值。（运动负荷方式多种，但运动最后 2 min 的心率应在 120 次/min 以上。

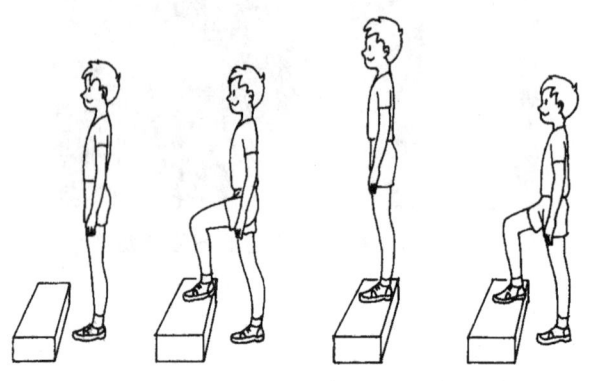

图 3-10-2　台阶试验

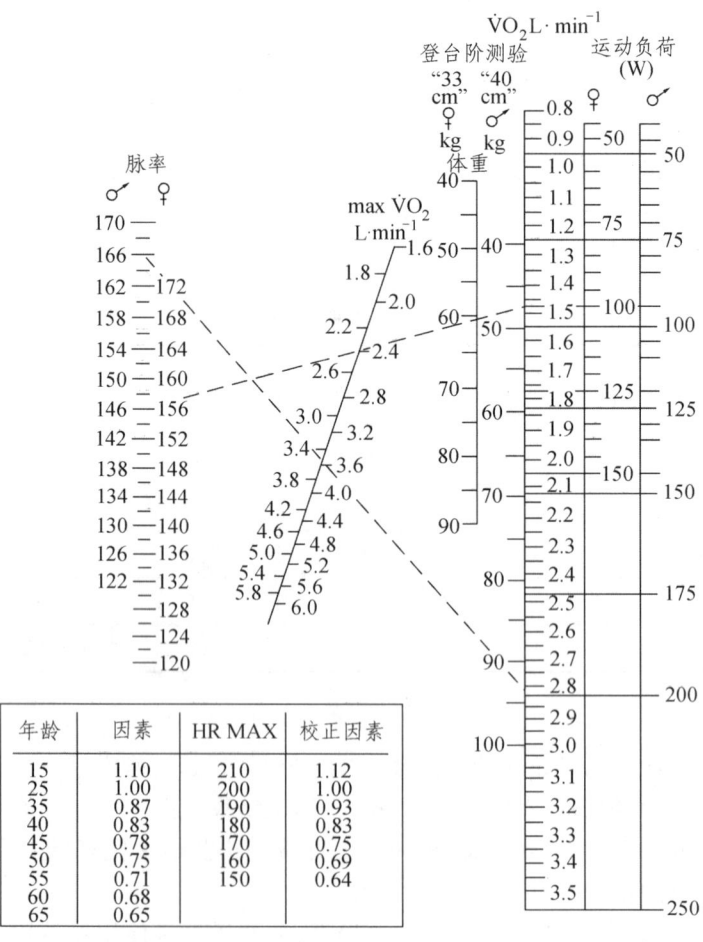

图 3-10-3　Astrand-Ryhming 列线图

2. 利用回归方程式推算

（1）受试者称体重，测定受试者坐位安静时的心率，达安静时指标后，令受试者进行踏台阶。台阶高度男子的为 40 cm，女子为 33 cm。以 25 次/min 速度进行上下踏台阶运动，持续运动 5 min，测定最后 30 s 的心率或脉搏，推测摄氧量。

（2）将所测之值代入如下回归方程式，得出人体最大吸氧量预测值。

青年体育爱好者：$Y = 1.4888 + 0.038X_1 - 0.0049X_2$

周期性项目二级以上水平运动员：$Y = 3.769 + 0.0388X_1 - 0.0192X_2$

Y 代表最大吸氧量预测值，X_1 代表体重（kg），X_2 代表负荷后心率（次/min）

（3）结果评价。可根据表 3-10-3 来进行有氧工作能力的评定。

表 3-10-3　有氧工作能力的级别评定

年龄	最大吸氧量（$L \cdot min^{-1}$）（$mL \cdot kg^{-1} \cdot min$）				
	低	稍低	中等	高	很高
女					
20～29	≦1.69	1.70～1.99	2.00～2.49	2.50～2.79	≧2.80
	≦28	29～34	35～43	44～48	≧49
30～39	≦1.59	1.60～1.89	1.90～2.39	2.40～2.69	≧2.70
	≦27	28～33	34～41	42～47	≧48
40～49	≦1.49	1.50～1.79	1.80～2.29	2.30～2.59	≧2.60
	≦25	26～31	32～40	41～45	≧46
50～65	≦1.29	1.30～1.59	1.60～2.09	2.10～2.39	≧2.40
	≦21	22～28	29～36	37～41	≧42
男					
20～29	≦2.79	2.80～3.09	3.10～3.69	3.70～3.99	≧4.00
	≦38	39～43	44～51	52～56	≧57
30～39	≦2.49	2.50～2.79	2.80～3.39	3.40～3.69	≧3.70
	≦34	35～39	40～47	48～51	≧52
40～49	≦2.19	2.20～2.49	2.50～3.09	3.10～3.39	≧3.40
	≦30	31～35	36～43	44～47	≧48
50～59	≦1.89	1.90～2.19	2.20～2.79	2.80～3.09	≧3.10
	≦25	26～31	22～39	40～48	≧44
60～69	≦1.59	1.60～1.89	1.90～2.49	2.50～2.79	≧2.80
	≦21	22～26	27～35	36～39	≧40

注：上行（如 1.69）用 $L \cdot min^{-1}$ 表示，下行（如 28）用 $mL \cdot kg^{-1} \cdot min$ 表示。

三、运动现场间接测定法

12 min 跑测定法：

受试者在运动场跑道上，以匀速尽力跑完 12 min 的距离为运动成绩，代入公式计算，查表推测最大摄氧量值。运动场地为 200 m 或 400 m。每 50 m 为一个单位，可分 4 或 8 个区域。

（1）受试者做完准备活动后，在起跑线由测试者喊口令"开始"按表计时，记录者记录跑圈数。

（2）12 min 时间到时，测试者立即鸣哨，受试者听到后立即停止跑步，可在原地活动。记录者记录成绩（圈数）。

（3）将跑圈数代入：

200 × （圈数）+ 50 × （区域）= 12 min 跑的距离
400 × （圈数）+ 50 × （区域）= 12 min 跑的距离

（4）根据 12 min 跑的距离，查表 3-10-4 中所对应的最大摄氧量值为受试者的最大摄氧量。

表 3-10-4　12 min 跑测验成绩（m）与最大摄氧量（mL·kg^{-1}·min^{-1}）

距离（m）	<30岁	30~39岁	40~49岁	>50岁	最大摄氧量等级
<1610	25.0	25.0	25.0		非常差
1610~1990	25.0~33.7	25.0~30.0	25.0~26.4	25.0	差
2000~2390	33.8~42.5	30.2~39.1	26.5~35.4	25.0~33.7	普通
2400~2800	42.6~51.1	39.2~48.0	35.5~45.0	33.8~43.0	好
2810+	51.6+	48.1+	45.1+	43.1+	优秀

注意事项

（1）保持室温在 19~21 ℃，湿度在 40%~60%。

（2）受试者在实验前需进行心电图检查，正常者可进行测定。受试者在实验前 1 h 禁止饮食和吸烟。

（3）注意受试者在运动中的不正常反应，其主观感觉不适时，可举手示意立即停机（停止运动），检测者应充分注意安全保护。

（4）保证运动过程中气体采集系统不漏气，受试者以口呼吸，而不是鼻呼吸。

（5）操作气体分析仪时，注意气体代谢各指标的变化，特别是达到力竭运动及最大摄氧量出现时的准确性。

（6）最大摄氧量的判断标准是：

① 负荷功率继续增加的情况下，V_{O_2} 保持不变甚至稍有下降。

② 呼吸交换率≥1.10。

③ 负荷心率≥180 次/min。

④ 血乳酸≥10 mmol/L。

实验报告

（1）根据实验的原理及操作规程完成实验后，写出自己的实验结果并对自己的实验过程和结果做出评价。

（2）结合实际就如何提高有氧耐力水平提出一些看法。

课后练习

比较不同专项运动员最大摄氧量的绝对值和相对值，并分析其特征。

实验十一　体脂百分比的测定与评价

实验目的

（1）学习体脂百分比的测定方法。
（2）掌握推算体脂百分比、体脂重和瘦体重的方法，分析评价体成分与健康的关系。

实验原理

人体脂肪分布有一定的规律，通常 2/3 存在于皮下，1/3 存在于身体内部、脏器周围，皮下脂肪厚度与体脂总量有一定的比例关系，因此，皮褶厚度的测量不仅可以反映体脂分布情况，也可以从不同部位的皮褶厚度推算出体脂总量。但反映全身体脂含量的程度受年龄、性别、总脂肪量及测量部位和技术的影响。一般情况下，同年龄女性皮下脂肪要多于男性；同性别年轻人皮下脂肪要多与老年人。体脂率对运动成绩非常重要，几乎所有运动项目中，高水平的运动员的体脂率都大大低于一般人的平均值，尤其在耐力项目中。

生物电阻抗法测量的原理：在构成身体的组织中，水分多的组织（如肌肉、血管等）易导电，其电阻率低，而脂肪组织几乎不导电。通过身体内流过的微弱电流来测量身体的电阻值，从而推量出脂肪与其他组织的比率，叫生物电阻抗法。

水下称重法的测量原理：人体是由各种组织构成的，根据尸体研究，体脂密度和去脂体质密度分别为 0.90 g/cm^3 和 1.10 g/cm^3。身体内脂肪和非脂肪组织量的不同，身体密度也不同，因此通过身体密度可推算出人体脂肪含量。水下称重法是经典的体成分估算方法，当人体浸于水中，其浮力等于身体排开水的重量。通过人体在水中和陆上的体重变化来计算人体体积和身体密度，从而推算出体脂百分比、体脂重和瘦体重。

应用与评价：

皮脂厚度计测量法所测得皮下脂肪厚度包括皮肤的厚度，不同个体皮肤压缩率的差异会造成测量误差，对于过度肥胖和皮下脂肪坚实者不很实用。但该方法简便易行，尤其适合大面积普查，目前在国内外被广泛应用。

测量计算后，将所得体脂百分比数值与表 3-11-1 和表 3-11-2 对比，可以分析评价个人和全班学生的体成分状况和健康风险。

表 3-11-1　根据体脂百分比划分的身体成分等级

年龄性别	体脂过少	非常好	很好	正常	体脂多	体脂过多
男 ≤19	<3	12.0	12.1~17.0	17.1~22.0	22.1~27.0	≥27.1
20~29	<3	13.0	13.1~18.0	18.1~23.0	23.1~28.0	≥28.1
30~39	<3	14.0	14.1~19.0	19.1~24.0	24.1~29.0	≥29.1
40~49	<3	15.0	15.1~20.0	20.1~25.0	25.1~30.0	≥30.1
≥50	<3	16.0	16.1~21.0	21.1~26.0	26.1~31.0	≥31.1
女 ≤19	<12	17.0	17.1~22.0	22.1~27.0	27.1~32.0	≥32.1
20~29	<12	18.0	18.1~23.0	23.1~28.0	28.1~33.0	≥33.1
30~39	<12	19.0	19.1~24.0	24.1~29.0	29.1~34.0	≥34.1
40~49	<12	20.0	20.1~25.0	25.1~30.0	30.1~35.0	≥35.1
≥50	<12	21.0	21.1~26.0	26.1~31.0	31.1~36.0	≥36.1

注：参考 Werner W.k. 2003

表 3-11-2　超重、肥胖诊断的体脂百分比标准及其与疾病危险的关系

	肥胖等级	体脂%（Fat%）	疾病危险（腰围 cm）	
			男 ≤102 女 ≤88	男 >102 女 >88
低体重		<20	—	—
正常体重		20~25	—	—
超重		26~31	有增加趋势	高
肥胖	Ⅰ级（轻度肥胖）	32~37	高	很高
	Ⅱ级（中度肥胖）	38~45	很高	很高
	Ⅲ级（重度肥胖）	>45	非常高	非常高

注：疾病危险：Ⅱ型糖病、高血压、心血管疾病等。

生物电阻抗法具有方便快速、简捷、成本低廉、无创和安全等特点，适用于各个人群，有广阔的应用前景，目前，在医疗康复机构、健身俱乐部、营养研究机构、一般家庭使用较为普遍。随着电阻抗技术的不断发展，已有站立式、手捏式、手脚并用式测量仪问世。然而，生物电阻抗法测得的体脂含量准确性仍需深入研究。体脂百分比与健康关系的评价参见表3-11-2。

从肥胖程度、身体质量指数、基础代谢、身体细胞量、身体表面积和身体密度6项来评价一个人营养状况和新陈代谢的状况。从肌肉类型、营养状况和肢体平衡（上下平衡和左右平衡）3方面来整体评价一个人的身体形态。

身体成分的测量，可以反映人的营养状况和体质水平。所以，通过测量人的身体成分，

不仅可以评价青少年儿童的营养状况和发育水平，而且还能为制订合理的训练计划、科学指导膳食营养、有效控制体重和对训练过程进行医学观察提供客观依据。

实验器材

皮褶厚度计、围尺、人体成分分析仪、体重秤、80 cm × 80 cm × 180 cm 的水箱及相配备盘秤、肺活量计、温度计、皮尺、泳衣、肥皂等。

实验方法

（1）将全班分为 3 个大组，每组进行一种方法的测量，随后再轮换。每种方法测量时每 2 人一小组，其中 1 人为主试者，另 1 人担任受试者，做完一轮后，轮流交换角色进行操作。

（2）注意找准实验过程中测量皮褶厚度的部位，并严格按标准操作。

（3）严格要求，均重测 3 次取平均数，做好记录。

实验步骤

一、皮褶厚度计测定法

皮褶厚度计各部名称：把柄、上臂、下臂、接点、刻度盘、调整零位圈、压力调节旋纽，见图 3-11-1。

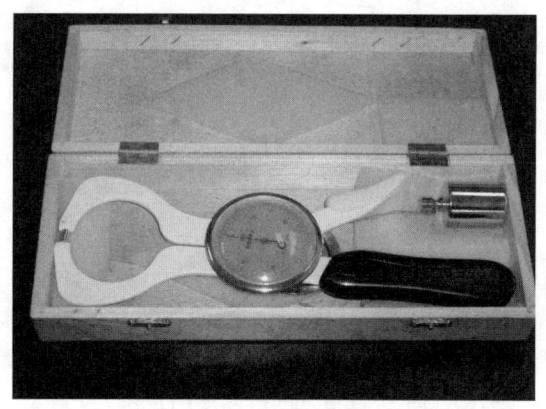

图 3-11-1　皮褶厚度计

1. 校正皮褶厚度计

（1）测量前应先校验卡钳，将砝码挂于钳口，调整指针至红色标记刻度的 15~25 mm 范围内。

（2）调零：转动圆盘将指针对准刻度表上的"0"位。

（3）校正压力：将皮褶厚度计两个接点间的压力调到国际规定的 0~10 g/mm^2 的范围内。见图 3-11-2。

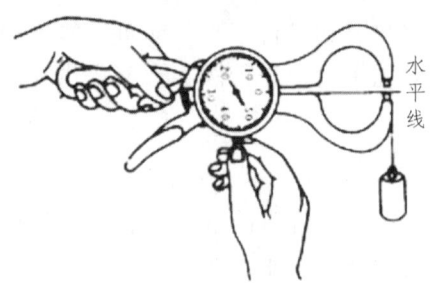

图 3-11-2 皮脂厚度计较正

2. 测　　试

（1）受试者自然站立，暴露身体的右侧测量部位。躯干测量部位：肩胛下角、胸部、腹部和髂前上棘等；四肢测量部位：肱三头肌和大腿等部位（见图 3-11-3。女性常测部位：肱三头肌、髂前上棘和大腿部位的皮褶厚度；男性常测部位：胸部、腹部和大腿部位的皮褶厚度。

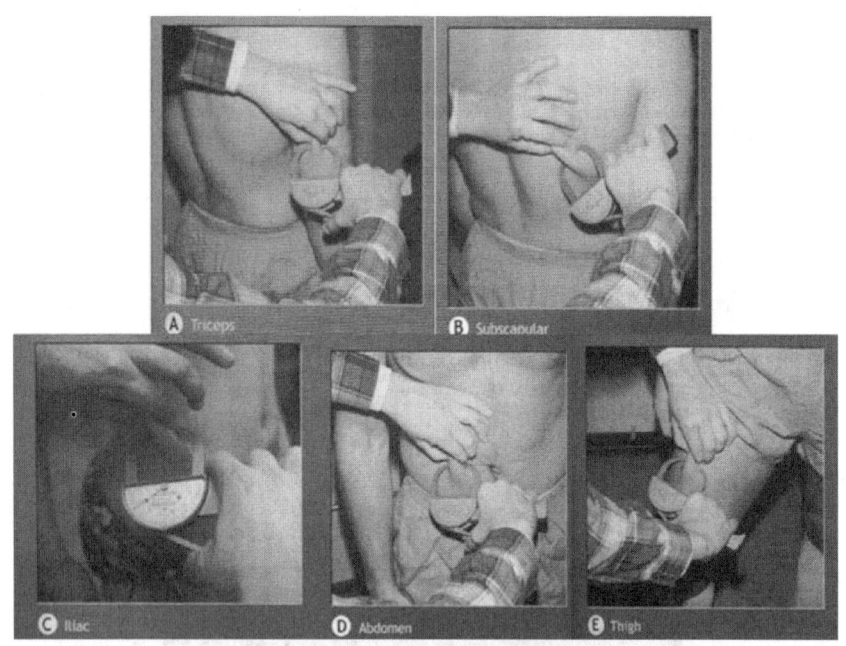

图 3-11-3　皮褶厚度测定法

A．上臂部 B．肩胛下角 C．髂前上棘 D．腹部 E．大腿部

（依 William D. McAdle　2001 Figure 28.11）

各测量部位定位如下：

① 胸部：位于男性腋前线和乳头的斜向连线中点处。

② 上臂部：上肢自然下垂，于肩峰与尺骨鹰嘴突连线中点处，垂直捏起皮褶。

③ 腹部：脐旁 1 cm 处，垂直捏起皮。

④ 髋部：髂嵴上方其水平线与腋中线交界处，垂直捏起皮褶。

⑤ 大腿部：腹股沟中点与髌骨上缘中点连线的中点，皮褶方向与大腿纵轴平行。

（2）测量时，测试者选准测量点，测试者右手持皮褶厚度计，左手拇指和食指将受试者所测部位的皮肤捏紧提起。拇指、食指间应保持适当距离，然后将张开的皮褶厚度计距离手指捏起的部位 1 cm 处钳入，右手指将皮褶厚度计的把柄松开，读出指针的数值并记录。每个部位应重复测 2 次，2 次所测数值误差 < 5%。

3. 计 算

将褶厚度（mm）测量数据带入相应身体密度公式，计算身体密度值，再将身体密度值代入 Siri 或 Brozek 预测公式，计算体脂百分比。

（1）Jackson、Pollock 和 Ward 的身体密度公式。

$$身体密度（男）= 1.1125025 - 0.0013125 \times (X_1) + 0.0000055 \times (X_1) \times 2 - 0.0002440 \times (X_2)$$

$$身体密度（女）= 1.0897330 - 0.0009245 \times (X_1) + 0.0000055 \times (X_1) \times 2 - 0.0000979 \times (X_2)$$

式中　X_1——男：胸部 + 肱三头肌 + 肩胛下角皮褶厚度；
　　　　　女：髂前上棘 + 肱三头肌 + 腹部皮褶厚度；
　　　X_2——年龄（岁）。

（2）张薇、徐冬青（1999）等对国人资料研究后初步建立的国人身体密度公式。

$$身体密度（男）= 1.0991 - 0.0005 \times 腹部 - 0.0004 \times 肩胛下角 - 0.0005 \times 大腿 - 0.0003 \times 年龄$$

$$身体密度（女）= 1.0837 - 0.0004 \times 肱三头肌 - 0.0004 \times 腹部 - 0.0004 \times 大腿 - 0.0003 \times 年龄$$

（3）计算出体脂百分比。

Siri 公式（1956 年）：

$$体脂百分比 = (4.950/身体密度 - 4.500) \times 100$$

Brozek 等公式（1963 年）：

$$体脂百分比 = (4.570/身体密度 - 4.142) \times 100$$

（4）我国现阶段学龄儿童少年体脂百分比的调查也都采用皮褶厚度法来间接估算体脂量。常用公式有：

$$男生：体脂百分比 = 6.930 + 0.428X$$
$$女生：体脂百分比 = 7.896 + 0.458X$$
$$X（皮褶厚度 mm）= 肱三头肌 + 肩胛下角$$

（5）根据体脂百分比计算体脂重和瘦体重。

$$体脂重（kg）= 体重（kg）\times 体脂百分比$$
$$瘦体重（kg）= 体重（kg）- 体脂重（kg）$$

二、生物电阻抗法

使用生物电阻体成分分析仪进行测量的实验步骤如下：

（1）选择受试者的个人资料，或是通过新增受试者的个人资料来进行测试。

（2）个人资料编辑结束后，受试者站到底座上，摆正好自己的站姿和握姿。受试者平躺于测试平台上，两脚自然分开，与肩齐，手臂自然放置，掌心向下。采用国际标准（4极片式），在受试者左侧腕关节、踝关节、手背掌指关节、足背跖趾关节等4个部位贴电极片（见图 3-11-4），电极片安放之前用酒精棉球擦拭相应部位皮肤。

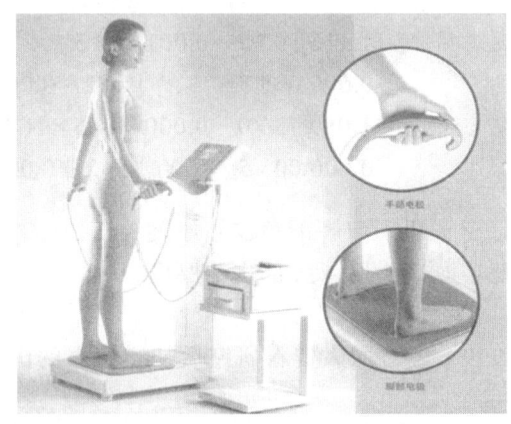

图 3-11-4　生物电阻体成分分析仪

（3）点击个人资料中的"测试"按钮，或是从"INBODY"菜单项中选择测试，或是点击图标。

（4）几秒钟后，受试者的个人资料向 INBODY 3.0 中传输，测试开始，过程滚动条显示。如果要停止该操作，点击"取消"按钮。

（5）人体成分测试数据全部显示完成之后，点击"确定"按钮，测试完成。

三、水下称重法

实验主要步骤如下：

1. 残气量的测量

一般采用 2 种方法：第 1 种是常数法，此法把男子的残气量定为 1 300 mL，女子定为 1 000 mL；第 2 种是肺活量法，此法设定男子的残气量相当于肺活量的 24%，女子的残气量为肺活量的 28%。此法要求是用同一个肺活量计，且肺活量要测到 6 次或 6 次以上。

也可用以下公式估算余气量（R_V）：

成年男子 $R_V = 0.240 \times V_C$

青年男子 $R_V = 0.198 \times V_C$

成年女子 $R_V = 0.280 \times V_C$

青年女子 $R_V = 0.259 \times V_C$

注：V_C 表示肺通气量。

2. 身体密度的测量

（1）陆上体重测量：常规体重测量。

（2）水中体重测量：测量步骤如下。

① 受试者着泳衣，下水前应排净大小便。

② 受试者最好使用肥皂清洗身体，完全弄湿毛发和泳衣。此步骤在水中称重时尤其重要。

③ 记录下水前座椅重量，包括铅块及紧身带等附件的重量。

④ 受试者下到水中，先站立，排净泳衣内气泡，后坐在椅上，夹上鼻夹，学会在空气中吸气，在水中吐气。

⑤ 确认椅子湿透和所有管道的空气皆已排净。

⑥ 受试者慢而用力吸气，闭气 5 s，然后开始正常呼吸。受试者学习水中吐气后，上水面吸一口或两口气。在水内最大力吐气时上身前倾，靠近大腿，在无气可吐之时闭气并默默数字，直到主试者记下水中体重，拍水箱边通知受试者为止。

⑦ 在受试者吐尽肺内气体后，当体重秤的指针不再上下振动时，记录水中体重读数。若指针不停上下振动，可以记录其中间值。

⑧ 记录 8～10 次水中重量，中间间隔时间视受试者的感受和意愿而定，通常 5～6 min 已足够。

⑨ 再一次测量座椅等附件重量，核对是否与下水之前的重量一致。见图 3-11-5。

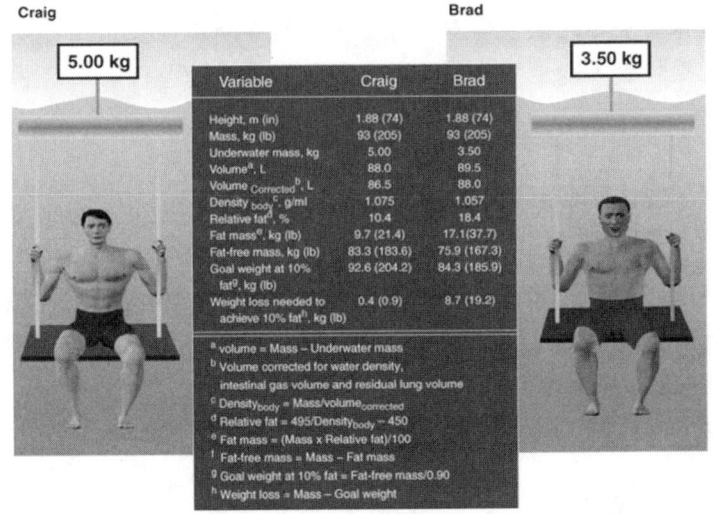

图 3-11-5　水下称重法

3. 身体密度的计算

$$身体密度 = \frac{陆上体重(kg)}{\frac{陆上体重(kg) - 水中体重(kg)}{水的密度(kg/mL)} - 残气量(mL)}$$

不同温度时水的密度不同，常用值见表 3-11-3。

表 3-11-3　不同温度水密度常用值

温度（°C）	密度（g/mL）	温度（°C）	密度（g/mL）
21	0.998 0	31	0.995 4
22	0.997 8	32	0.995 1
23	0.997 5	33	0.994 7
24	0.997 3	34	0.994 4
25	0.997 1	35	0.994 1
26	0.996 8	36	0.993 7
27	0.996 5	37	0.993 4
28	0.996 3	38	0.993 0
29	0.996 0	39	0.992 6
30	0.995 7	40	0.992 2

4. 计算体脂百分比：

体脂百分比 =（4.950/身体密度 - 4.500）× 100　　（Siri 公式）

体脂百分比 =（4.570/身体密度 - 4.142）× 100　　（Brozek 等公式）

体脂重（kg）= 体重（kg）× 体脂百分比

瘦体重（kg）= 体重（kg）- 体脂重（kg）

注意事项

一、皮脂厚度计测量法

（1）利用皮褶厚度计测量时，要注意精确测量，刻度盘和钳口应经常校正。

（2）捏皮褶时用力要均匀，保持恒定，不应连带肌肉。因皮肤具有弹性，捏起皮褶后会慢慢回缩，所以还应及时测量。

（3）测试应分室或有屏风幕布分隔，男女分开，便于测量。

二、生物电阻抗测量法

（1）测量时，尽量少穿衣服，确保手脚直接与电极接触。

（2）开机后预热 5 min，期间禁止站人。

（3）先开打印机，再打开电脑，等个人资料编辑结束后方可进行测试。测试完后，先关闭电脑，再关闭打印机。

（4）由于测量前的运动、饮食、脱水和生物节律变化等都会影响测量值，因此要注意测量条件尽量保持一致。

三、水下称重法

（1）测试者要穿紧身泳装，放松，平静呼吸，在水下的姿势要符合要求，尽量保持体位不变。

（2）测量时水温保持在 33～37 ℃。

（3）应经常校准体重秤的精确度，刻度盘避免浸水，实验后应即时取出、晾干，并喷上防锈油。

实验报告

（1）根据实验原理及实验步骤完成实验后，写出自己的实验结果。

（2）对自己的实验过程和结果做出评价，分析几种方法的优缺点和适用范围。

（3）体脂百分比的测量有何应用价值。

课后练习

1. 将全班同学所测的数据按不同的性别、专项特长和训练程度进行统计。比较不同项目运动员的体脂率，与运动项目的相关性如何？

2. 对测试结果进行分析和评价，并给受试者提出合理的建议。

实验十二　运动性疲劳的判定与评价

实验目的

（1）掌握运动性疲劳的生理指标测定方法。

（2）了解运动性疲劳的评定方法。

实验原理

人体疲劳时，各器官系统功能都下降。下降的程度和疲劳程度有关。因此，测定运动前后一些生理指标的变化，可以判断是否出现疲劳及疲劳程度。

运动性疲劳是人体进行连续多次的大负荷运动，机体不能在"预定和/或特定"时间、空间里重新建立适应性平衡的、复杂的功能变化过程。由于运动的负荷和性质不同，会对人体功能产生不同影响。因此，运动性疲劳的诊断依据运动负荷的性质进行。

不同时间的全力运动和不同代谢类型的运动项目，疲劳的特征不相同。短时间最大强度运动性疲劳是由于肌细胞内代谢变化导致 ATP 转换速率下降所致。长时间中等强度运动性疲劳往往与能源贮备运用过程受抑制有关。

非周期性的练习或混合性练习，其技术动作的不断变化是加深运动性疲劳的重要因素。要求精力高度集中以及运动中动作多变的练习，则较易产生疲劳。

静力性练习时，中枢神经系统的相应部位持续兴奋，肌肉中血液体供应减少以及憋气引起的心血管系统功能下降是产生疲劳的主要原因。

疲劳的消除要依据恢复过程的一般规律和机体能源贮备的恢复特点以及促进人体功能恢复的措施进行。

应用与评价：准确判断运动训练后的疲劳程度，对于合理安排运动负荷、防止过度疲劳有重要的意义。

实验器材

肺活量计、反应时测定仪、膝反射阈测定器、血压计、听诊器、诊断床、两脚规、闪烁值测定仪和秒表。

实验方法

（1）将全班分为4大组，每组先选一种测量方法，然后轮换。每2人一组，其中1人为主试者，另1人为受试者，做完一轮后，轮流交换角色进行操作。

（2）安静时与运动后指标的测量要对等。根据实验步骤，严格按标准操作。

（3）注意各项指标测量要求，并及时做好记录。

实验步骤

一、安静时指标测量

（1）反应时：受试者取坐姿，用反应时测定仪（见图3-12-1）连续测定5次红灯信号反应时（每次间隔10 s），取其平均值。

图3-12-1　反应时测定仪

（2）呼吸肌力量耐力：连续测定受试者5次肺活量（每间隔15 s测定1次），记录每一次的肺活量值。

（3）膝反射阈：受试者闭上眼睛，坐在椅子上，小腿下垂，检测者将膝反射阈测定器上的重锤（H为200 g）调节到正好对准膝盖下髌韧带的中央，从角度计（M）5°的高度上开始让重锤落下，叩打腱部，以后每次增加下落角度5°，间隔5 s让重锤落下叩打腱部，直至引起膝跳反射动作的最小落下角度，就是阈值。

（4）血压体位反射：受试者取坐姿，测其安静时血压，然后躺卧在诊断床上3 min，并使受试者返回坐姿（推受试者背部，使其被动坐起），立即测定血压，每 30 s 测定 1 次，共测 2 min。

（5）皮肤空间阈：实验人员持触觉计或两脚规，将其两端以同样的力轻触受试者皮肤，先从感觉不是两点的距离开始，逐渐加大两脚规距离，直至受试者感到了两点的最小距离作为皮肤空间阈（两点阈）。

（6）闪光融合频率：受试者坐在闪烁值测定仪（见图 3-12-2）的前面。测定仪的高度要与受试者的面部在同一水平面上，接触测定仪的窥视窗口，眼睛注视闪光屏。检测者控制测定仪上的数字显示器调节旋钮，使闪光频率次数逐渐从慢到快，直至受试者感到断续的闪光变成连续光感时为止。引起连续光感时的断续闪光的最小频率，即为临界闪光融合频率（或称闪光融合阈），可以从测定仪上的数字显示器上读数，记录其频率（周/s）。测 3 次，取平均值。

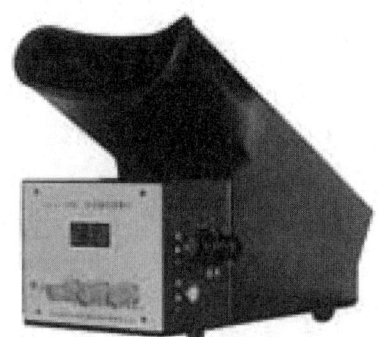

图 3-12-2　闪烁值测定仪

（7）时间再生法：让受试者看钟表的秒针走动 1 min，然后闭眼，每隔 20 s 举手发出信号，做 15～20 次。检测者记录受试者每次发出信号之间的时间间隔。由此计算出平均值及标准差，按这两个值算出动摇度，即（标准差/平均值）^{2}。

附：肤觉两点阈

1. 目　的

用两个刺激点作用于人的皮肤，人能够感觉到是两个点而不是一个点时的两点之间的最小距离称为两点阈。肤觉两点阈是人皮肤的触觉空间感受性。人身体上的不同部位的肤觉两点阈的值是不同的。一般说来，身体暴露部分，如手指和头面两点阈小，身体的掩盖部分，如肩、背、大腿、小腿部分两点阈最大。练习与疲劳因素可以影响两点阈的大小。本实验的目的是学会测定皮肤两点阈的方法，探索身体不同部位肤觉两点阈的差别以及练习与疲劳因素对两点阈的影响。

2. 仪器与材料

游标卡尺（带有两脚规与毫米刻度的尺）式的触觉计（见图 3-12-3），遮眼罩，记录纸。

图 3-12-3　肤觉两点阈测量仪

3. 程　序

（1）主试选定被试的左手背与前臂背面为测量区，前臂分为两区，自手背至肘的 3 个区域依次为 A、B 与 C 区。测量前盖上蓝印,刺激在印内进行。

(2)在实验之前,主试先发出指导语:注意,当你感觉为两点时报告说"二",感觉为一点时就说"一",如果不能确定是一点或两点时就说"不知道"。主试对第一种回答记为"+",第二种回答记作"-",第三种怀疑的回答记作"?"。主试不管被试作何种回答,都要按原定计划将一个系列实验做完。然后再重复这一系列实验,以取得确定的判断来替代怀疑的判断。

(3)使用游标卡尺时,必须垂直地降落,并使两个尖点同时重力均匀地接触皮肤,接触时间不超过两秒钟。主试先在自己手上练习数次,然后再在被试者的非测验区练习几次。

(4)正式实验时采用常定刺激法测定肤觉两点阈。实验序列的长度与起点,可以按照预备测验中的实际测定结果来确定,一般定为从 7~15 mm 的长度为起点,随后每步变化为 1 mm。每种间距可做 20 次,按随机表排列顺序。

(5)让被试每做完 100 次试验休息 5 min。根据已有实验报导,被试有时会产生一种持久的两点后像(即尽管只有一点),或距离很近的两点刺激,被试也感到有两点的印象。在这种情况下,要给予被试以充分的休息,使他恢复两点的标准。为了验证这种现象是否存在,主试可以每隔数十次,插进一次一点刺激,以证实两点后像。

(6)进一步选定被试的面颊与前额为测量区,按上述程序进行试验。

(7)再选定被试的腹部、肩部、大腿等被掩盖处为测量区,进行试验的程序同上。

4. 结 果

(1)分别求出同一部位各测量区的两点阈值,并对各均数的差异进行显著性考验。

(2)分别求出不同部位各测量区的两点阈值,并对各部位均数差异进行显著性考验。

(3)求出同一系列实验的不同次数中,两点阈值的变动情况。

5. 讨 论

(1)人身体上的不同部位肤觉两点阈有何差异?

(2)练习因素对肤觉两点阈值的变化有何影响?

(3)为什么人身上肤觉感受性在不同部位有很大差别?

(4)肤觉两点阈的测定对临床疾病诊断与针刺镇痛的研究有什么实用价值?

二、运动实验

(1)准备活动:受试者蹬自行车功率计,按功率 50 W,转速 60 r/min,运动 3 min。

(2)疲劳实验:准备活动后休息 1 min,然后按规定的逐级递增负荷连续进行运动,男性从 150 W,女性从 100 W 起始,每 3 min 递增 50 W,直到筋疲力尽,跟不上测功器的转速为止。

(3)运动后立即测定运动前所测部位的同一生理指标,观察运动后变化,参考下列标准,判断有无疲劳和疲劳的程度。

三、实验结果评定

(1)反应时,运动后疲劳时反应时延长。

（2）呼吸肌力量耐力：运动后疲劳时肺活量一次比一次下降。
（3）膝反射阈按表 3-12-1 评定。

表 3-12-1　膝反射阈评定表

疲劳程度	增加角度（°）	恢复速度
轻　度	5～10	睡一夜可以恢复
中　度	15～30	直到次日方能恢复
重　度	>35	休息一周才能恢复

（4）血压体位反射的测定，若在 2 min 内完全恢复，说明没有疲劳，恢复一半以上为轻度疲劳，完全不能恢复为重度疲劳。

（5）皮肤空间阈值较安静时增加 1.5～2 倍为轻度疲劳，增加 2 倍以上为重度疲劳。

（6）闪光灯融合频率按表 3-12-2 评定。

表 3-12-2　闪光融合频率评定表

疲劳程度	闪光频率减少（周/s）	恢复速度
轻度	1.0～3.9	休息后当日可以恢复
中度	4.0～7.9	睡一夜才能恢复
重度	>8	睡一夜不能完全恢复

（7）时间再生法：动摇度在 0.03～0.07 为轻度疲劳，在 0.08 以上为重度疲劳。

（8）主观判断：根据受试者的主观感觉判断疲劳程度，受试者可以根据运动中的主观感觉判断疲劳程度，按 Borg 设计的 RPE 表报出级别。见表 3-12-3。

表 3-12-3　RPE 分级表

级别	疲劳程度	级别	疲劳程度
6-8	非常轻松	15-16	累
9-10	很轻松	17-18	很累
11-12	尚轻松	19-20	精疲力竭
13-14	稍累		

注意事项

（1）受试者身体健康，若发现有呼吸道感染，心动过速，高血压，心电图异常，口腔温度高于 37.5 ℃ 等，则不能进行实验。

（2）受试者要密切合作，运动前后要坚持用同一指标和同一部位进行测定，以防测量误差。

实验报告

（1）根据实验步骤完成实验后，写出自己的安静时与运动后各项指标的实验结果。

（2）对自己的实验过程和结果做出评价，并就各种运动疲劳的判定方法优劣提出一些看法。

（3）讨论各项指标在评价运动性疲劳中的价值。

课后练习

1. 思考：根据实验结果如何判断运动疲劳的发生及其程度。
2. 结合实践谈谈如何延缓运动性疲劳的产生及运动后及时消除运动性疲劳。

实验十三　PWC_{170} 的测定与评价

实验目的

（1）了解 PWC_{170} 的测定原理和 PWC_{170} 测评的意义。

（2）掌握 PWC_{170} 的测定和评定方法，并能应用于体育运动实践。

实验原理

PWC 是英语 "Physical Work Capacity" 一词的缩写，可把它直译成 "身体工作能力"。用每分钟 170 次的心率值测验身体工作能力，叫做 PWC_{170}。对于年龄较大的受试者，为了补偿由于年龄增长而最大心率的正常减少，指定的心率值可以低一些（如 PWC_{160} 或 PWC_{150}）。

PWC_{170} 指运动过程中心率达到 170 次/min 的相对稳定状态下，单位时间内机体所做的功。它反映了机体的工作能力尤其是有氧耐力水平。PWC_{170} 测定属于亚极限定量负荷运动试验，其直接测定较为复杂，需时较长，通常采用间接测定的方法。间接测定 PWC_{170} 的原理是：运动过程中心率和功率在一定的负荷范围内（相当于心率在 120～180 次/min）呈直线关系。依据这一相关关系，令受试者完成两次或两次以上不同负荷的运动，第一次负荷使心率达到 120 次/min 左右，第二次负荷使心率尽可能接近 170 次/min。通过两次负荷的功率以及负荷后的两次心率，就可以推算出心率为 170 次/min 时机体所做的功。

应用与评价：PWC_{170} 是机能评价中一种常用的次极限负荷实验。一般来说，心率在 170 次/min 或接近此值时，肌肉的工作强度与身体机能呈直线关系，心率超过 180 次/min 以上，即表现为非直线关系。心率在 170 次/min 呼吸循环系统的机能相互适应，在正常情况下，心脏容积越大，在心率为 170 次/min 时所完成的功率就越大，故能间接反映心脏的容积和射血能力。对于中长跑运动员和超长跑的耐力运动员，PWC_{170} 具有特殊的意义。PWC_{170} 越大，说明身体机能越好，耐力素质越高，运动成绩就越好。所以，PWC_{170} 实验可作为评定运动员的身体工作能力、选拔运动员特别是耐力运动员的一个参考指标。

一般来说，PWC_{170} 值越高，表示受试者身体工作能力包括心脏的做功能力越强。不同运动项目、不同性别之间 PWC_{170} 值都有明显的差异，一般耐力项目运动员的 PWC_{170} 值较高，男性 PWC_{170} 值高于女性。

我国部分运动员的 PWC_{170} 数值见表 3-13-1 和表 3-13-2。

表 3-13-1　中国优秀运动员试验正常值（男）

项　目	例　数	PWC_{170} 绝对值（kg·m/min）	PWC_{170} 相对值（kg·m/min）
羽毛球	22	1 632±46	24.7±0.66
足　球	22	1 670±40	24.2±0.54
中长跑	14	1 596±46	23.8±0.08
短　泳	41	1 563±24	22.7±0.30
乒乓球	33	1 465±25	21.9±0.33
长　游	8	1 608±57	21.8±0.53
短　跑	12	1 433±35	20.8±0.60
体　操	13	1 155±46	20.8±0.92
排　球	21	1 651±57	20.6±0.37
跑　步	11	1 342±51	19.4±0.73
投　掷	10	1 697±74	17.4±0.92

表 3-13-2　中国优秀运动员 PWC_{170} 试验正常值（女）

项　目	例　数	PWC_{170} 绝对值（kg·m/min）	PWC_{170} 相对值（kg·m/min）
中长跑	11	1 090±25	20.2±0.49
长　游	15	1 148±27	20.0±0.44
羽毛球	24	1 129±35	19.4±0.61
体　操	18	747±29	19.0±0.49
跳　水	10	1 096±60	18.8±1.01
短　泳	28	1 012±17	18.6±0.24
篮　球	15	1 359±54	17.8±0.79
排　球	21	1 225±27	17.8±0.50
短　跑	13	985±34	17.5±0.18
乒乓球	23	938±26	17.2±0.43
投　掷	13	1 263±42	15.5±0.52

实验器材

自行车功率计（或台阶）、秒表、节拍器、遥测心率仪或心电仪（或手触脉搏的方法监测心率）。

实验方法

（1）每3人一组，其中1人为主试者，1人为主试助理，另1人担任受试者，做完一轮后，轮流交换角色进行操作。

（2）重点把握好实验中运动负荷。实验步骤较为复杂，严格按标准操作，并请教师指导。

（3）严格要求，做好记录。

实验步骤

一、测试方法

令受试者完成两次不同负荷的定量运动试验，每次负荷持续3~5 min（以负荷时心率相对稳定为度，一般3 min即可），两次负荷之间休息5 min，并于每次负荷后即刻测定心率。第一次负荷的功率在心率达到120次/min左右为宜，第二次负荷的功率可根据第一次负荷后的心率来确定，以达到170次/min心率的负荷为宜。负荷功率的选择可参考表3-13-3。

表3-13-3 负荷功率选择参考值

受试者PWC_{170}的估计值（kg·m/min）	第一次负荷的功率（kg·m/min）	第一次负荷后即刻心率（次/min）		
		100~109	110~119	120~129
		第二次负荷功率参考值（kg.m/min）		
1 000以下	400	900	800	700
1 000~1 500	500	1 100	1 000	900
1 500以上	600	1 300	1 100	1 000

台阶试验法：如果没有自行车功率计，可以用台阶试验来测定PWC_{170}值，计算公式为：

$$W = P \times H \times N / T(1+1/3)$$

式中：W——功率（kg·m/min）；

P——体重（kg）；

H——台阶高度（m）；

N——上下台阶次数；

T——上下台阶总时间。

由于下台阶所做的功大约是上台阶所做功的1/3，故台阶试验中所做的功可用上述公式计算。例如，受试者体重为50 kg，台阶高度为0.5 m，上下台阶总次数为140次，上下台阶总时间为5 min，其功率为：

$$W = 50 \times 0.5 \times 140/5 \times (1+1/3) \approx 933 \text{ kg} \cdot \text{m/min}$$

二、结果与计算

1. 直接法（坐标法）

以功率为横坐标、心率为纵坐标作图。如某受试者第一次负荷为 100 W，心率为 120 次/min，相交于 a 点，第二次负荷为 200 W，心率为 160 次/min，相交于 b 点。连接 a、b 两点，得一直线，向上延长与心率 170 次/min 的平行线相交于 c 点。然后从 c 点作一垂直线与横坐标相交于 d 点，该点就是该受试者的 PWC_{170} 的测定值，此值为 233 W，如图 3-13-1 所示。

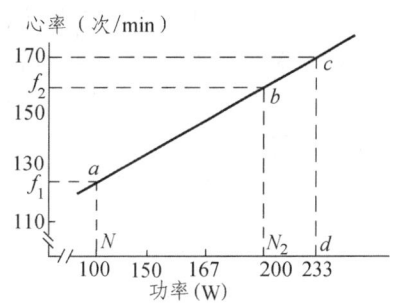

图 3-13-1　PWC_{170} 作图法

2. 间接法

该方法系根据 Карлман 提出的公式计算而获得。

$$PWC_{170} = W_1 + (W_2 - W_1)[(170 - P_1)/(P_2 - P_1)]$$

式中　W_1——第一次负荷的功率（kg·m/min）；
　　　W_2——为第二次负荷的功率（kg·m/min）；
　　　P_1——第一次负荷的心率（次/min）；
　　　P_2——第二次负荷的心率（次/min）。

在进行 PWC_{170} 的机能试验后，将所测得的 W_1、W_2、P_1、P_2 的数据代入公式，便能精确地计算出受试者的 PWC_{170} 值。

3. 按下式推算最大吸氧量

运动员：$V_{O_2max} = 2.2 PWC_{170} + 1\ 070$（mL/min）

普通人：$V_{O_2max} = 1.7 PWC_{170} + 1\ 240$（mL/min）

4. 结　果

结果见表 3-13-4。

表 3-13-4　PWC_{170} 值与耐力水平

姓名	体重	W_1	W_2	PWC_{170}	V_{O_2max}	评级	实际耐力水平

将被测者的 PWC_{170} 值与表 3-13-1、表 3-13-2 中我国部分优秀运动员的 PWC_{170} 值进行比较，将 V_{O_2max} 评级。

注意事项

（1）测试前，受试者应有充足的休息。测验前至少 1 h 不应进食、饮水、吸烟。

（2）蹬车时间：受试者在进行定量负荷运动时，当身体功能动员起来并达到稳定状态后再蹬 30 s 即可，绝大多数受试者运动 3 min 就可达到相对稳定状态的水平。因此，试验中蹬车时间不宜过长，否则体力消耗过大。

（3）两次负荷之间应休息 5 min，一般可坐在车上休息。

（4）如果没有心电仪或遥测心率仪，可以用手触脉搏的方法计数负荷后即刻第一个 10 s 的心率，然后乘以 6 即为每分钟的心率次数。

（5）心率和功率在一定的负荷范围内（120~180 次/min）才为线性关系，因此，第一次负荷的心率必须超过去 110 次/min，而第二次负荷心率不能超过 180 次/min。

（6）受试者的年龄、性别及训练水平不同，PWC_{170} 试验可将心率标准降低至 130 或 150 次/min 均可。

（7）实验的时间较长，负荷逐渐增大，应坚持做完。

实验报告

（1）根据实验原理及实验步骤完成实验后，写出自己的实验结果。

（2）对自己的实验过程和结果做出评价。

课后练习

1. 根据全班实验结果比较不同专项 PWC_{170} 的差别。
2. 分析你的耐力素质如何，这次测试能反映你的实际耐力水平吗？

实验十四　体适能的研究

实验目的

（1）培养学生综合分析问题与解决问题的能力，培养学生的求知欲、操作技术和创新思维素质，使学生能进一步理解实验设计与实验对培养学生科研素质与能力的重要意义。

（2）掌握体适能、身体成分的评价方法，了解体适能的评价方法及意义。

（3）要求学生在教师的协助下，独立设计出完整的实验方案，并自主实施。

实验原理

体适能是 Physical Fitness 的中文翻译，是指人体所具备的有充足的精力从事日常工作（学习）而不感疲劳，同时有余力享受康乐休闲活动的乐趣，能够适应突发状况的能力。美国运动医学会（American College of Sports Medicine，ACSM）认为：体适能由健康体适能（Health – related Physical Fitness）和技能体适能（Skill – related Physical Fitness）组成。健康体适能是与健康有密切关系的体适能，是指心血管、肺和肌肉发挥最理想效率的能力。

健康体适能的主要内容如下：

（1）身体成分：即人体内各种组成成分的百分比，身体成分保持在一个正常百分比范围对预防某些慢性病如糖尿病、高血压、动脉硬化等有重要意义。

（2）肌力和肌肉耐力：肌力是肌肉所能产生的最大力量，肌肉耐力是肌肉持续收缩的能力，是机体正常工作的基础。

（3）心肺耐力：又称有氧耐力，是机体持久工作的基础，被认为是健康体适能中最重要的要素。

（4）柔软素质：是指在无疼痛的情况下，关节所能活动的最大范围。它对于保持人体运动能力，防止运动损伤有重要意义。

技能体适能包括灵敏、平衡、协调、速度、爆发力和反应时间等，这些要素是从事各种运动的基础，但没有证据表明它们与健康和疾病有直接关系。

"体适能"可视为身体适应生活、运动与环境（例如，温度、气候变化或病毒等因素）的综合能力。体适能较好的人在日常生活或工作中，从事体力性活动或运动皆有较佳的活力及适应能力，而不会轻易产生疲劳或力不从心的感觉。在科技进步的文明社会中，人类身体活动的机会越来越少，营养摄取越来越高，工作与生活压力和休闲时间相对增加，每个人更加感受到良好体适能和规律运动的重要性。在测量上，体适能分为心肺适能、肌肉适能与体重控制3个维度。

应用与评价：体适能是以体适能商的高低来评价的。体适能商是健康体适能和技能体适能的综合反映，体适能商的得分是两者之和，即健康体适能和技能体适能各占50%为记分依据，也就是身体成分、肌力和肌肉耐力、心肺耐力和柔软素质总共占50分，而灵敏、平衡、协调、速度、爆发力和反应时间亦共占50分。体适能商越高就代表身体机能越好。

据《美国医学会杂志》（Journal of the American Medical Association）报告，一项由哥伦比亚南卡罗莱纳州立大学 Steven Blair 教授牵头的研究显示，体适能商高者比体适能商低者更为长寿，体适能商高者的死亡率还未到体适能商低者的一半，且他们伴发高血压、高甘油三酯或糖尿病等心血管疾病的危险因素的概率也小得多。

实验器材

皮脂厚度计，背肌力计，体重计，身高坐高计，坐位体前屈计，软皮尺，桡度尺，秒表。

实验方法

（1）自由组合 6~10 人/组，独立查阅文献资料，讨论实验设计方案，制订详细的实验步骤。

（2）重点把握好实验中运动负荷。因实验步骤较为复杂，必须严格按标准操作，并请教师指导。

（3）严格要求，做好记录。

实验步骤

一、以计时屈膝仰卧起坐评估背及腹肌适能

（1）受试者仰卧屈膝，膝关节弯曲角度小于 90°，脚掌平贴于地面并分开与肩同宽。受试者双臂交叉置于胸前，双手交互握住双肩，由辅助者协助稳定双脚、踝关节或小腿，并使脚掌能平贴于地面，双脚分开与肩同宽。测验时，利用腹肌的收缩，使头、躯干卷起并使肘与膝相接触，构成一完整起坐动作。之后，即恢复屈膝平躺的预备动作。

（2）于"预备"、"开始"口令下达时开始计时，而于"停"口令下达时停止计时。

（3）测验时间为 60 s，以完成正确屈膝仰卧起坐动作的累计次数为成绩。

二、体脂肪百分比（皮脂厚度测量法）

（1）利用手指将测量部位的皮下脂肪拉起，并以皮脂测量仪测量双层皮下脂肪及皮肤的厚度。

（2）测量肱三头肌（Triceps）及肩胛下（Subscapular）部位的皮脂厚。肱三头肌皮脂厚测量部位位于右上臂，距离肩关节与肘关节 1/2 的位置，采用纵轴方向测量。肩胛下皮脂厚测量部位位于身体右侧，低于肩胛骨下角 1 cm 处，采用自然斜向外轴方向测量。

（3）测验要点：以左手食指及拇指，将测量部位的皮脂拉起。将皮脂测量仪的表面，置于距离食指与拇指 1 cm 处。慢慢放松测量仪的握把，使测量仪的张力完全施于皮脂上。在放松测量仪握把 1~2 s，指针停止时读数。

三、有氧适能的测定

12 min 跑。测定时，要求受试者以均匀的速度，尽力连续跑 12 min，记录其跑步的距离，然后查本书附录 4《男女 12 min 跑测验评价表》进行评价。

四、预期实验结果与分析

（1）预期实验结果：具体测量结果可以参照体育测量学的内容。

（2）预期实验结果分析：与健康有关的体适能包括肌适能、有氧适能和身体成分。运用力量素质反映肌适能的好坏，运用有氧运动能力反映有氧适能的大小，运用皮脂厚度计算机体脂肪含量，估算身体成分。具体评价参照体育测量学的内容。

注意事项

（1）计时屈膝仰卧起坐：测验前应有详细的解说，并且提供适当的练习机会。动作与动作间的休息是被允许的。共测验两次，两次测验间隔时间不得少于 10 min。

（2）皮脂厚度测量法：为避免测量误差，以同一人测量所有受试者为宜。皮脂厚度的测量技术，需经长时间的练习。其测量能力的判定，是以每次的测量差异在 2 mm 以内为准。

（3）测定有氧适能时，如果在测试中感到很吃力、头晕、面色苍白，可以随时中断测试。

实验报告

（1）根据实验原理及实验步骤完成实验后，写出自己的实验结果。
（2）对自己的实验过程和结果做出评价。

课后练习

1. 根据全班实验结果比较不同专项体适能的差别。
2. 分析各自的 12 min 跑测验如何，这次测试能反映你的实际耐力水平吗？

附：运动生理学实验指导参考文献

[1] 邓树勋，王健，乔德才. 运动生理学[M]. 北京：高等教育出版社，2005.
[2] 邓树勋. 运动生理学[M]. 北京：北京师范大学出版社，1988.
[3] 龚茜玲. 生理学[M]. 2 版. 上海：上海医科大学出版社，1993.
[4] 王步标. 人体生理学版[M]. 北京：高等教育出版社，1996.
[5] 王梓坤. 科学发现纵横谈[M]. 上海：上海人民出版社，1982.
[6] 运动生理教材编写组. 运动生理学[M]. 北京：高等教育出版社，1986.
[7] 张镜如. 生理学[M]. 4 版. 北京：人民卫生出版社，1996.
[8] 王步标，黄超文. 体适能与健康[M]. 长沙：湖南科技出版社，2003.
[9] 赵家琪. 实用运动生理问答[M]. 北京：人民体育出版社，1993.
[10] 袁孝如. 现代生理学实验技术[M]. 北京：科学出版社，2004.
[11] 汤长发，乔德才. 运动生理学实验教程[M]. 北京：高等教育出版社，2006.
[12] 人体生理学编写组. 人体生理学[M]. 2 版. 北京：高等教育出版社，1995.
[13] 体育学院通用教材. 运动生理学[M]. 2 版. 北京：人民体育出版社，1992.
[14] 李柏林，林颖. 诊断学实验指导[M]. 武汉：武汉大学出版社，2005.
[15] 杨锡让. 实用体育康复医学[M]. 北京：北京体育大学出版社，1995.
[16] 曲绵域，高云秋，浦钧宗. 实用运动医学[M]. 北京：北京科学技术出版社，1996.
[17] 冯炜权. 运动生物化学原理[M]. 北京：北京体育大学出版社，1995.
[18] 人体生理学实验指导编写组. 人体生理学实验指导[M]. 北京：高等教育出版社，1997.
[19] 乔玉成. 体育生物科学研究方法与技术[M]. 北京：中国科学文化出版社，2002.
[20] 刘福英，刘田福. 实验动物学[M]. 北京：中国科学技术出版社，2005.
[21] 姚鸿恩，郑隆榆，黄叔怀. 体育保健学[M]. 2 版. 北京：高等教育出版社，2001.
[22] 田野. 运动生理学高级教程[M]. 北京：高等教育出版社，2003.

第四章 体育保健学实验

实验一 基本按摩手法实习

实验目的

通过本实验进一步掌握课堂讲授的按摩知识，熟练掌握按摩基本手法，即6大类，20多种手法。理解和体会按摩手法的功力，即持久、有力、均匀、柔和、深透。

实验原理

按摩是一种以中医理论为基础的自然物理疗法，利用专门的手法和器械，形成一定的作用力，直接作用于人体的穴位或病灶部位，对人体产生机能调节、伤病防治的作用。

实验器材

按摩床、布巾、按摩油、电脑、投影仪、视频光盘等。

实验方法

（1）每3人一组，其中1人躺在按摩床上做病人，1人担任按摩师；另1人在旁观摩，担任助手，参阅教科书的文字说明和图片，向操作者提示正确手法动作，并予以纠错。3人轮流交换角色进行操作。

（2）按摩手法要严格按照正规的方法和程序来做。不能浮于表面，要透入组织深部，体现按摩手法的功力。

实验步骤

一、按摩手法的功力练习

（1）"持久"，是指手法能严格按照特定操作规范持续运用一段时间而不走样，使手法的刺激量积累到临界点，足以推动经络系统的调整作用，改变病理状态。

（2）"有力"，就是指手法应具有恰当的力量。

（3）"均匀"，是指手法动作要有节奏性，速度不可时快时慢，压力不可时轻时重。

（4）"柔和"，是指手法的用力方式，平稳而缓慢变化的力要比急剧变化的暴发力柔和，以柔软易变形的掌面着力要比以坚硬而不易变形的骨突着力柔和。

(5)"深透",是指通过运用各种富于技巧性的手法,降低人体活组织的张力,减少对外力传递的阻抗而使手法作用达到组织深层。

二、按摩基本手法练习(动作要领参阅体育保健学教材)

(1)摩擦类手法:有推、擦、摩、抹法。与肌肤表面摩擦对机体产生作用。
(2)按压类手法:包括按、点、掐、刮等手法。其特点是从表面向深部垂直用力。
(3)揉搓类手法:包括揉法、揉捏法、搓法、滚法等。操作时带动皮下组织一起运动,而在皮肤表面不能有摩擦。
(4)提拿类手法:包括拿法、弹筋、理筋、拨法和捏脊法。对皮下组织或肌肉进行上提或牵拉,手法频率较低,重复次数较少,刺激性较强。
(5)叩击法:包括拍击法和叩法、捶法。以有节奏的断续冲击力,即叩、击、拍、打等力刺激治疗点。
(6)动摇关节类:分为抖法、运拉和牵引。关节的被动运动手法,推拿学上称为运动关节类手法。要做到安全、有效、省力、方便。运拉法应该对肩、肘、腕、手指、髋、膝、踝等四肢各关节进行各个方向的运动。

三、按摩的要领和要求

(1)位置:面向患者,相距 10~20 cm。
(2)身法:自然站立,弓箭步。
(3)步法:双腿伸直,与肩同宽,移动自如。
(4)手法:沉肩坠肘,掌虚肘实,腕部放松。
(5)功法:持久、有力、均匀、柔和、深透。
(6)用力:发力在脚、用力在腰、促动肩臂、力贯指端。

注意事项

(1)按摩者要经常修剪指甲,不戴饰物,以免操作时伤及患者皮肤,保持双手清洁、温暖。
(2)按摩时按摩者的体位要便于操作,必须用治疗巾覆盖被治疗的肢体或局部,被按摩者肌肉放松。
(3)在全身按摩治疗过程中,注意操作方向,顺血液和淋巴液回流的方向。
(4)应随时注意患者对手法治疗的反应,及时调整推拿强度、时间及程序,按顺序,用力由轻到重,再逐渐减轻而结束。
(5)按摩时要掌握用力的顺序,即发力在脚、用力在腰、促动肩臂、力贯指端。并练习功法,即手法要持久、有力、均匀、柔和、深透。

实验报告

(1)列出 6 类基本手法的名称、技术要领与应用。
(2)基本按摩手法练习的体会和自我评价。

课后练习

1. 熟记各基本手法的名称并能准确操作。
2. 课后与同学练习按摩手法,每 2 天 1 次,连续练习 5 周以上。

实验二 穴位按摩技术实习

实验目的

通过实验使学生熟悉常用穴位,熟练掌握取穴定位方法,掌握穴位按摩的基本方法。

实验原理

对人体各部位经络上的某一穴位或一组穴位,应用点、按、揉、掐等基本按摩手法,刺激穴位,激活脏腑功能,达到防病治病的目的。

实验器材

电脑、投影仪、教学 VCD 视频光盘、按摩床、枕头、床单、布巾、按摩油等。

实验方法

(1)每 3 人一组,其中 1 人做病人,1 人担任按摩师,另 1 人观摩并纠错。轮流交换角色进行操作。

(2)按摩手法要严格按照正规的方法和程序来做。根据教材中对穴位位置的描述,参看书中图示,或按老师提示和示范,确定选穴方法,找准穴位,并在穴位处用笔画一标记,同学之间互相印证和纠错,亦可请教师判定,确保取穴位置准确无误。

(3)用适度的力量,点或按压找准的穴位,观察是否有酸、麻、胀、痛、热等感觉(如同针灸治疗的"针感",亦称"得气")。

实验步骤

一、熟悉穴位类型及常用穴位(表 4-2-1 ~ 表 4-2-2;图 4-2-1 ~ 图 4-2-4):

(1)经穴:分布在 14 条经脉上的穴位,有固定的名称、部位、主治范围,称"十四经穴"。
(要求在实验课熟练掌握的穴位:头面部:百会、太阳、人中、攒竹、风池;躯干部:大椎、肾俞、大肠俞、天宗、中脘;上肢:肩贞、曲池、内关、扭伤、合谷;下肢:风市、足三里、承山、昆仑、涌泉。)

(2)奇穴:继十四经之后发现的具有奇效的穴位,称"奇穴"或"经外奇穴"。

(3)阿是穴:以压痛点作为穴位,无固定名称和部位。

二、熟练掌握穴位按摩的常用手法

点、按、揉、掐。按摩过程中体会按摩感觉,并调整手法。

三、熟练掌握常用的取穴方法

(1)指寸法:以患者手指宽度为标准。如拇指指关节处的宽度为 1 寸;食指与中指合并,以第一指关节的宽度为 1.5 寸,四指并拢第一指关节宽度为 3 寸。

(2)解剖标志法:用人体体表各种解剖标志作为取穴的根据。

(3)骨度分寸法:将身体不同部位之间规定出尺寸,按这些尺寸在被推拿者身上画出等分。如胸剑联合至脐为 8 寸,肘横纹至腕横纹为 12 寸。

四、掌握正确的选穴原则

(1)就近取穴:即在伤病的邻近部位选穴。

(2)循经取穴:即循经络选穴,按经络的内在联系取穴,如头面、躯干疾病,可选用四肢肘、膝关节以下的穴位。

(3)对症取穴:针对某些疾病的症状选用相应穴位。例如,发热选大椎穴与曲池穴,腓肠肌痉挛选承山穴,昏迷选人中、十宣、涌泉、内关、百会穴等急救穴位。

注意事项

(1)按摩前必须将患者摆好体位,注意胸腹部保暖,点穴时遵循一定的顺序,每一手法要由轻到重,再由重到轻(结束)。

(2)按摩操作者要放松,点穴时精力要集中,力度适中,随时注意患者的反应并调整力度。

(3)个别病人反应敏感,出现紧张,甚至难以耐受时,要减轻手法,并改为刺激范围大的手法如推、揉等,少用点、掐等强刺激手法。出现明显不良反应者,则需停止按摩操作,瞩平卧休息、饮用热水即可恢复常态。

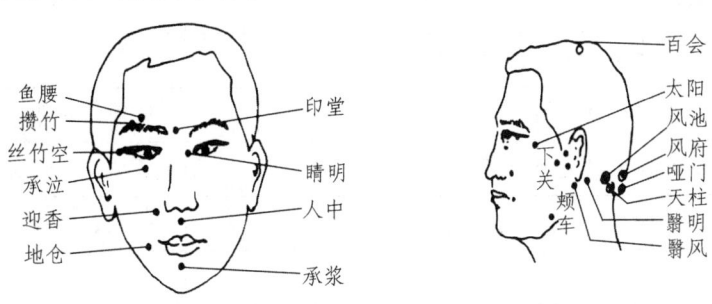

图 4-2-1 头面部常用穴位

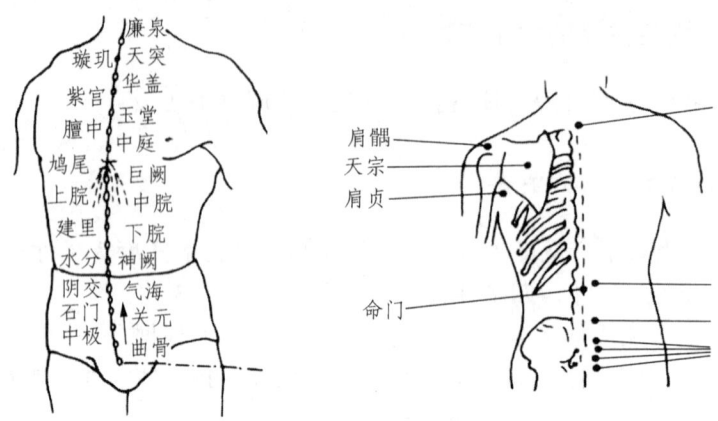

图 4-2-2 躯干部常用穴位

表 4-2-1 头面、躯干部常用穴位

穴名	定位	主治
百会	头顶正中线与耳尖连线的交点	头痛、头晕、昏迷
印堂	两眉内侧端连线之中点	头痛、偏头痛、失眠、鼻疾
人中	人中沟上1/3与下2/3的交界处	昏迷急救、急性腰扭伤
攒竹	两眉内侧的眉端	头痛、近视、三叉神经痛
迎香	鼻翼外缘中点旁开0.5寸，鼻唇沟中凹陷处	鼻部疾患
下关	颧弓下部凹陷处	牙痛、面瘫、三叉神经痛
太阳	眉梢与外眼角中间向后移一横指的凹陷处	头痛、感冒、眼疾
风池	胸锁乳突肌与斜方肌之间凹陷处、与耳垂相平	头晕、头痛、颈痛、耳鸣
大椎	第七颈椎与第一胸椎棘突之间凹陷处	发热、颈痛、中暑
天宗	肩胛冈下缘正中与肩胛骨下角连线的上1/3与下2/3交界处	肩背痛、落枕
肾俞	第2、3腰椎棘突间，旁开1.5寸	腰痛、肾病
命门	第2、3腰椎棘突间	腰痛、盆腔疾患
大肠俞	第4、5腰椎棘突间，旁开1.5寸	腰腿痛、肠炎
天突	胸骨上切迹（胸骨上窝）凹陷处	咳嗽、哮喘、呕吐
膻中	两乳头之间	胸痛、肋间神经痛
中脘	脐上4寸的前正中线	胃痛、呕吐、腹胀
天枢	脐旁开2寸	胃炎、肠炎、腰痛
气海	前正中线脐下1.5寸	神经衰弱、肚腹疾患

表 4-2-2 上下肢常用穴位

肩髃	肱骨大结节与肩峰之间。肩前呈现凹陷处	上肢功能障碍、肩周炎
肩贞	腋后皱襞端上 1 寸处	肩周炎、肩背酸痛
曲池	屈肘，肘横纹尽头与肱骨外上髁之中点	肘痛、肩臂痛、发热、过敏
扭伤	屈肘，掌心向内曲池向腕部下 3 寸	急性腰扭伤
内关	腕掌侧远侧横纹上 2 寸，掌长肌腱与桡侧腕屈肌腱之间	昏迷、胸痛、肘腕指痛、胃痛
外关	腕背侧横纹上 2 寸，桡、尺骨之间	腕臂指痛、落枕、头痛
列缺	在桡骨茎突的上方，腕横纹上 1.5 寸	头痛颈痛、腕部损伤
合谷	第 1、2 掌骨之间靠近第 2 掌骨桡侧中点	牙痛、上肢痛、头面痛、晕车
后溪	握拳第 5 掌骨头后，掌横纹尽头处	头痛、颈痛、腕部损伤
十宣	十指尖端，距指甲游离沿约 0.1 寸处	中暑、休克
环跳	股骨大转子与骨骶裂孔连线以外 1/3 与内 2/3 交界处	腰痛、髋痛、坐骨神经痛、下肢瘫痪
风市	股部外侧膝上 7 寸（立正，两手下垂，中指尖到达之处）	腰腿痛、坐骨神经痛、下肢萎缩
委中	腘窝正中，腘窝横纹中点	腰背痛、膝关节痛
膝眼	屈膝髌韧带两侧的凹陷处	膝痛
足三里	外膝眼下 3 寸，向胫骨外侧一横指处	下腹痛、膝痛、强壮作用
承山	小腿后侧，腓肠肌肌腹下人字纹分叉处正中	腓肠肌痉挛、腰腿痛
悬钟	小腿外侧，外踝尖上 3 寸，腓骨前缘	踝扭伤、落枕
昆仑	外踝与跟腱连线的中点	腰腿痛、踝扭伤、痛经
太溪	内踝与跟腱之连线中点	腰腿痛、踝扭伤、足跟痛
涌泉	屈足，足底前 1/3 与后 2/3 交界处的正中凹陷处	中暑、昏迷、足底肌痉挛

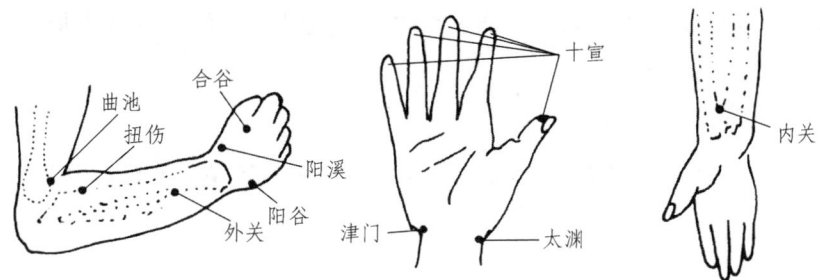

图 4-2-3 上肢常用穴位

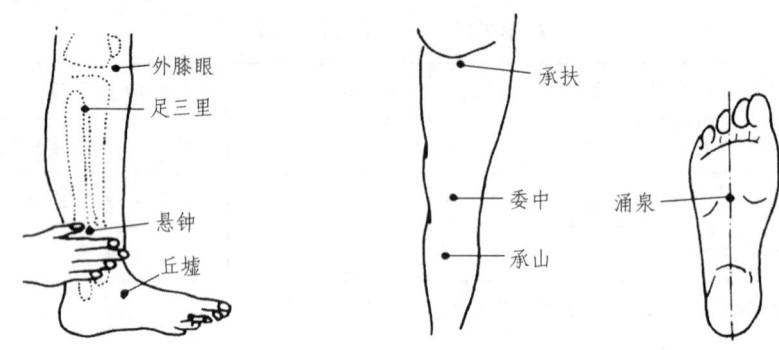

图 4-2-4 下肢常用穴位

实验报告

（1）通过实践，体会做好穴位按摩的关键技术（要点）有哪些？

（2）实验小结与自我评价：通过练习是否掌握穴位按摩的技术？还有哪些问题或困难？如何解决？

课后练习

课后与同学练习点穴操作方法并说出体会，每周 3 遍，连续 5 周以上。要求能熟练准确定位常用穴位并能应用正确手法进行穴位按摩。

实验三　保健按摩技术实习

实验目的

通过本实验使学生初步掌握保健按摩的基本程序和方法，促进养成自我按摩的良好习惯。

实验原理

保健按摩是增强人体机能的一种自然疗法，该法采用按摩的基本手法及穴位按摩的技术，组合成一定的按摩程序，有针对性地作用于全身或身体的某些部位或穴位，可发挥有病治病，无病强身的作用，以提高人体各部位机能，增强对疾病的抵抗能力及减少损伤的发生。

实验器材

电脑、投影仪、教学 VCD 视频光盘、按摩床、枕头、床单、布巾、按摩油等。

实验方法

（1）每 3 人一组，其中 1 人做病人，另 2 人担任按摩师，轮流交换角色进行操作，互相观摩，并翻阅教科书向操作者提示正确手法动作，并予以纠错。

（2）依次练习全身按摩、自我按摩技术，按照顺序，逐个部位练习（参看体育保健学教材书中图示）。同学之间互相提示和纠错，亦可请教师指导，确保技法正确无误。

实验步骤

一、全身按摩

（一）颈　部

1. 动作要领

颈部按摩顺序应自上而下，运拉时切忌暴力。

2. 方法与步骤

（1）患者取坐位或俯卧位，操作者立于患者左侧（操作者以右手为例）或坐于患者头顶端。

（2）推法：用双手虎口处或双拇指，沿颈椎两侧及颈椎，自上而下的推至肩部，重复3~5次。

（3）拿法：用单手或双手的拇指与其他四指自上而下拿至肩部，重复3~5次。

（4）揉法：用单手拇指自上而下揉颈椎，拇指和四指揉颈椎两侧肌肉，重复3~5次。

（5）叩打：用单手切击或双手合击自上而下叩至肩部，重复3~5遍。

（6）运拉：用左手在前托住下颌，右手在后托住枕部，做颈部前屈、后伸、侧屈、环转、拔伸等被动运动。

（二）腰背部

1. 动作要领

腰部按摩重点在腰骶部，宜用力重且时间长。

2. 方法与步骤

（1）患者取俯卧位，术者立于患者左侧，右手操作。

（2）推法：右手全掌自腰骶先右后左推向肩部（也可双手同时从腰骶推向肩部），力量先轻后重，重复3~5次。

（3）擦法：用掌侧小鱼际处，在脊椎处上下反复擦3~5次，然后在背部两侧用平掌擦摩。

（4）揉法：先用单手在腰背部做大面积的轻揉，然后两手交叉用双手小鱼际做较大面积的中等力度的按摩。最后双手重叠用掌根加压做重点部位的按摩。一般反复3~5次。

（5）按压：在腰背部肌肉用双手并列从上到下，从中间到两边，力量先轻后重，重后再轻。按下后停顿3~5s，然后缓慢抬起。

若需加力按压可采用双手重叠，借助身体重心的力量，在所需按压的重点部位用掌根施术。脊椎处按压可适当地采用冲击力或缓慢按下突然抬起的方式，这样可改善椎体间小紊乱的情况。

（6）点穴：用点按点穴手法（用拇指的指端或中指的指端由轻到重点按委中、环跳、大肠俞、肾俞、天宗等穴位），每穴点按一次，每次点按 20～40 s。

（7）滚法：单手或双手在背部自上而下，腰部两侧重点操作。

（三）胸腹部

1. 动作要领

胸部按摩力度不宜过大。

2. 方法与步骤

（1）患者取仰卧位，术者立于患者右侧，熟练手法操作。

（2）推法：用四指指腹，白天突穴向下沿胸骨至剑突作推摩，一般做 3～5 次。用双手拇指，从剑突向肋弓两侧分推上腹部，3～5 次。

（3）擦法：主要作用于胸肋间，用分肋法（左手五指自然分开按压在肋骨上，右手顺分开的左指间隙在肋间反复擦动）。两边各操作 3～5 次。

（4）揉法：重点做腹部的圆形或螺旋形的揉动，力度先轻后重。

（5）摩法：在腹部以脐眼为中心，由右向左画"?"号摩动。

（6）点穴：点按天突、鸠尾、中脘、天枢、气海。

（四）上　肢

1. 动作要领

重点做运动负荷比较大的肌群。

2. 方法与步骤：

（1）仰卧位或坐位。

（2）推法：患者上肢伸直，术者先做远侧肢体，从手部起到肩部，先上，后内、外侧及下面，不间断从下推向上端。每侧面推 3～5 次。

（3）擦法：重点在腕、肘、肩部韧带处做擦法，直到局部发热。

（4）揉捏：从前臂向肩部方向做起，每部位做 5～8 次。

（5）点穴：合谷、内关、外关、曲池、肩井。

（6）叩打：自下而上用轻拍、切击手法各做 3～5 次。

（7）运拉：按肩、肘、腕顺序做关节的各方位的功能活动，幅度要大但力量要缓。

（五）下　肢

1. 动作要领

重点做运动负荷比较大的肌群。

2. 方法与步骤

（1）患者取仰卧位，术者立于右侧，术者右手操作。

（2）推法：患者下肢伸直，从踝部起到大腿的根部，先上，后内、外侧，不间断从下推向上端。每侧面推 3~5 次。

（3）擦法：重点在踝、膝、髋部韧带处做擦法，直到局部发热。

（4）揉捏：膝关节屈曲，左手固定膝部，右手做小腿后侧三头肌的揉捏，然后做股四头肌和股后肌群的揉捏，每部位做 5~8 次。

（5）点穴：点按、风市、阴陵泉、阳陵泉、足三里、委中、三阴交、悬钟、昆仑。

（6）叩打：用轻拍、切击手法自上而下各做 3~5 次。

（7）运拉：按髋、膝、踝顺序做关节的各方位的功能活动，活动幅度由小到大，但力量要柔和。

二、自我按摩

1. 头颈部按摩

（1）取坐（站）位。双手呈梳式置于额前，从前发际向后发际做推法。

（2）头稍抬起，按摩颈部时拇指与四指分开，两掌分别置于胸锁乳突肌上向下做推摩，双手交替进行。

（3）颈后用单手或双手指腹做推摩，自上而下推至外侧，然后做揉和揉捏。

2. 面部按摩

（1）按摩者站或坐均可。

（2）两手掌相对搓热后做干洗脸。从下颌正中线向两侧经面颊至太阳穴向上至前额，从前额沿面正中线向上至下颌正中线，反复约作 10 次或以感到发热为度。

（3）左右旋转眼球，轻闭双眼将双手指腹擦热后轻贴在眼球上，使眼球上下、左右旋转各 5 次，移动时要像注视某一物体。再以示、中、环三指指腹按压眼球（3~5 s），再从鱼尾穴运拉太阳，重复 3 次。

（4）刮眼眶：用双手食指（或中指）中节，从内向外刮上下眼眶各 8~10 次。

（5）运眉弓：两手中指指腹从印堂穴沿眉弓向外运到眉外侧端，分推运揉 5~8 次。点揉眼周围。

（6）推摩鼻翼。拇指与示指成"八字"，余三指弯屈，拇指在颌下，示指从目内眦向下沿鼻翼两侧向下推摩数 10 次或以发热为度。

（7）捋耳轮、耳舟：用双手拇、示二指，拇指在后，示指在前，从上到下捋耳轮耳舟，反复 8~10 次。

（8）揉耳根：用双食指（或中指），在耳前根、耳后根作上下揉推各 8~10 次。

（9）鸣天鼓：取站或坐位，用双手掌将两耳向前压盖耳孔，余指在脑后枕骨结节处。

3. 胸、腹部按摩

（1）取坐（站）或仰卧位。

（2）两手指、掌从胸大肌斜向外下方分推、揉。

（3）取仰卧位，屈膝屈髋，使腹肌放松，多用揉等手法，揉时以脐为中心向左至右慢速运揉 15~20 次。揉搓两肋左右两掌分别从两肋部，向下推摩至小腹，反复推摩 15~20 次。

4. 腰骶按摩

（1）取坐（站）位。

（2）按摩时，微前屈，多用推、擦、揉、扣等手法。

（3）双手握拳，以手背紧贴腰部棘突的两侧，作环形、上下揉搓 20~30 次。

（4）在腰骶部可两手握拳，用手背或掌指关节的突起部揉搓，用力由轻到重，自觉有热感为度，一般持续 2~3 min。

5. 上肢按摩

（1）手、腕：取坐（站）位，一侧前臂支持在同侧的大腿上，多用推、擦、拉、揉等手法。

（2）前臂：体位同上，多用推、擦、揉、捏等手法。

（3）上臂：取坐位，多用揉、捏、擦等手法。

6. 下肢按摩

（1）臀部：取立位，被按摩的一侧稍屈膝，躯干略前倾，整个身体重量支持在另一侧肢体，用同侧手做推、擦、揉、揉捏、肌肉抖动等。

（2）大腿：取坐位，被按摩的下肢伸直，做股四头肌按摩；然后膝微屈，同时大腿稍外旋，做股内、股后肌群按摩。

（3）膝关节：取坐位，被按摩的下肢伸直，用推、擦、揉等手法。

（4）小腿：取坐位，被按摩的下肢屈膝屈髋，另一大腿微外旋。用推、擦、揉捏、肌肉抖动等手法。

（5）足踝部：取坐位。按摩足背时，被按摩肢体屈膝、屈髋，按摩足底、足趾时，把小腿置于另一大腿上，用擦、推、揉和运拉等手法。

注意事项

（1）按摩者要修剪指甲，不戴饰物，保持双手清洁、温暖，以免操作时伤及患者皮肤或引起不适。

（2）操作时术者要始终保持正确的位置、身法、步法、手法、功法。意到力到，心手合一。

（3）在各部位按摩治疗过程中，注意操作方向，通常都是顺血液和淋巴液回流的方向。

（4）按顺序进行各部位按摩，不要遗漏。一般顺序是从上往下、从前往后。

（5）应随时注意被按摩者对手法治疗的反应，及时调整按摩手法的强度、时间，用力由轻到重，再逐渐减轻而结束。按摩的力度要适中，既要有效果，又要防止力度过大造成不适甚至损伤。

实验报告

（1）通过练习，体会保健按摩有哪些保健作用，如何养成自我按摩的习惯？做好保健按摩要注意哪些事项？

（2）给本次实验做一个小结，对自己的按摩技术做点评。

课后练习

1. 本次实验后,每天晚间做一次自我按摩,或与同学之间互相交换做全身按摩,连续坚持10周以上。
2. 学期末根据保健按摩的技术特点和体会,自己命题写出小论文计入期终实验考核成绩。

实验四 急救止血技术实习

实验目的

通过本实验使学生掌握常用的急救止血方法,能熟悉全身主要浅动脉的体表位置并能准确定位,并熟练掌握指压止血和止血带止血两类基本止血方法的操作技术。

实验原理

血管损伤出血是运动损伤的急症,如果不及时止血,可能发展为休克,造成严重后果甚至危及生命。对于微小血管和毛细血管破裂出血,一般予以加压包扎即可止血;对于较大的血管破裂出血,用手指直接压迫出血的动静脉,或将止血带缚扎于出血部位近段肢体,将其血管压闭,可起到临时止血、暂时稳定生命的作用,为转送医院进一步急救争取时间。

实验器材

纱布绷带、软布、橡胶管、气压止血带等。

实验方法

(1)每2个学生一组,轮流在对方体表指压练习,首先进行血管定位,然后用食中指指腹压迫在血管位置,观察和体会止血效应。

(2)根据教材文字和图片找准血管的体表位置,互相提示正确方法,并互相纠错。必要时请教师指导。

实验步骤

一、全身浅表动脉的体表定位和指压止血法

1. 颞浅动脉压迫止血法(见图4-4-1)

方法:在耳屏前方用拇指摸到搏动后,将该动脉压向颞骨面。

应用:用于同侧头额、颞部的临时止血。

2. 下颌动脉压迫止血法(见图4-4-1)

方法:在下颌角前约1.5 cm处,用拇指摸到搏动后,将该动脉压在下颌骨上。

应用：用于同侧面部出血的临时止血。

3. 锁骨下动脉压迫止血法（见图4-4-2）

方法：在锁骨上方、胸锁乳突肌外缘，用拇指摸到搏动后，将该动脉向后内正对第一肋骨压迫。

应用：用于同侧肩部和上臂出血的临时止血。

4. 肱动脉压迫止血法（见图4-4-2）

方法：上臂稍外展外旋，在肱二头肌内缘中点处摸到搏动后，用拇指或其余四指将该动脉压迫于肱骨上。

应用：用于同侧前臂出血的临时止血。

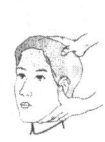 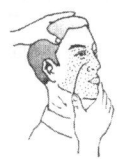

图4-4-1 颞浅动脉（左）和下颌动脉（右）指压法

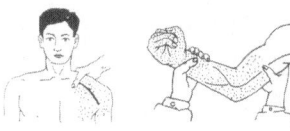

图4-4-2 锁骨下动脉（左）和肱动脉（右）指压法

5. 指动脉压迫止血法［见图4-4-3（左）］

方法：第一指节根部两侧，用拇、示指相对夹住。

应用：用于同侧手指出血的临时止血。

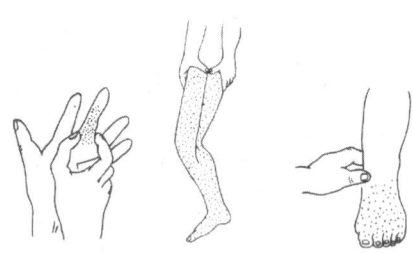

图4-4-3 指动脉（左）和股动脉（中）、胫前后动脉（右）指压法

6. 股动脉压迫止血法［见图4-4-3（中）］

方法：在腹股沟中点处摸到搏动后，用两手拇指重叠（或用掌根），压迫该动脉于耻骨上支。

应用：用于同侧大腿、小腿出血的临时止血。

7. 胫前、胫后动脉压迫止血法［见图4-4-3（右）］

方法：用两手拇指或一手的拇指、食指分别按压在内踝与跟骨间（胫后动脉）和足背横纹的中点（胫前动脉）。

应用：用于同侧足部出血的临时止血。

二、止血带止血法

1. 橡胶管止血法（见图 4-4-4）

将橡胶管止血带的一端留出一部分并用一手的示、中指夹住，另一手将止血带适度拉紧拉长，绕肢体 2～3 圈（压在留出的那部分止血带上）后，将残留端夹在示、中指间拉出即可。

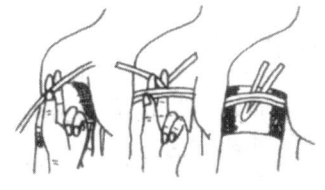

图 4-4-4　橡胶管止血法

2. 气压止血带止血法

将血压计袖带绕在需止血的肢体上，然后充气压迫血管，松紧度以血液停止流出为度。

3. 无弹力止血带止血法（见图 4-4-5）

在伤口处用绷带、布巾等材料勒紧血管止血，第一圈绕紧扎在血管部位，第二、三圈压在前一圈上面并勒紧，松紧度以伤口出血明显减少为度，最后打结。

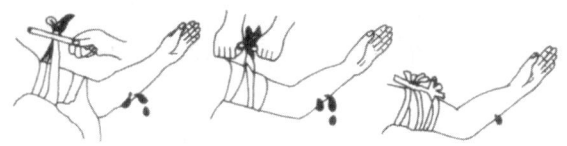

图 4-4-5　无弹力带止血法

注意事项

（1）用指压止血法时，要找准表浅动脉压迫点的位置，但不要在正常人体上进行压迫（特别是颈部的动脉），以防引起意外。

（2）止血带止血时，止血带要绑扎在伤口的近心端。

（3）上止血带时，要留明显的标签，并注明上止血带的时间、部位、放松止血带及重上止血带时间等。

（4）上肢每隔 30 min，下肢每隔 1 h 松一次止血带，放松 2～3 min，上止血带时间最长不能超过 3 h，以免引起肢体缺血、坏死。

（5）临时止血后，均应将伤员迅速送往医院进行处理。

实验报告

（1）根据实践体会，总结两类止血方法的要点和注意事项。
（2）实验小结和自我评价。

课后练习

1. 思考：急救止血的意义何在？如何应用止血技术？
2. 练习：课后 3 周内与同学练习指压止血方法至少 5 遍。

实验五　伤口包扎技术实习

实验目的

通过本实验使学生掌握绷带、三角巾包扎的基本要领和包扎技术，熟练掌握伤员的现场紧急处理方法。

实验原理

运动中可因为某些原因引起局部皮肤、软组织、血管损伤，伤口暴露并受到污染。迅速包扎可以减少出血，防止休克的发生，并且使伤口覆盖以减轻污染，减少伤口感染的发生。包扎技术是现场急救的基本技术之一，对于保障伤员生命安全具有极为重要的作用。

实验器材

普通卷轴绷带、弹力绷带、三角巾（大、小）、医用橡皮膏、剪刀等。

实验方法

（1）每3个人一组，1人充当伤员，1人担任急救包扎，另1人担任助手，练习各部位包扎技术。轮流交换角色进行练习。

（2）按照实验步骤，逐一练习各种包扎方法，体验包扎是否稳妥、松紧适度，必要时请教师指导。

实验步骤

一、绷带包扎法

1. 环形包扎法

环形包扎4~8圈，适用于包扎额部、手腕和小腿下部等粗细均匀的部位，也用于其他绷带包扎法的开始和结束（见图4-5-1）。

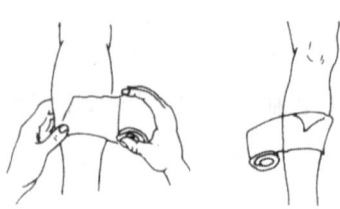

图4-5-1　环形包扎法

2. 螺旋形包扎法

绷带向上斜形缠绕，后一圈压住前一圈的1/3~1/2。适用于包扎上臂、大腿等肢体粗细差不多的部位（见图4-5-2）。

3. 反折螺旋形包扎法

从环形包扎开始，然后将上缘反折，后一圈压住前一圈的 1/3~1/2。适用于包扎前臂、大腿和小腿等肢体粗细相差较大的部位（见图 4-5-3）。

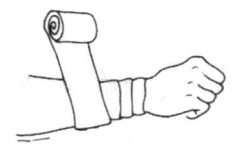
图 4-5-2　螺旋形包扎法

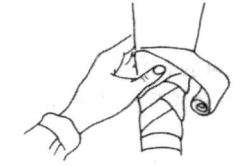
图 4-5-3　反折螺旋形包扎法

4. "8"字形包扎法

从关节下方环形包扎开始，再由下而上、由上而下地来回做 8 字形缠绕关节，每圈压住前一圈的 1/3~1/2，然后环形包扎结束。适用于包扎关节部位（见图 4-5-4）。

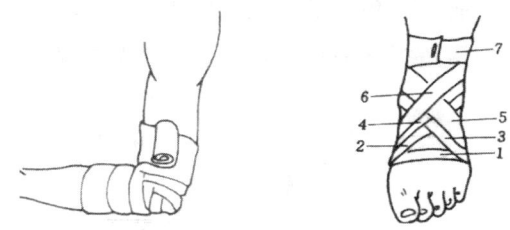
图 4-5-4　"8"字形包扎法

二、三角巾包扎法

三角巾依三角形命名，由顶角、底角、斜边和底边等构成。

1. 手部包扎法

三角巾平铺，患手手掌向下，指尖对三角巾的顶角，平放在三角巾的中央，底边横放于腕部，然后将三角巾的顶角向上反折，再将两底向手腕背部交叉围绕一圈，在腕背打结（见图 4-5-5）。

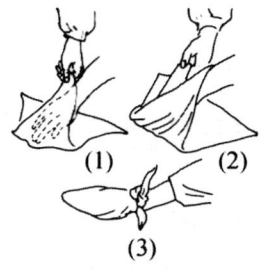
图 4-5-5　手足部包扎法

2. 足部包扎法

与手部包扎法基本相同。

3. 头部包扎法

将三角巾的底边置于前额，顶角朝向头后正中，然后将底边从前额绕至头后，在枕后交叉再绕至前额打结，最后把顶角拉紧并向上翻转固定（见图4-5-6）。

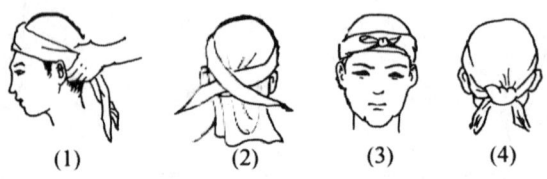

图4-5-6　头部包扎法

4. 大悬臂带

适用于除肱骨与锁骨骨折以外的上肢损伤。将三角巾顶角放在伤肢的肘后，一底角置于健侧的肩上，肘关节屈曲前臂放在三角巾的中央，将下方的底角上折，包住前臂，在颈后与上方底角打结，最后把肘后的顶角折向前面，用橡皮膏或别针固定（见图4-5-7）。

图4-5-7　大悬臂（左）、小悬臂（右）

5. 小悬臂带

此法适用于锁骨和肱骨骨折。将三角巾叠成四横指宽的宽带，其中央置于伤肢前臂的下1/3处，两端在颈后打结（见图4-5-7）。

注意事项

（1）包扎时应使伤员处于舒适的体位，关节要包扎于功能位。包扎过程中尽可能不要改变伤员的位置。

（2）包扎时动作要熟练、柔和，松紧适中。

（3）绷带包扎要从伤部远端开始，包扎结束时可用胶布或打结固定，但结不能打在伤口上。

（4）螺旋形包扎、反折螺旋形包扎、"8"字形包扎，每圈都要压住前一圈的1/3~1/2。

（5）包扎四肢时应使指、趾端外露，以便观察血液循环情况。

实验报告

（1）简述各种包扎技术方法的应用范围（部位）。
（2）实验小结和自我评价。

课后练习

1. 练习：实验课后的 2 周内同学之间互相练习全套包扎技术不少于 4 次。
2. 实践：平时随身带上绷带，为受伤的同学义务包扎。

实验六　心肺复苏术技术实习

实验目的

通过本实验使学生了解和掌握心肺复苏术的原理和技术，并能按技术标准熟练进行单人、双人操作，达到在偶然情况下能得心应手地对心脏骤停者进行复苏抢救的要求。

实验原理

在某些意外情况下，对人体产生严重刺激使心跳、呼吸突然停止，全身的血液循环停止使脑和重要脏器失去血液和氧气供应，组织细胞很快发生缺氧、变性甚至坏死，$4 \sim 6$ min 内大脑细胞即发生严重损害，甚至不能恢复，因此必须争分夺秒地进行心肺复苏术，立即实施口对口人工呼吸，以维持全身器官尤其是心脑等重要器官细胞的氧气供应，同时进行胸外心脏按压，人为地维持血液循环，并诱发心脏的自主搏动。这样同时采取口对口人工呼吸、胸外心脏按压两种紧急抢救技术（心肺复苏术），有可能使伤员的呼吸、循环得以恢复，从而挽救伤员的生命。

实验器材

微电脑心肺复苏模拟人、无菌纱布、酒精棉球、镊子等。

实验方法

（1）每 2 人一组，1 人做口对口吹气，另 1 人做胸外心脏按压，根据实验步骤，严格按标准操作。将心肺复苏模拟人模型开关置于开的位置，调整好按压频率，即开始复苏术，两人配合进行。

（2）另一组在旁观摩，注意正在操作的同学是否正确，存在哪些问题，思考如何正确操作。待前一组做完后，即接着进行心肺复苏术练习。根据电脑模拟人的显示，判断是否操作有误，继续练习直至完全掌握正确操作。如此一组接一组地练习。

实验步骤

一、熟悉心肺复苏模拟人模型

在教师的指导下，认真阅读心肺复苏模拟人的使用说明书，熟悉各部件的名称及使用方法和注意事项，能准确操作模拟人模型。

二、心肺复苏术

1. 判断意识

发现昏迷倒地的病人后，轻摇病人的肩部并高声喊叫其姓名，亦可轻轻拍打其脸部，若无反应，立即掐压人中、合谷 5 s，若病人仍未苏醒，立即向周围呼救并拨打急救电话 120。

2. 畅通呼吸道

将病人放置于木板或平整的地面上，将病人仰卧，双手放于躯干两侧。用仰头举颏法开放病人气道：抢救者一手置于病人前额使头部后仰，另一手的食指与中指置于下颌骨近下颌角处，抬起下颌（见图 4-6-1）。

3. 人工呼吸

在畅通呼吸道后要立即判断病人有无呼吸，抢救者将脸贴近病人的口鼻，感受有无气息进出，同时眼睛侧视病人胸部，观察其有无起伏。若都无反应则说明病人没有呼吸，要立即进行口对口人工呼吸。

图 4-6-1　仰头举颏法

人工呼吸要在保持病人呼吸道畅通和口部张开的位置下进行。操作时用按于病人前额一手的拇指与食指捏住病人的鼻孔；抢救者深吸一口气后，张开口紧贴病人的口（要将病人的口全部包住，若条件许可可先用一块无菌纱布盖住病人的口），快而深地向病人口内吹气，直至病人胸部上抬。

一次吹气完毕后立即与病人口部脱离，放松捏鼻的手指，以便病人从鼻孔出气，轻轻抬起头部，眼视病人胸部，同时吸入新鲜空气，准备下一次人工呼吸。每次吹入的气量约为 800～1 200 mL，每分钟吹气 12～16 次，直至病人恢复自主呼吸（见图 4-6-2）。

图 4-6-2　人工呼吸（口对口吹气）

4. 胸外心脏按压

先判断病人有无脉搏。抢救者一手置于病人前额使其头部保持后仰，另一手在靠近抢救者一侧触摸病人颈动脉，用食指及中指指尖触及气管正中部位（男子可先触及喉结），然后向旁滑移 2～3 cm，在气管旁软组织处轻轻触摸颈动脉搏动（见图 4-6-3）。在判断病人没有脉搏后，就应立即准备进行胸外心脏按压。病人应仰卧于硬板床或平地上，在保持呼吸道通畅的位置下先进行两次人工呼吸，然后抢救者应快速找到按压的部位：首先以食指、中指并拢沿病人肋弓处向中间滑移，在两侧肋弓交点处寻找胸骨下切迹（剑突处），以此作为定位标志；然后将食指和中指的两指横放在胸骨下切迹上方，食指上方的胸骨正中部位即为按压区。将一手掌根重叠放在另一手背上置于刚定位好的按压区，使手指不要接触胸壁。抢救者双臂应伸直，双肩在病人胸骨上方正中，垂直向下用力按压，按压的频率为 60～80 次/min，对于成年病人按压深度为使胸骨下陷 3～4 cm。儿童按压频率稍快，100～120 次/min（见图 4-6-4）。

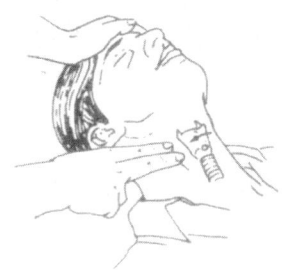

图 4-6-3　触摸颈动脉

图 4-6-4　正确按压姿势

单人进行心肺复苏术，遵循上述步骤先进行两次人工呼吸，然后进行 15 次胸外心脏按压。即吹气和按压的比例是 2∶15，如此反复进行，直到医务人员赶到。

双人进行心肺复苏术，亦遵循上述步骤，一人进行口对口人工呼吸，另一人进行胸外心脏按压。此法要求两人必须协调配合，按压与吹气的比例为 5∶1 或 4∶1（见图 4-6-5）。

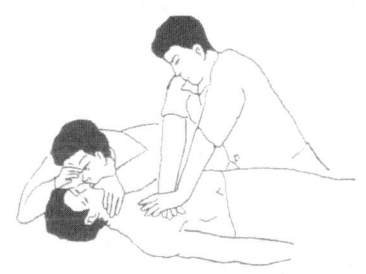

图 4-6-5　两人操作心脏按压与人工吹气

如在按压过程中病人的大动脉搏动恢复，收缩压上升达 60 mmHg，口唇、甲床渐转红润，自主呼吸恢复，瞳孔缩小，即为按压有效的指标，应继续按压至自主心跳恢复。

注意事项

（1）判断有无脉搏时触摸颈动脉不能用力过大，以免颈动脉受压妨碍头部供血，检查时间不可超过 10 s。

（2）开放气道行仰头举颌法时，注意手指不要压迫病人颈前部、颌下软组织，也不要使颈过伸。

（3）进行口对口人工呼吸时，每次吹气量不要过大，否则易造成胃大量充气。

（4）胸外心脏按压应将病人平卧于硬板上，用力应平稳、有规律地进行，不能间断，也不能忽快忽慢，禁止做猛烈地冲压，按压时手指不要压在胸壁上，否则易引起肋骨或肋软骨骨折。

（5）按压时用力应垂直向下（特别是肘关节要伸直），不要左右摆动，双手掌要重叠放置，不可交叉放置，按压后迅速上抬，此时贴胸的手掌根部不可离开胸骨定位点，接着进行下一次按压。

实验报告

（1）简述心肺复苏术的技术要点，实施心肺复苏术主要的注意事项有哪些？
（2）自我评价是否完全掌握了心脏复苏技术，简述存在的问题和解决办法。

课后练习

思考：什么情况下需对病人进行心肺复苏术？怎样正确进行心肺复苏术？

实验七　闭合性软组织损伤的物理疗法

实验目的

物理疗法的方法很多，常用于闭合性软组织损伤的治疗与康复，通过本实验掌握常用物理疗法的原理及操作方法，能对运动员常见损伤做出正确治疗处置。

实验原理

冷冻疗法：应用比人体温度低的物理因子刺激治疗伤病的方法，其机理是收缩血管（减轻充血、降温）、抑制感觉神经。

温热疗法：应用比人体温度高的物理因子刺激治疗伤病的方法，其机理是扩张血管（改善血液和淋巴循环、增强组织新陈代谢）、缓解肌肉痉挛、促进淤血和渗出液的吸收。

红外线理疗仪是利用红外线的热辐射作用起到温热治疗作用。特定电磁波治疗仪（TDP）发射出 $2\sim50\ \mu m$ 特定电磁波，照射人体部位，促进新陈代谢，改善血液循环，活化酶系统，促进上皮生长，促进生长发育，调整性机能，对多种伤病具有治疗作用。

拔罐疗法：以杯罐为工具，利用火的燃烧排除罐内的空气产生负压吸附在皮肤上来治疗疾病的方法，其机理有溶血作用、穴位作用、温热作用等。

实验器材

电脑、投影仪、教学光盘、冰块、氯乙烷、毛巾、海绵弹力绷带、冰块、冷水、热水袋、布袋、理疗仪（红外线、TDP）、各种火罐、酒精、镊子、火柴、龙胆紫、无菌纱布、胶布、正骨水、红花油等。

实验方法

（1）每3人一组，进行冷冻、温热、理疗仪、拔罐治疗操作练习，轮流交换角色进行操作，互相提示同伴以正确手法进行操作。

（2）严格按照正规的方法和程序来做，通过观看教学 VCD 示范，参看书中图示，复习课堂知识，然后按老师示范和提示进行练习。

实验步骤

一、冷冻疗法

应用比人体温度低的物理因子刺激治疗伤病的方法。
（1）作用：止血、退热、镇痛、消肿。
（2）适应证：急性闭合性软组织损伤早期。
（3）方法：

① 冰（冷）敷法。用冰袋装入冰水或碎冰粒，贴于患处 5~15 min。用毛巾浸入冷水或冰水，拧干后敷于患处 1~2 min，然后更换，总冷敷时间 20 min。

② 蒸发冷冻法。将冷镇痛喷雾剂氯乙烷或氟甲烷喷射于损伤部位，每次 5 s，间隔 1 min，共喷射 2~3 次，在损伤组织表面形成一层薄雾即可，每日 2 次。

二、温热疗法

应用比人体温度高的物理因子刺激治疗伤病的方法。
（1）作用：消肿、散瘀、止痛、减轻粘连、促进愈合。
（2）适应证：急性闭合性软组织损伤中、后期、慢性。
（3）方法：

① 热敷法。用热水袋或热毛巾或将盐和砂子炒热装入布袋贴于患处，温度以 35~50 ℃ 为宜，每 3~5 min 更换 1 次，总热敷 30 min，每日 2 次。

② 石蜡疗法。将石蜡加热溶解冷却至 35~60 ℃，将伤肢浸入，或将石蜡液体浇于损伤体表，每次 30 min，每日 1 次。

三、理疗仪治疗

1. 原理和适应证

（1）红外线理疗仪：利用红外线的热辐射作用发挥温热治疗作用，对于闭合性软组织损伤中晚期具有治疗作用。

（2）特定电磁波治疗仪（TDP）：电源对特定电磁辐射板加热，温度升高到一定值时发射出 2~50 μm 特定电磁波，照射人体部位，促进新陈代谢，改善血液循环，促进生长发育，活化酶系统，促进上皮生长，调整性机能。对多种伤病尤其是闭合性软组织损伤中晚期具有较好治疗作用。

2. 方　法

按各种理疗仪使用说明进行操作,每次 30～60 min,每天 1～2 次。

四、拔罐疗法

(1) 作用:具有溶血作用,释放出的血红蛋白通过末梢感受器对大脑皮质的刺激,可以提高大脑对各器官系统的功能调节;对穴位刺激有疏通经络、调节机体功能的作用;局部组织的温热刺激能促进局部血液循环。

(2) 适应证:急性软组织损伤的中晚期,慢性闭合性软组织损伤。

(3) 拔罐方法:① 投火法;② 闪火法;③ 贴棉法。

(4) 拔罐的临床应用:① 留罐法;② 闪罐法;③ 走罐法;④ 刺血拔罐法。

(5) 拔罐的程序:

① 准备好各种器材和用品;

② 操作程序:

- 摆好舒适体位,检查拔罐部位有无其他异常;
- 根据拔罐部位的大小选用合适的罐具;
- 拔罐的时间 10～20 min,如患者感到灼痛、过紧,稍起火罐放进少量空气,或酌情提早起罐。

注意事项

(1) 冷疗时要防止发生冻伤及神经麻痹,冰敷时间不超过 20 min。

(2) 面部应用冷雾气法时,应注意保护眼、耳、鼻、口部。

(3) 红外线和 TDP 仪治疗时,要防止烫伤,发现皮肤呈暗红色,应增加照射距离,或停止治疗。

(4) 起罐时用一手指按住罐旁皮肤,另一手握罐使空气透进罐内,罐即落下。

(5) 拔罐后如果皮肤起泡可涂紫药水或消炎药膏,覆盖纱布,防止感染。

实验报告

(1) 冷、热疗对闭合性软组织损伤的适用证,为了提高疗效和防止治疗过程中发生损伤,理疗过程中有哪些注意事项?

(2) 实验课自我小结与自评。

课后练习

1. 总结各种物理治疗的方法、程序、技术要求。

2. 根据课堂所学知识,课后到体育保健理疗室练习物理疗法,每周 2 次,连续 4 周。

实验八　运动损伤伤员临时固定和搬运方法

实验目的

在运动训练和体育课练习中,随时都有可能发生运动员和学生的损伤,教练员和教师要及时检查伤员并判断伤情,在现场做出必要的处理,对于较重的损伤如关节脱位、骨折、脊柱损伤等,必须在现场对损伤部位进行简单的复位和妥当的固定,为安全转运至医院进一步急救和治疗创造条件。通过本实验使学生正确掌握伤员临时固定和搬运方法,以保证伤员安全,有利于损伤的康复。

实验原理

运动损伤发生后,可能由于骨折端的移动使尖硬的骨折片刺伤神经和血管(尤其是大血管),或脱位的关节头压迫神经和血管;脊柱损伤后不妥当的搬动将使椎体和附件骨折片刺伤和挤压脊髓与神经根,或加重脊柱的脱位,导致严重的神经功能障碍甚至瘫痪,这些因素都将对伤员造成二次损伤,甚至造成比原发损伤更严重的后果。通过教师或教练员的现场紧急处理,将损伤的肢体固定在恰当的位置以减轻疼痛,减少出血,既可以预防休克的发生,防止血管、神经的继发损伤,又有利于搬动、转送至医院实施进一步救治。

实验器材

各种长度和宽度的夹板、三角巾、担架、床板、纱布绷带、布条、胶布、棉花等。

实验方法

(1)每3人一组,其中1人充当伤员,另2人对伤员实施搬运和固定,轮流交换角色并互相提示同伴以正确手法进行操作练习。

(2)要严格按照正规的方法和程序来做。可参看书中图示,复习课堂知识,按老师示范和提示进行练习。

实验步骤

一、运动损伤临时固定方法

1. 骨折夹板临时固定法

急救时对骨折伤员可以采用小夹板临时固定,如果找不到合格的夹板,则就地取材如木板、塑料板、硬纸板、伞柄等,将夹板安放在伤肢骨折部位,前、后、内、外侧各安放一块夹板,在骨突部位的夹板下方放置棉花、纱布、软纸等衬垫,然后以纱布绷带或布条缚扎3~4道,松紧适度以食指尖能插进夹板下为度(见图4-8-1)。

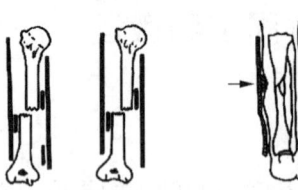

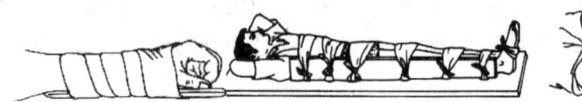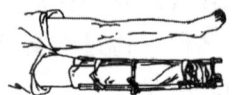

（1）小夹板固定方法　　（2）肱骨干骨折　　（3）前臂骨折

（4）腕部骨折　　（5）股骨骨折　　（6）小腿骨折

图 4-8-1　骨折临时固定方法

2. 关节脱位临时固定法

发生关节脱位后，如果不能在现场复位，则要进行临时固定，使关节固定在脱位后的位置，可以使用小夹板、长木板等，交叉缚扎在肢体上，既便于搬运，又使之稳定不被摇晃、旋转、推拉（见图 4-8-2）。

3. 脊柱骨折和脱位的临时固定法

对疑有脊椎骨折或脱位的伤员，要平卧于硬板担架或门板上，用绷带、布条等固定脊柱的胸腰段和骨盆防止扭转，对颈椎损伤者头部两侧用砂袋等物加以固定，限制转动。

二、伤员搬运法

1. 徒手伤员搬运法（见图 4-8-3）

肩关节前脱位　　　　肘关节后脱位

图 4-8-2　关节脱位的临时固定

（1）扶持法。急救者一手抱住伤员的腰部，另一手握住伤员搭在急救者肩后的手腕，支持伤员往前行走。适用于能步行、神志清醒的轻伤人员。

（2）抱持法。急救者一手抱住伤者腰部，另一手抱住下肢膝关节后侧。适用于软弱无力不能行走的轻伤员。

（3）托椅式搬运法。两位急救者各伸一手置于伤员大腿下方互相交叉紧握，另一手彼此交叉支撑伤员的腰背部，伤员两手搭在急救者的肩后。适用于不能行走的神志清醒伤员。

（4）卧式三人搬运法。3 名急救者站在伤员的同一侧，分别托抱伤者的头背、腰臀、大小腿，协调一致前行，保持脊柱在同一平面，不可扭转。适用于脊椎损伤尤其是怀疑有脊髓和神经根损伤者。

扶持法　　　　　　抱持法　　　　　　　托椅法　　　　　　卧式三人搬运法

图 4-8-3　伤员搬运法

2. 担架搬运法

将不能行走的伤员抬入担架内，2~4人抬着担架前行。对脊柱损伤尤其是怀疑脊椎骨折的伤员，要使用硬板担架抬送，并固定脊柱的颈段、胸腰段、骨盆，防止扭转或移动加重损伤。需要移动伤员时，必须3~4人同时托住头、肩、腰、臀和下肢，在同一平面向同一方向滚动。切不可采取抱持、托椅等方法搬运（见图4-8-4）。

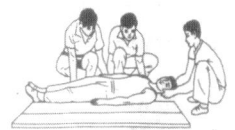 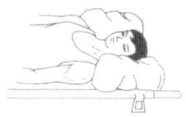

图 4-8-4　脊椎骨折伤员的固定和担架搬运法

注意事项

（1）发现骨折应就地及时固定，避免骨折断端移动加重损伤。

（2）固定用的夹板长短、宽窄要合适，能固定骨折处上下两个关节。

（3）固定前要用棉花、软布包缠，骨突处、夹板两端要用软物衬垫包裹以防止压迫损伤。

（4）夹板要夹缚固定，指、趾端暴露在外，便于观察末梢血循环情况。

（5）脊柱损伤要在同一脊柱轴线上搬动，不可扭转，并严格固定。

实验报告

（1）徒手伤员搬运法有哪些方法？各适用于什么伤员？对伤员进行固定和搬运时要注意哪些事项？

（2）自评和体会：对本次实验做出小结和自评，并解释为什么在现场要对伤员进行临时固定。

课后练习

本次课后2周内根据课堂所学知识练习常用的临时固定和搬运方法（夹板、三角巾固定，担架、床板搬运等）2次，能正确操作。

实验九　人体一日需热量测定

实验目的

通过本实验使学生初步掌握人体能量消耗计算方法，了解不同的体力活动和运动时人体能量消耗的基本情况。

实验原理

根据人体热量平衡的原则，既要保证人体消耗，又不能热量过剩，才能使能量平衡，保持健康的体质。采用活动观察计算法，应用直接或间接测热法取得人体各项热能消耗的数据，计算一天中各项活动内容所消耗的总热量，乘以体重或体表面积，即计算出 24 h 全部身体活动所消耗的总热量，加上 10% 的食物特殊动力作用所消耗的热量，即为人体一天所需的总热量。

实验器材

《体育保健学实验》人体各项活动内容能量消耗数据资料表格、计算工具等。

实验方法

（1）每 2 人一组，互相提醒和监督，详细分类记录自己一天（24 h）各项活动内容。然后查表计算全天总的热能消耗量。

（2）要严格按照正规的方法和程序来做，通过复习课堂知识，然后按老师示范和提示进行实验。

实验步骤

（1）每个同学把自己一天连续 24 h 的活动内容记录下来，时间以分为单位，总计为 1 440 min，即可以进行下一步；如果时间与 1 440 mim 不符，需要认真检查并回忆，将时间的总和调整为 1 440 min。

（2）在实验指导书的附表 1~3 中查找相对应的活动项目。如果没有相对应的活动项目，则需要把有关活动内容调整为上述两个表中已经列出的、相接近的活动项目。

（3）根据附表中列出的各项活动内容的单位能量消耗量，计算出各项活动的热能消耗量，再将全天各项活动的热能消耗量相加，计算出 1 440 min 每 1 kg 体重总的能量消耗量 D（单位用 J/kg）。

（4）计算身体的各项活动的耗热总和：$E(J/d) = D(J/kg) \times$ 体重（kg）。

（5）计算一天食物特殊动力作用的耗热量：$H = E \times 10\%$。

（6）计算人体一日需热量：$S = E + H$。

注意事项

（1）准确记录全天的各项活动，记满 24 h 的每一分钟，保证每一项活动内容记录无误。

（2）查表计算人体一日需热量，要准确无误。表中没有的相关活动项目，按照消耗量相近的活动项目计算。

实验报告

（1）对你的实验作出小结，实验结果是否准确客观。根据你对实验的理解，计算人体一日需热量有何实际意义？

（2）对实验数据做出评价，属于热能过剩、不足或者平衡？

课后练习

1. 思考：什么是热能平衡？如何保证人体需热量的平衡？
2. 思考：如何计算一个人的一日热能需要量？

实验十　体育课生理负荷量测定

实验目的

通过实验测定学生在正常体育课中所承受的运动负荷，判断体育课的教学是否符合体育保健学的有关原理，从而掌握体育课生理负荷量的测定方法，学会设置合理的体育课运动负荷量，并能对体育课的生理负荷量作出科学的评定。

实验原理

体育运动中人体所承受的生理负荷量有一个合理的范围，即从低限至高限的范围，称为"负荷阈"。根据心搏峰理论和最佳心率范围理论，一次体育课中应在一段时间内使心率达到最高水平形成"心波峰"，有利于增强心肌的收缩力，提高心脏的每搏输出量，提高心力储备能力。但应将运动过程中的负荷量控制在最佳心率范围内，避免运动负荷过小或过大，以利于提高心脏的每分输出量和心脏的耐力。通过测定学生在正常体育课中所承受的运动负荷，判断体育课教学过程中的生理负荷量是否符合体育保健学的相关原理。

实验器材

遥测心率仪（polar）、秒表、计算器、直尺、坐标纸、记录表格等。

实验方法

（1）每 10 人一组，分工合作。在一次体育课中测试 1~3 名学生。

（2）严格按照正规的方法和程序，按老师提示进行测定。

实验步骤

一、体育课生理负担量的测定

（1）各组从上体育课的某 1 个班或 2 个班的学生中分别选取具有代表性的测试对象 1~2 名，最好选取不同年龄、不同性别、不同运动项目的学生作为测试对象。亦可以按此方法从大众健身人群选取受试对象。

（2）可采用遥测心率仪，也可采用手测脉率（桡动脉）法。

（3）在测定了受试者安静时的心率后，体育教师开始按教案上课。

（4）上课时每 3 min 测定一次心率并做好记录，将整个课分为开始部分、准备部分、基本部分及结束 4 大部分，分别在每个部分进行过程中即刻测定受试者的脉搏并做好记录，一般在完成一个动作或一段教学内容后测试一次心率，45 min 的课至少要测定 10 次。一般在开始部分测 1 次、准备部分 3~5 次、基本部分 7~9 次、结束部分 1 次。并于课后恢复阶段的 2 min、4 min、6 min、8 min、10 min 各测一次心率。共测试不少于 15 次。

（5）如无法现场实测心率，可由教师给出模拟心率数字。

二、生理负担量测量结果的记录

将实验过程的测试数据计入"体育课心率测试记录表"。

体育课心率测试记录表

受试者姓名：　　　　　性别：　　　　年龄：　　　　运动项目：

测试心率（次/min）					统计心率（次/min）		
课　前	准备活动	基本部分	结束部分	恢复期	最小心率	最大心率	平均心率

三、生理负担量测量结果的分析与评价

体育课或训练中应根据人体生理的功能活动变化规律，安排学生的生理负担量，运动开始后逐渐加大运动量，到体育课结束前要逐渐减少运动量。按一次体育课的结构来看，准备部分的生理负担量不宜太大，以免体力消耗过多；生理负担量的高峰，应控制在基本部分的中期偏后为宜；结束部分的生理负担量应明显下降。以上述体育课为例，如果从脉率变化的曲线上看，生理负担量是逐渐增大，然后又逐渐下降，可以认为这次体育课的生理负担量的安排是合理的，反之就是不合理的。而且要控制在最佳心率范围内（120~180 次/min），每堂体育课中的一定时间里应该使最大心率达到或接近"心波峰"。

生理负担量测评的主要指标有：

（1）整个体育课的平均生理负担量（平均心率）。
（2）最小生理负担量（最低心率）。
（3）最小生理负担量（最大心率）。

注意事项

（1）在测试过程中两个受试者之间应保持 1 m 以上的距离，避免信息干扰影响测试结果。
（2）每次测脉率均以 10 s 计，然后再折算成每分钟脉率数。
（3）在进行体育课生理负荷测试时，要尽可能测试不同专项的对象 2 人以上，以利于比较分析；而且在测量安静时的脉率时要尽可能避免其他因素的干扰，否则将影响生理负担量计算的客观性和准确性。
（4）测试结束后，应将心率遥测表和胸带清洁，妥善保管。

实验报告

（1）将实验数据列表，并对体育课生理负荷量是否合理做出分析和评价。
（2）对你本次实验的表现作出评价，实验结果是否正确可靠。

课后练习

1. 思考：生理负担量评定的原理和意义。
2. 练习：本次课后任意选择一次体育训练课，用手测脉率（桡动脉）法对自己进行 1 次生理负荷量测定和评价。

实验十一　肩周炎医疗体操

实验目的

通过本实验使学生了解并初步掌握肩周炎康复的医疗体操，以及编操的基本原则。

实验原理

肩关节周围炎是肩关节周围软组织的一种慢性无菌性炎症，肩周炎医疗体操的作用在早期主要是改善局部血液循环，促进炎症吸收，防止软组织粘连，关节挛缩，预防肩关节活动受限。后期配合按摩和理疗、中药等综合治疗，主要是松解粘连，发展肩带部肌肉力量，增加和恢复肩关节活动范围。编操的原则：急性期采用放松的主动运动，以预防关节功能障碍和缓解疼痛；慢性期则应以主、被动运动功能锻炼为主，以消除关节功能障碍。动作要由简至繁，由易至难，避免剧痛反应，并使患者易于掌握、逐步适应。

实验器材

体操海绵垫、体操棍、实心球、肋木、滑轮练习器、挂图、投影仪、教学光盘等。

实验方法

（1）每 3 人一组，其中 1 人做病人，另 2 人担任治疗师，轮流交换角色进行操作，互相观摩，互相提示正确手法动作。

（2）治疗中的医疗体操、按摩手法等要严格按照正规的方法和程序来做，并请教师指导。

实验步骤

一、徒手运动

1. 下垂摆动（见图 4-11-1）

体前屈，双上肢放松下垂，做前后、左右放松摆动，每次摆动至手指出现麻木感为止，每天 2～3 次，也可做持重下垂摆动，从 0.5 kg 开始，逐渐增加至 5～10 kg，摆动 30～50 次。

2. 摸高运动（见图 4-11-2）

站立，双上肢向上摸高，逐渐增加张力（以仅出现轻度疼痛且能忍受为度），每次持续 1 min，向前放下再向后背部伸，亦持续 1 min，如此重复 10 次。

图 4-11-1　下垂摆动

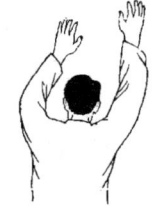
图 4-11-2　摸高

二、持棍运动

1. 第一节　持棍上举（2～4 个 8 拍）

预备姿势：两手持棍（稍宽于肩），分腿直立。

动作：1 拍两手持棍，两臂上举；2 拍还原；3～4 拍同 1～2 拍（见图 4-11-3）。

2. 第二节　肩侧屈棍后置运动（2～4 个 8 拍）

预备姿势：两手持棍（稍宽于肩），分腿直立。

动作：1～2 拍两臂经上举屈肘置棍于肩后（两臂肩侧屈，见图 4-11-4）；3～4 还原成预备姿势。

3. 第三节　持棍侧举（2~4个8拍）

预备姿势：两手持棍两端（掌心相对），分腿直立。

动作：1~2拍一臂伸直经侧上举，另一臂稍屈持棍向上推（见图4-11-5），先做健侧臂然后做患侧臂；3~4拍还原；5~8拍同1~4拍，但方向相反。

图4-11-3　　　　图4-11-4　　　　图4-11-5

4. 第四节　持棍后举（1~2个8拍）

预备姿势：两手于体后持棍，分腿站立。

动作：1拍两臂尽量后举（见图4-11-6）；2拍还原。3~4拍同1~2拍。

5. 第五节　持棍体后上拉（2~4个8拍）

预备姿势：健侧手在上（臂弯屈），虎口向下握棍，患侧手在下，于体后虎口向上握棍。

动作：1~2拍健侧臂逐渐伸直，用手持棍向上拦患侧手（见图4-11-7、4-11-8）；3~4拍还原。

图4-11-6　　　　图4-11-7　　　　图4-11-8

三、滑轮运动

1. 第一节　持环上举

预备姿势：双手握环，健臂上举，患臂下垂，分腿直立。

动作：1拍，患臂上举，健臂下压（见图4-11-9、4-11-10）；2拍还原成预备姿势。重复15~30次。

2. 第二节　持环侧上举

预备姿势：双手握环，健臂上举，患臂下垂，分腿直立。

动作：1拍，健臂下压，同时患臂尽量伸直侧上举；2拍，还原。重复15~30次（见图4-11-11、4-11-12）。

图 4-11-9　　　　图 4-11-10　　　　图 4-11-11　　　　图 4-11-12

3. 第三节　持环体后上拉

预备姿势：健臂上举握环。患臂稍屈体后握环（掌心向后）。

动作：1拍，健臂下压，同时患臂尽量弯屈上举；2拍，还原。重复15~30次（图4-11-13、4-11-14）。

4. 第四节　肩固定侧上举

预备姿势：双手握环，健臂侧上举，患臂下垂，患肩用带固定。

动作：1拍，健臂下压，同时患臂侧上举（见图4-11-15、4-11-16）；2拍，还原。重复15~30次。

图 4-11-13　　　　图 4-11-14　　　　图 4-11-15　　　　图 4-11-16

四、肋木运动

1. 第一节　单臂上举

预备姿势：面向肋木直立。

动作：患臂上举，依次摸肋木，尽量向上伸，然后还原成预备姿势，重复 8~16 次（见图 4-11-17）。

2. 第二节　双手握木悬垂

预备姿势：面向肋木直立。

动作：双手握木，两脚悬空，挂于肋木上。然后逐渐增加悬垂时间（以不引起明显疼痛为准）。初练时足部可不悬空，只屈双膝做握木悬垂。重复 2~3 次（图 4-11-18）。

3. 第三节　挺身拉肩运动

预备姿势：背向肋木直立，两手握肋木（手心向上）。

动作：1 拍，两臂伸直，重心前移，挺胸出，背弓，向前拉肩，体后屈；2 拍，还原。重复 3~5 次（见图 4-11-19）。

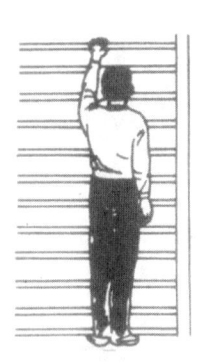
图 4-11-17

图 4-11-18

图 4-11-19

4. 第四节　背后握木下蹲运动

预备姿势：背向肋木直立，两手握肋木（手心向上）。

动作：1 拍，两手握住肋木，屈膝下蹲（见图 4-11-20）；2 拍，还原。重复 3~5 次。

5. 第五节　侧举握肋木下蹲运动

预备姿势：背向肋木直立，两手握肋木（掌心向下，见图 4-11-21）。

图 4-11-20

图 4-11-21

动作：两臂侧举，屈膝下蹲，蹲到蹲不下为止，做 3~5 次。

五、持球绕环运动

预备姿势：两脚分开，前后站立，患手持实心球。

动作：1 拍由前向后抡球做绕环运动（见图 4-11-22、4-11-23），重复 15～30 次；2 拍同 1 拍，但方向相反。绕环 15～30 次或因人而异。

图 4-11-22　　　　　　图 4-11-23

注意事项

（1）锻炼要循序渐进，逐渐加大运动负荷量，切勿操之过急，避免剧痛反应。锻炼中允许有轻微的疼痛，勿因此而停止锻炼。每日锻炼 1～2 次，必须认真坚持。生活中尽量利用患侧手进行力所能及的操作，以巩固疗效。

（2）肩关节活动练习时，上体要保持正直，避免腰部活动代偿，以使肩关节得到最大范围的活动。

（3）如有可能，锻炼前最好做蜡疗、红外线等治疗，可增大肩关节运动范围，减少疼痛。

（4）有些患者，病情稳定后疼痛会逐渐减轻，肩胛胸壁"关节"代偿活动也会增加。患者可能因表面上的病情好转而对治疗有所放松。应及时向患者解释清楚，指出疼痛缓解，功能未必能恢复，只有功能真正恢复，才能达到治疗目标，不可半途而废，必须坚持治疗，才能最后战胜疾病。

实验报告

（1）肩周炎医疗体操的康复作用是什么？如何提高和保持肩周炎医疗体操的康复效果？

（2）对本次实验情况做出小结和自我评价。

课后练习

本次课后每周练习肩周炎医疗体操 3 遍，连续 3 周。

实验十二　慢性腰腿痛医疗体操

实验目的

通过本实验使学生了解并初步掌握慢性腰腿痛康复的医疗体操，以及编操的基本原则。

实验原理

慢性腰腿痛多因腰肌劳损、风湿性腰肌炎、椎间盘突出、骨质增生、骨质疏松、脊柱畸形、脊椎滑脱等所致，其病理基础是神经根的刺激和损伤、肌肉及筋膜等组织的损伤和炎症，引起腰背肌痉挛疼痛，或腰背肌无力，肌肉力量的下降使脊柱失去了有力的保护，脊柱稳定性下降，对脊髓、神经根的刺激增加，导致腰腿痛症状反复发作。

慢性腰腿痛医疗体操的作用在于锻炼腰背肌，改善肌肉血液循环，增强肌力，调整腰背肌肉和下肢肌肉张力，解除肌肉痉挛，改善神经刺激症状而达到减轻或消除疼痛的目的。

编操的作用和原则：通过仰卧位、俯卧位腰背肌运动，锻炼腰背肌，增强肌力。编操时要注意对腰部和双下肢活动的功能练习，并减轻坐骨神经刺激症状。体操动作要简单易学、易坚持，使之发挥持久、不断巩固的康复效果。

实验器材

体操海绵垫、挂图、投影仪、教学光盘等。

实验方法

（1）每3人一组，其中1人做病人，另2人担任治疗师，轮流交换角色进行操作，互相提示正确手法动作予以纠错。

（2）治疗中的医疗体操、按摩手法等要严格按照正规的方法和程序来做，并请教师指导。

实验步骤

一、第一节　屈肘伸踝

预备姿势：直体仰卧。

动作：1拍，两手握拳，屈肘小臂经前上举，同时伸踝关节；2拍，还原成预备姿势；3~4拍同1~2拍（见图4-12-1）。

二、第二节　交替屈腿

预备姿势：直体仰卧。

动作：1拍，左腿屈膝上抬（尽量贴近腹部）；2拍，还原成预备姿势；3~4拍同1~2拍，但换右腿做（见图4-12-2）。

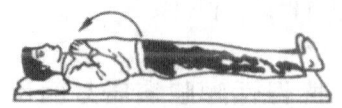 

图 4-12-1　　　　　　　　　图 4-12-2

三、第三节　举臂挺胸

预备姿势：直体仰卧。

动作：1 拍，两臂上举（吸气），同时身体尽量挺起后屈；2 拍，还原成预备姿势，同时呼气；3~4 拍同 1~2 拍（见图 4-12-3）。

四、第四节　交替举腿

预备姿势：直体仰卧。

动作：1 拍，左腿举起尽量接近 90°；2 拍，还原成预备姿势；3~4 拍同 1~2 拍，再换右腿做（见图 4-12-4）。

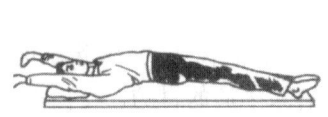 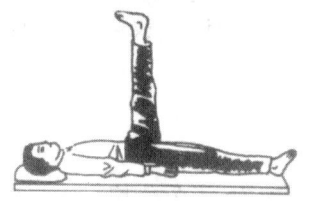

图 4-12-3　　　　　　　　　图 4-12-4

五、第五节　转体击拳

预备姿势：直体仰卧。

动作：1 拍，下肢固定不动，尽量抬上体，同时左转，向左腿外侧方向击右拳；2 拍，还原成预备姿势；3~4 拍同 1~2 拍，但方向相反（见图 4-12-5）。

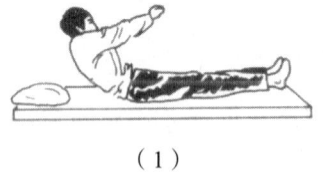 

（1）　　　　　　　　　（2）

图 4-12-5

六、第六节　仰卧蹬自行车

预备姿势：仰卧，右腿伸直抬起，左腿屈膝抬起。

动作：1 拍，左腿向下蹬直，同时右腿屈膝抬起；2 拍同 1 拍，但换右腿做（即两腿交替屈伸，做蹬自行车式运动）；3~4 拍同 1~2 拍（见图 4-12-6）。

图 4-12-6

七、第七节 屈腿挺腰

预备姿势：屈膝分腿仰卧，两手握拳，两臂弯屈，置于身体两侧（见图4-12-7）。

动作：1~2拍，身体尽量挺起（尽量挺胸腹）；3~4拍还原成预备姿势（见图4-12-8）。

图4-12-7

图4-12-8

八、第八节 抱腿呼吸

预备姿势：直体仰卧。

动作：1~2拍，两臂经前上举吸气，接着上体抬起同时呼气，两臂弯屈抱左膝（成半坐状态，见图4-12-9）；3~4拍，还原成预备姿势。

九、第九节 "船形"运动

预备姿势：直体俯卧。

动作：1~3拍，两腿后举，同时上体尽量抬起，两臂后举（见图4-12-10）；4拍，还原成预备姿势。

图4-12-9

图4-12-10

十、第十节 贴胸俯卧撑

预备姿势：臀部后坐，跪撑于床上（两手撑于肩前方）。

动作：1~2拍，屈臂，同时上体贴床前移，接着两臂推直成上体后屈的俯撑（见图4-12-11）；3~4拍，臀部后移，还原成预备姿势。

（1）

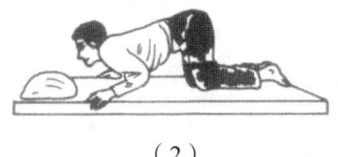

（2）

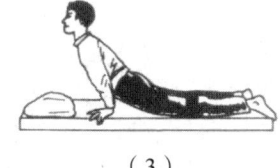

（3）

图4-12-11

注意事项

（1）加强肌力的动作应慢速进行，避免憋气。动作应有一定的力量和持续时间，以促进肌力逐步增大。

（2）改善腰功能的动作范围应逐渐加大，运动中允许轻度疼痛但不应有剧烈的疼痛。

（3）每次练习的节拍次数和快慢程度、用力大小，应由患者根据本人的病情轻重和自我感觉加以自我调整和控制。

（4）每节之间稍加休息，并可做些呼吸运动，以减轻疲劳感。

（5）练习时保持最佳心情，且配合有节律的呼吸练习，每天锻炼1~2次，持之以恒，以助提高疗效。

实验报告

（1）体会慢性腰腿痛医疗体操有哪些康复作用，如何提高和保持慢性腰腿痛医疗体操的康复效果，练习中应注意哪些事项。

（2）实验小结和自评。

课后练习

本次实验课后每周练习腰腿痛的医疗体操3遍，连续3周。

实验十三　运动处方的制订

实验目的

本实验让学生实习运动处方制订的原理、原则、内容、程序及方法。使学生能掌握运动处方的内容以及运动处方的常用格式，熟悉不同人群的运动处方，尤其针对常见的多发慢性病如糖尿病、肥胖症、高血压病、冠心病，根据不同的个体制定切实有效的运动项目、运动强度，且能亲自指导其进行科学的、个性化的体育锻炼，达到增强体魄和防治疾病的目的。

实验原理

运动处方是对从事体育运动或体育康复的个体，在进行详细的医学检查后，根据其健康水平、运动的基础条件等，用处方的形式规定运动种类、运动强度、运动时间、运动频率，并提出注意事项，以指导其有目的、有计划、科学地锻炼的一种形式。

运动处方通常有3类：有氧运动、力量性运动、伸展运动。每一类运动对人体的生理作用都有所侧重，有氧运动主要是采用中等强度有氧代谢为主的耐力性运动，对增强心血管载荷和氧气输送能力，提高呼吸系统摄氧量及组织的有氧代谢能力，有显著的训练效果；力量性运动可以增强肌力，调节肌力平衡，刺激本体感受器，改善肢体的形态和功能；伸展性运动可调节自主（植物）神经，使精神放松，改变形体和心理状态。

一般人群多采用有氧健身运动处方，有氧运动能为活动的肌肉群提供充足的氧气，因而有效地改善机体呼吸循环系统功能，促进心、肺、血液的适应性变化；有效地提高机体的摄氧和利用氧的能力，增进机体的防御机能和抵抗力，以增强体质。有氧健身运动处方的内容简便、易行，其运动形式对技巧的要求也不高，且强度低，有节奏，不中断，持续时间长，还便于进行运动中的自监自控，是锻炼者在保证安全的基础上增进身体健康、增强体质的最理想方法之一。

实验器材

体重计、身高仪、血压计、皮脂厚度计、电动跑台、功率自行车、运动心肺功能测试系统、心电图仪、秒表、心率遥测仪等。

实验方法

（1）每4人一组，其中1人为受试者，3人为实验的操作者（轮流交换角色进行操作练习）。操作者对被试者进行病史了解、临床检查、运动测试、体力测验、运动处方的制定，做完一轮后即写出一份科学合理的运动处方。

（2）要求学生在教师的协助下独立为一定的实验对象制定出一套完整的有氧健身运动处方方案并执行。

（3）能在制定有氧健身运动处方的基础上对其进行恰当的修改和调整，使运动处方更适合参加者。

（4）熟悉运动处方的内容特别是四要素，以及运动处方的常用格式。

（5）根据实验步骤，严格按标准操作，防止运动意外和运动损伤的发生，并请教师指导。

实验步骤

一、运动处方的制订程序（见图4-13-1）

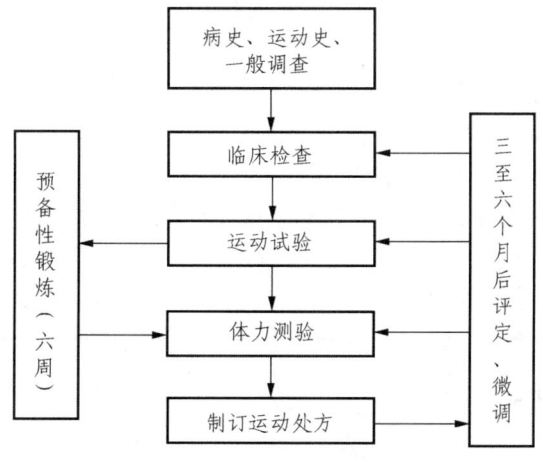

图4-13-1 运动处方的制订程序

二、运动处方参考格式（见表 4-13-1）

表 4-13-1　有氧健身运动处方示例

姓名：××　　性别：　　年龄：　21　岁
身高：　170　cm　体重：　60　kg

1. 健康状况及病史询问
   家庭史　家族无遗传和传染病史，无其他特殊疾病史
   既往史　既往体健，无特殊疾病史
2. 体格检查
   经检查未见身体形态、机能、心理等明显异常
3. 目前体质状况
   部分体质指标测试成绩[根据中国《学生体质健康标准》（试行方案）：
   肺活量体重指数 50.3；　　　　　　台阶试验 43.3；
   立定跳远（cm）231.7　　　　　　握力体重指数 61.7
4. 锻炼目标
   发展心肺功能
5. 运动强度
   最大心率 199 次/min；静息心率 70　次/min；靶心率　147~173 次/min
6. 运动形式
   主项：有氧健身操、各式跳绳；辅项：太极拳、跑步、游泳、自行车
7. 运动频率及持续时间
   每周 3~4 次，每次 40~50 min（不含准备和整理活动时间）。
8. 准备活动内容
   慢跑和关节活动操。（8~10 min）
9. 整理活动内容
   放松全身肌肉，尤其是小腿和手臂肌肉，走或慢跑（8~10 min）
10. 注意事项
    （1）注意运动强度的把握，可通过心率来进行控制。
    （2）确保运动前准备活动和运动后的整理活动充分。
11. 运动处方的修改和调整
    经过实施，该同学基本适应此运动处方，因此未作特殊改动，建议每 8 周复测一次体质指标以修正处方。

　　　　　　　　　　制订者：　××　　时间：　××年××月××日

三、运动处方制订步骤

（一）了解一般情况

了解受试对象的运动目的，询问病史（既往史、家族史）、运动史，了解社会环境条件（职

业、工作和生活条件、营养条件、运动设施和环境、运动指导条件等）。填写 PAR-Q 筛选问卷（Physical Activity Readiness Questionnaire，详见表 4-13-2）。

表 4-13-2 改良的 PAR-Q 筛选问卷*

题号	是 否	问　　题
1.	□ □	医生是否告诉您患有心脏病或仅能参加医生推荐的体力活动
2.	□ □	当您进行体力活动或运动时，是否有过胸痛或严重憋气的感觉
3.	□ □	自上个月以来，您未参加体力活动或运动时是否有过胸痛或严重憋气的感觉
4.	□ □	近 6 个月来，当您进行体力活动或运动时，是否曾因为头晕跌倒或失去知觉
5.	□ □	您是否有因体力活动或运动加重的骨或关节疼痛，或功能障碍
6.	□ □	医生是否告诉过您的血压超过 180/110mmHg

注：*本表适用对象的年龄为 15～69 周岁。如果有一个问题选择是，则应建议受试者先到医院进行相关的医学检查，根据医生的建议方可制定运动处方。

（二）临床检查

（1）身体形态检查：测量受试者的身高、体重、皮脂厚度。
（2）身体机能检查：检查受试者的血压、脉搏、呼吸。

（三）运动试验与体力测验：

1. 运动试验

运动试验是制定运动处方的基本依据之一，目前最常用的方法是"递增负荷运动试验"，是推算运动中靶心率，从而确定锻炼时运动强度的重要依据。

2. 体力测验

体力测验要求只能对运动试验无异常的人才能进行，包括肌力、爆发力、柔韧性等运动能力，和全身耐力的测验（如 12 min 跑）；而若体质差者须在 6 周的预备性锻炼后，才能进行体力测验。

（四）制订运动处方

根据以上检查的结果，在掌握受试者健康状况、体力水平、及运动能力限度的基础上，按其具体情况制订运动处方。首先确定选用的运动项目，再明确规定运动强度的安全界限和有效界限、运动强度及运动频率等。

1. 运动项目

根据患者的体质情况和检查评定结果，以及患者的兴趣、运动场地与器材条件，选择 1 种主要的运动项目，亦可再选择 1 种不同的运动项目作为辅助项目。

2. 运动强度

（1）有氧（耐力）运动的运动强度：心率是确定和监控有氧运动强度最常用指标，主要有年龄减算法、净增心率计算法、靶心率法（THR）和运动负荷百分比分级法。其中，THR（靶心率）= HR_{max}（最大心率）×（65%~85%）。

（2）力量性运动的运动强度：以局部肌肉反应为主，运动强度由阻力大小与运动次数或阻力大小与持续时间决定。

（3）伸展性运动的运动强度：有小、中、大运动量3种，小运动量一般为8~12节，中运动量一般为14~20节，大运动量一般为20节以上。

3. 运动时间

（1）有氧（耐力）运动的持续时间为20~60 min，一般为20~30 min，其中达到适宜心率的时间须持续15 min以上。

（2）力量性运动的运动时间：每个练习动作的持续时间以6 s以上为好。

（3）伸展性运动的运动时间：是由一套或一段伸展运动的时间和套数（或节数）决定的。

4. 运动频率（指每周的锻炼次数）

（1）有氧（耐力）运动的运动频率：一般认为每周锻炼3~4次是最适宜的频率，即隔日锻炼1次。

（2）力量性运动的运动频率：每日或隔日练习1次。

（3）伸展性运动的运动时间：每日1次或每日练习2次。

（五）评定及微调

初次制定的运动处方可先试行锻炼，并观察脉搏、血压的变化，随时记录，每1~2周复查一次，再对不适应的地方进行微调整，待适应后要坚持锻炼3~6个月，然后再做体力测验，重新制定长期的运动处方，并要不断进行微调整，使之达到不断提高锻炼效果的目的。

（六）有氧健身运动处方示例：

现对几种比较流行的和适合于不同年龄的健身处方介绍如下。

1. 步行健身运动处方

"走为百练之祖"，步行是一种最简捷、最有效的健身运动的方法。但是，如何把握好步行的速度呢？健身步行可根据自己的健康状况、体力和锻炼习惯自行掌握。为了提供参考，一般来讲，运动医学研究的结果认为：步行速度每分钟达133 m（约7 km/h，心率可达人体最大心率的70%）。这是最好的有氧运动，对健身效果最佳。

温馨小提示：

① 正确的健身步行步幅度比一般行走要大些，上体正直，两臂前后摆动，呼吸要自然，注意力要集中，速度和距离逐渐加快或加长。

② 每次步行的持续时间至少应保持30 min以上，否则不足以引起对增强体质的刺激。

③ 对于40岁以上的人来说，锻炼可每日或隔日一次；最大速度应以100 m/min为限。

④ 最好选择空气清新、环境优雅的适宜场所。如在水泥路面行走，最好穿加厚胶底鞋，

以防止对腿部关节的损伤和对头部的震荡。

⑤ 步行的时间最好选择在清晨、睡前或进餐半小时以后，饭后马上进行运动行走是无益的。

2. 慢跑健身运动处方

慢跑，对于保持成年人良好的心脏功能，防止肺组织弹性衰退，预防肌肉萎缩，防治冠心病、高血压、动脉硬化等，都具有积极的作用。

成年人跑的速度不宜太快，不能快跑或冲刺，要保持均匀的速度，主观上以不觉得难受，不喘粗气，不面红耳赤，能边跑边说话的轻松气氛为宜。客观上以慢跑时每分钟心率不超过 180 减去年龄数为度。例如，60 岁的人慢跑时的心率应为每分钟 180 − 60 = 120 次，慢性病者跑的速度还可适当慢些，时间也可短些。

温馨小提示：

① 一般来讲，年龄较轻，体质较好者，宜选择强度较大、持续时间较短的方案；中老年人及体质较差者，宜选择强度较小而持续时间较长的方案。

② 初始锻炼者先从步行开始练习，待基础体力提高之后再慢跑，过渡期间可选用走跑交替的方法练习，以使机体能力与运动能力相适应。

③ 慢跑的场所最好选择土路和较为僻静的地方，如果在城市的马路上进行，一定要注意安全。

④ 如果在慢跑中出现腹痛，多由呼吸不当引起，这时需要立即减慢跑速，加深呼吸，如症状不能缓解，应停止运动，查明原因。在感冒发烧期间或患有某些不适于慢跑的疾病时，不应参加慢跑锻炼。

⑤ 慢跑锻炼可根据个人对运动量的自我感觉，以不产生过度疲劳为宜，采用每日或隔日的锻炼形式。

3. 游泳健身运动处方

游泳是一项很好的全身运动，它集日光浴、空气浴和水浴为一体，是充分利用自然条件锻炼身体的有效办法。无论男女老少、体力强弱，甚至某些慢性病患者均可参加，并从中得到锻炼和治疗。

但是，由于游泳运动是在水的特殊环境中进行的，因此，人体入水后要受到水的浮力、阻力与推进力以及人的体位的影响。那么，关于陆上的运动处方，在水中是否还能使用呢？对此，有关专家对游泳中的最大心率与慢跑做了比较研究，以探讨健身游泳运动中的适当运动强度。结果发现，游泳时最大心率比慢跑低 11 次/分。也就是说，一个人在慢跑时最大强度可达心率 151~186 次/分时，而水中可达 144~176 次/分，平均低 7~10 次/分。因此，陆上的运动处方应用于水中时，其水中适宜运动强度心率的计算，应比慢跑少 10 次/分左右。

温馨小提示：

① 游泳时，必须注意安全第一，克服麻痹思想。凡患有传染性疾病或有开放性伤口时，都不宜参加游泳，女性月经期一般也不应游泳。

② 饭后、酒后或剧烈运动后大汗淋漓时，不宜立即下水游泳。

③ 游泳前应做好充分的准备活动，包括徒手操、模仿练习和拉长肌肉韧带的练习等。

④ 激烈游泳后，应在水中放松，调整好呼吸以后再出水。但如果在游泳时出现头晕、恶心、冷颤或抽筋不止等异常情况时，应及时出水。

⑤ 游泳结束后，最好能及时淋浴或擦干身体，并注意穿衣保暖。

4. 自行车健身运动处方

骑自行车锻炼，融娱乐、健身与生活为一体，它对内脏器官产生的影响，并不亚于长跑和游泳等项运动。为了达到骑车健身的目的，关键是要掌握好骑行的强度。按照一般用心率计算运动强度的办法，只要使每分钟心率控制在上限 = 220 – 年龄×80%，下限 = 220 – 年龄×60% 这一范围内，锻炼效果同运动强度就呈正比增长。刚开始骑车锻炼者一般应达到每分钟蹬 60 次，近似乎于平时散步的速度。对于有一定基础的锻炼者，蹬速在每分钟 75～100 次最合适。计算蹬速，只需记下 10 s 内一条腿蹬的圈数，即可算出每分钟蹬的次数，假如单腿 10 s 内蹬了 7.5 次，那么 7.5×6×2 = 90 次/分。

随着社会的发展和人们物质生活的不断丰富，固定阻力和功率自行车的出现，更为广大健身爱好者提供了方便而优越的条件。现代功率车已达到了电脑化的程度。锻炼者可在蹬车前设计出锻炼程序，蹬车时车把上的屏幕会显示出多种信息，如心率、速度、距离、时间、能耗及水平（档次）。这些数据的出现，更便于锻炼者及时掌握、调整自己的运动强度，以达到全面健身的目的。

温馨小提示：

① 骑自行车应注意力集中，避开城市繁华的街道和车流量较大的路段，以保证安全。

② 应保持正确的骑车姿势，车座的高度应稍低于车把 5 cm 左右。车型大小也要适合于自己的身高。

③ 如遇大雾、能见度很低或冬季路面结冰的天气，不宜进行骑车锻炼；酒后也应禁止骑车锻炼。

注意事项

（1）要根据事前临床医学检查的结果决定是否可进行运动负荷检查，排除运动禁忌症。

（2）运动试验前要准备好急救器材和药品，并能熟练操作。

（3）运动试验过程中要严密监控运动量。如果出现锻炼后大汗淋漓、头晕眼花、胸闷、气喘、非常疲劳、运动后 15 min 脉搏尚未恢复，表明运动量过大，应注意调整和减量。

（4）应告诉参试者禁忌参加的运动项目、易发生危险的动作，并掌握运动中自我观察指标，及出现异常时停止运动的标准和征象。

（5）要学会用心律监测运动量，在桡动脉或颈总动脉处熟练地轻触测定自己的心率，每次计数 10 s，然后乘 6，即得到每分钟心率数。

实验报告

（1）为你所检查的受试者制订初次运动处方。

（2）实验小结和自评。

课后练习

每次运动中对自己进行心率计数，然后评价运动强度是否合理，并为自己找到最适宜的运动方案，如此连续练习3～5周。

实验十四　冠心病患者运动处方

实验目的

通过实验使学生掌握冠心病患者体育锻炼的运动处方，熟悉冠心病患者体育锻炼的适应证及安全运动的注意事项，以保证冠心病患者进行安全有效的运动锻炼。

实验原理

冠心病的运动疗法已得到国内外学者的一致肯定，运动锻炼一方面可以改善心脏原有侧支循环的血容量并促进新的心肌侧支循环建立，使心肌的供血（氧）量增加，另一方面使循环系统对运动的反应和调节功能改善，使之节省化有助于减少心肌的耗氧量。同时，运动减轻体重，降低血液黏稠度，增加血液中纤溶蛋白的活性，可以减轻冠心病危险因素的的威胁。并有助于改善情绪，减少心绞痛发作。

冠心病运动疗法的适应证是：稳定型心绞痛，心肌梗死后处于稳定状态，冠状动脉搭桥手术后，已代偿的充血性心力衰竭。主要的禁忌证有：不稳定型心绞痛，严重的主动脉狭窄，严重心力衰竭，严重心律失常，体温超过38 ℃者。

实验器材

根据不同的患者选择适宜的运动器材和场地。

实验方法

根据患者具体情况，按照冠心病患者运动处方的制定原则（见后面的运动处方），为冠心病患者模拟制订一套运动处方。

一、运动项目及方式

包括有氧运动如步行、慢跑、游泳、自行车、登山等，力量性运动如哑铃、健身器械的抗阻等长运动，放松性运动如娱乐性运动、医疗体操、我国传统健身方法等。

二、运动强度

（1）有氧运动：50%～85% HRmax（最大心率）。

（2）力量性运动：一次最大抗阻重量的 40%~50%，每组 8~10 次。以后逐步按 5% 的增量逐渐增加运动负荷。

（3）其他类型运动：均以中小强度为宜。

三、运动时间

（1）有氧运动：至少 15 min 以上（不含准备、整理活动时间）。

（1）力量性运动：每次 5~10 组，组间休息 30 s。

（3）其他类型运动：医疗体操 1~2 套；放松性运动和娱乐性运动 10 min 以上。

四、运动频率

（1）有氧运动：每周至少 3 次以上。

（2）力量性运动：每周 3 次。

（3）其他类型运动：每天 1 次。

注意事项

（1）严格掌握好适应证，以免发生意外。根据患者的具体情况确定运动项目和运动负荷，每次锻炼的负荷量灵活掌握，量力而行，不强求达到一定的心率，以免发生心脏意外。

（2）每次锻炼时都要做好准备活动（5~10 min），结束时要做好整理活动（5 min）。

（3）运动中如果出现气促、眩晕感，应增加间隔休息时间或多穿插进行平稳的呼吸练习；如突然感觉极度疲劳，左上臂和左颈部疼痛或压迫感，甚至心前区不适、疼痛或胸痛等，应立即停止运动，必要时服用急救药物或请医生检查。

（4）如果采取中等或以上强度运动时，应有运动前后的医学监护。

实验报告

（1）为冠心病人制订一套运动处方（包括具体运动项目、方法、强度、时间、频率、注意事项等）。

（2）对本次实验做一自评。

课后练习

1. 思考：哪些冠心病人适宜进行运动疗法？
2. 思考：对冠心病人实施运动疗法时要注意哪些事项？

实验十五　糖尿病患者运动处方

实验目的

通过实验使学生认识糖尿病患者体育锻炼的重要作用，掌握糖尿病的基本运动处方及制订原则，熟悉糖尿病患者体育锻炼的适应证及安全运动的注意事项，以指导糖尿病患者进行安全有效的运动锻炼，调节糖代谢，增强患者体质。

实验原理

根据糖尿病的病理生理分为两种类型，即Ⅰ型糖尿病（胰岛素依赖型糖尿病）和Ⅱ型糖尿病（非胰岛素依赖型糖尿病）。饮食控制、药物、运动疗法为治疗糖尿病的"三驾马车"，肌肉运动可以改善神经系统对糖代谢的调节，促进机体对糖的利用。体育运动的主要作用机制是：加强胰岛素对葡萄糖的调节作用，提高机体对胰岛素的敏感性，改善胰岛素与组织受体的结合能力；使游离脂肪酸的利用率提高，有利于降低血脂，促进脂肪代谢，减轻体重，有利于整个机体代谢功能的恢复；长期的体育锻炼能有效增强体质，增加全身抵抗力，防止和减少并发症。

实验器材

根据不同的患者选择适宜的运动器材和场地。

实验方法

根据患者具体情况，按照糖尿病患者运动处方的制订原则（见后面的运动处方），为糖尿病患者模拟制订一套运动处方。

实验步骤

一、Ⅱ型糖尿病运动处方

（1）运动方式和项目：主要采用有氧（耐力性）运动如步行、慢跑、游泳、划船、自行车、球类等。步行是国内外最多用的方法。也可采用医疗体操和传统健身术（各类气功、太极拳等）。

（2）运动强度：最适宜为中等运动强度，相当于 50%～60% $V_{O_2}max$ 或 65%～75% HRmax。如步行，病情轻者可快速步行 120～125 步/min；一般情况尚可的患者中等步速，105～115 步/min，年老体弱或合并心肺功能不全者慢速步行，90～100 步/min。

（3）运动时间：每次持续 30 min，以后逐步延长至 1 h 或更长。

（4）运动频率：每周至少 3～5 次。

二、Ⅰ型糖尿病运动处方

Ⅰ型糖尿病运动处方的制订比较复杂。一般体力锻炼宜在餐后进行，运动负荷不宜过大，持续时间也不宜过长。运动项目采用气功、太极拳、步行、游泳等，每次运动 20～30 min，每日重复 1～2 次。有些糖尿病患者因自主（植物）神经受损，可通过自我疲劳程度感觉进行运动强度的控制。

注意事项

（1）运动疗法应与饮食及药物治疗相结合，不宜在空腹及药物作用高峰时刻锻炼，以免发生低血糖反应。避免在运动肢体上注射胰岛素。

（2）对有并发症和年老患者，最好先做运动耐力试验，评价其心肺功能，再制定运动处方，以防止发生意外。

（3）定期检查血、尿糖，并随时观察机体对体育运动的反应，以便及时调整和掌握运动量，观察疗效。

（4）运动前后应分别进行准备活动 5~10 min 和整理活动 5 min。应避免短时间剧烈运动，以免使患者出现饥饿、乏力、心悸、烦躁等不良反应。

实验报告

（1）为糖尿病人制订一套运动处方（包括具体运动项目、方法、强度、时间、频率、注意事项等）。

（2）对本次实验做出小结及自评。

课后练习

1. 思考：体育运动对糖尿病病人有哪些治疗作用？
2. 思考：对糖尿病人实施运动疗法时要注意哪些事项？

实验十六　高血压病患者运动处方

实验目的

通过实验使学生认识运动疗法对高血压患者的治疗作用，并理解其作用机制，掌握高血压的基本运动处方及制订原则，熟悉高血压患者体育锻炼的适应证及安全运动的注意事项，以指导高血压患者进行安全有效的运动康复。

实验原理

医学研究证实：长期、有规律的运动可以降低高血压患者的血压。其作用机制是：通过调整自主（植物）神经系统功能，降低交感神经兴奋性及迷走神经的张力，缓解小动脉痉挛；扩张肌肉血管，增加毛细血管的密度和数量，改善血压循环和组织代谢；改善情绪，减轻高血压危险因素的危害。

实验器材

根据不同的患者选择适宜的运动器材和场地。

实验方法

根据患者具体情况，按照高血压患者运动处方的制订原则（见后面的运动处方），为高血压患者模拟制订一套运动处方。

一、运动方式和项目

主要采用低强度有氧运动，如步行、慢跑、游泳、划船、自行车、球类等。也可采用医疗体操和传统健身术（放松气功、太极拳等）。近年小强度抗阻运动也被应用于轻型高血压患者。

二、运动强度

（1）低强度有氧运动：每次运动强度一般为 50%～60% HRmax，停止运动后心率应在 3～5 min 内恢复正常，50 岁以上患者运动时心率不应超过 120 次/min。

（2）我国传统健身方法：太极拳 1～3 套；气功（以放松功为宜）。

（3）小强度抗阻运动：循环抗阻训练，采用相当于 40% 的一次最大负重负荷练习，每组 10～15 次。

三、运动时间

（1）低强度有氧运动：每次运动 20～30 min。

（2）我国传统健身方法：气功每次 30～45 min。

（3）小强度抗阻运动：每次 10～15 组，组间间隔 10～30 s。

四、运动频率

（1）低强度有氧运动：每周 3～5 次。

（2）我国传统健身方法：每天 1 次。

（3）小强度抗阻运动：每周 3 次。

注意事项

（1）要严格掌握适应证，主要应用于临界性高血压和 Ⅰ、Ⅱ 期原发性高血压。且要持之以恒，即使血压已经较平稳时仍需坚持，以巩固疗效。

（2）运动疗法只是原发性高血压的辅助治疗，不要轻易撤除药物治疗。

（3）严格掌握运动量，并根据不同的病情采用不同的方法，如合并冠心病者活动量应偏小。运动中切忌做鼓劲憋气、快速旋转、过深低头等动作，禁忌参与剧烈运动和比赛。

（4）应高度注意运动中的自我监督，加强医学监督和指导。如出现头晕、头痛、恶心呕吐、心绞痛、心律失常、呼吸困难等现象，应立即停止运动，并进一步做医学处理。

实验报告

（1）为高血压病人模拟制订一套运动处方（包括具体运动项目、方法、强度、时间、频率、注意事项等）。

（2）实验小结及自评。

课后练习

思考：体育运动对高血压病人有哪些治疗作用？

实验十七　肥胖者运动处方

实验目的

通过实验使学生认识肥胖对身体健康的危害，并深刻理解运动疗法对肥胖者的重要意义及其机制，掌握肥胖者的基本运动处方及制订原则。

实验原理

肥胖者是指单纯肥胖人群，即排除了内分泌-代谢疾病引起的肥胖病患者。目前国际上通常采用"饮食调整+运动+行为矫正"的综合方案治疗单纯性肥胖者，运动疗法在其中占有最重要的主导地位。运动能够增加机体对热能的消耗，促进脂肪的分解，抑制脂肪合成，使体内脂肪减少，体重下降；且肌肉运动提高体内葡萄糖的利用率，防止多余的葡萄糖转化为脂肪。降低体脂可以避免脂肪过多的沉积在心脏、血管、肝脏内而引起冠心病、动脉粥样硬化、脂肪肝、糖尿病等。同时运动可以明显改善肥胖者的心肺功能，增强体力和提高机体的适应能力。

实验器材

根据不同的患者选择适宜的运动器材和场地。

实验方法

根据患者具体情况，按照单纯性肥胖者运动处方的制定原则（见后面的运动处方），为肥胖者模拟制订一套运动处方。

实验步骤

一、运动方式和项目

运动减肥主要采用有氧（耐力性）运动，辅以力量性运动和球类运动。可根据肥胖者的体质和个人爱好选择运动项目，如步行、慢跑、游泳、划船、自行车等，有条件的可配合水中运动。力量性运动可选择自身体重负荷或器械的载荷训练（哑铃、拉力器等）。单纯有氧运动与力量性运动之间或之后可穿插球类活动，如羽毛球、乒乓球、网球、篮球、排球等。

二、运动强度

（1）有氧（耐力性）运动：采用中等运动强度（相当于60% ~ 70% HRmax）。
（2）力量性运动：器械训练采用一次最大重量的60%~80%，反复20~30次。每隔2~3周应加大负荷量。

三、运动时间

（1）有氧（耐力性）运动：每次运动的时间至少在30 min以上，不包括运动前5~10 min的准备活动和运动后5 min的整理活动。
（2）力量性运动：每次做4~6组，组间休息30~60 s。

四、运动频率

（1）有氧（耐力性）运动：每周至少3~5次。
（2）力量性运动：每日或隔日1次。

注意事项

（1）运动锻炼前应经医生检查是否有心血管系统并发症，并根据测定的运动、呼吸和循环功能，以及个人的体质状况，选择适宜的运动项目和运动负荷。
（2）运动疗法期间应定期进行医务监督，以便及时调整运动负荷。
（3）运动锻炼的同时，要注意控制饮食，尤其要少食脂肪和糖类食品，必要时还要适当控制饮水量。减肥运动要循序渐进，长期坚持。
（4）要避免单纯追求减轻体重而任意加大运动负荷，以免引起不良反应。

实验报告

（1）为肥胖者模拟制订一套运动处方（包括具体运动项目、方法、强度、时间、频率、注意事项等）。
（2）实验小结及自评。

课后练习

1. 思考：体育运动对肥胖者有哪些治疗作用？
2. 思考：对肥胖者实施运动疗法时要注意哪些事项？

附：体育保健学实验指导参考文献

[1] 姚鸿思，郑降榆，黄叔怀，等.体育保健学[M]. 3 版.北京：高等教育出版社，2001.

[2] 体育保健学实验指导编写组. 体育保健学实验指导[M]. 北京：高等教育出版社，1998.

[3] 曲绵域. 实用运动医学[M]. 北京：北京科学技术出版社，1996.

[4] 崔和鸣. 实用运动创伤学[M]. 长沙：湖南文艺出版社，2003.

[5] 李庆涛，徐东潭，徐光辉，等. 临床骨科康复治疗学[M]. 北京：科学技术文献出版社，2009.

[6] 冉德洲. 运动医务监督[M]. 成都：四川教育出版社，1992.

[7] 史绍蓉. 大学运动健康（理论）[M]. 北京：高等教育出版社，2006.

[8] Roald Bahr，Serre Mæhlum 主编. 运动损伤临床指南[M]. 高崇玄，译. 北京：人民体育出版社，2007.

[9] 廖瑛. 骨科患者康复指南[M]. 北京：人民军医出版社，2003.

[10] 姚鸿恩，阎守扶，周军. 办好运动人体科学本科专业的理论与实践[J]. 首都体育学院学报，2008，20（4）：1-5.

[11] 王吉会，赵乃勤，李宝银，等. 创建实验教学新体系培养学生创新能力[J]. 实验室研究与探索，2005，24（3）：8-10.

[12] 陈析华. 综合性、设计性实验的开设[J]. 科学教育论谈，2005，(10)：123.

[13] 陈景，张福兰，堪晓安，等. 体育保健学实验教学改革初探[J]. 中山大学学报论丛，2007，27（9）：100-102.

第五章 运动创伤学实验

实验一 运动损伤病史采集实习

实验目的

通过实习使学生掌握运动损伤病人问诊的方法、内容及程序。问诊的主要内容是：一般资料、主诉、现病史、既往史、个人史、婚姻史、月经史、家族史。其重点是询问现病史。要求能完整地完成病史采集，写出一般资料、主诉及现病史。

实验原理

病史采集是医师通过对患者或有关人员的系统询问而获取病史资料的过程，又称为问诊。其重要性是：通过问诊可了解疾病的发生、发展、诊病经过、既往健康及患病情况等，对现病的诊断有很重要的意义，尤其是在某些疾病的早期，患者尚无病理形态改变而先出现症状时，有利于早期诊断疾病。

实验器材

钢笔、记录本、电脑、投影仪、教学光盘等。

实验方法

（1）观看示教录像，或观看教师问诊示教，领会病史采集的基本方法和程序，了解问诊的内容。

（2）每3个学生一组，轮流1人充当伤病员，其余人员对其进行病史询问，互相提示正确方法，并互相纠错。必要时请教师指导。

实验步骤

一、一般资料

姓名、性别、年龄、婚姻、籍贯、职业、民族、住址、伤病发生日期、病历写作日期、病史来源及可靠性。

二、主 诉

病人就诊的最主要症状或体征（非病名）和发病期限。

三、现病史

现病史是病史的主要部分,包括现在所患疾病的最初症状到就诊时为止,其发生、发展和变化的过程。内容包括:

(1)起病情况:起病日期(应取阳历)、起病缓急、可能原因及诱因。
(2)重要症状的系统描述:部位、性质、持续时间、程度、缓解方式及伴发症状等。
(3)病情的发展及演变:起病后病情呈持续性间歇性发作、进行性加剧或逐渐好转。
(4)诊疗经过:病人发病后接受检查与治疗的经过,包括检查时间、方法、结果及治疗时间、药名、剂量、疗程、治疗效果,应详加询问。病名及药名记录时应加引号("")。
(5)有意义的阴性病史(即有鉴别诊断意义的阴性病史)。
(6)一般状况:包括病后的精神状态、出汗、饮食、大小便、睡眠、体重改变及劳动力等。

四、既往史

既往史即既往一般健康状况。

1. 系统查询

传染病史及接触史:麻疹、水痘、脑膜炎、痢疾、疟疾、肺结核等。按发病年月及当时诊断顺序描述各种疾病症状、治疗经过、时间、有无后遗症等。

局部病灶史:龋齿、扁桃腺炎、鼻窦炎、中耳炎、喉痛史等。

外伤手术史:受伤部位、手术性质和日期。

预防接种史:接种牛痘、预防注射,尽可能注明名称,或其他皮肤试验反应的时间。

过敏史:如对药物或食物过敏史等。

冶游及性病史:在必要时才询问(如女性病人宜问及爱人是否曾有冶游及性病史)。

2. 系统疾病查询

呼吸系统:有无咳嗽(发作时间、性质与气候的关系)、咳痰(色、量、性状、气味)、咯血(色、量)、胸痛(时间、部位、性质、程度、与呼吸及咳嗽的关系)、喉痛、盗汗、呼吸困难(时间、性质、程度)、食欲不振、体重减轻等。

循环系统:有无心悸、心前区疼痛(部位、性质、时限、放射、频度、诱因、缓解方法)、气促、咳嗽、咳痰、咯血、水肿、头昏、头痛、晕厥、少尿、肝区疼痛、腹胀等。

消化系统:饮食习惯,有无食欲改变、嗳气、吐酸、腹痛(部位、性质、程度、时间、放射、缓解方法、诱因)、腹泻(次数、大便性状、气味)、恶心、呕吐(频度、时间、量、性质与饮食关系)、腹胀、吞咽困难、呕血、便血(色、量)、黄疸、体重下降、食物或药物中毒史、腹内肿块史等。

造血系统:有无疲乏无力、头晕、眼花、耳鸣、面色苍白、心悸、气促、皮肤粘膜出血、鼻衄、咯血、便血、黄疸、淋巴结及肝脾肿大、发热、骨骼疼痛史。

泌尿生殖系统:有无苍白、浮肿、食欲减退、头痛、眩晕、视力障碍、腰痛及腹痛、排尿困难、尿频、尿急、尿痛、尿量及尿色改变(血尿、混浊尿)、夜尿、性机能紊乱、计划生育情况等病史。

代谢、内分泌系统：有无畏寒、怕热、多汗、头痛、乏力、视力障碍、心悸、食欲异常、烦渴、多尿、水肿、肌肉震颤及痉挛、性格、智力、发育、体重、皮肤、毛发、性欲改变及骨骼等方面改变。

神经系统：有无头痛（部位、性质、时间、程度）、失眠、嗜睡、意识障碍、昏厥、视力障碍、感觉失常、神经痛、麻痹、瘫痪、抽搐及其他精神异常的现象。

关节及运动系统：有无关节疼痛、红肿、畸形、局部肌肉萎缩、活动受限、外伤骨折、脱臼、肌肉疼痛等。

五、个人史

出生地、所到地方及居留时间、生活习惯、嗜好、经济情况、文化水平、职业（工作性质、环境、时间、接触原料、对工作职业之态度），应特别注意询问有无毒物或疫水、传染病接触史。

六、婚姻及月经、生育史

月经初潮年龄、周期、行经期，末次月经日期、经量及颜色，有无血块、经痛、白带（量、嗅味、性状）、停经日期；结婚年龄，爱人健康情况（若死亡，应询问死因及日期），性生活情况（必要时询问）；妊娠次数及产次、生产情况（平产、难产或手术产、流产、早产或死胎）、产后情况（大出血、产褥热）。

七、家族史

家中成员健康情况，有无传染病（结核、梅毒）及与遗传有关疾病（如血友病、糖尿病、高血压、精神病）或与患者类似疾病之病史，如已死亡，则应问明死因及年龄，必要时追问其祖父母及外祖父母、舅父、表兄弟等情况。

注意事项

（1）接触病人时从礼节性交谈开始，医生先作自我介绍，语言亲切和蔼、友善，缩短医患之间的距离，使问诊能顺利进行。

（2）问诊一般从主诉开始，逐渐深入，有目的、有层次、有顺序地进行询问，如先问"你哪里不舒服"、"你这症状有多长时间（有多久）"。

（3）避免暗示性提问和逼问，暗示性提问是一种能为患者提供带倾向性的特定答案的提问方式，很易使患者为满足医生而随声附和，如："你的胸痛放射到左手吗？"恰当的提问应是："你除胸痛外还有什么地方痛吗？"

（4）避免重复提问，提问时要注意系统性、目的性和必要性，以及要全神贯注地倾听病人的回答。

（5）问诊时医生的语言要通俗，避免使用特定意义的医学术语，如隐血、心绞痛、里急后重、尿频尿急等。

（6）及时核定患者陈述中的不确切或有疑问的情况，如病情与时间、某些症状与检查结果等，提高病史的真实性。

（7）特殊情况的问诊技巧：当患者有如下特殊情况时，如缄默与忧伤、焦虑与抑郁、多话与唠叨、愤怒与敌意、多种症状并存、文化程度低下或语言障碍、重危或晚期患者、残疾患者、老年人、儿童、精神病患者，在询问病史时应根据病人的具体情况采取安抚、真诚和善、友好、理解、同情、缓慢或等待、引导、语言通俗、书写，必要时请陪同人员协助提供病史。

实验报告

（1）将你根据实验指导的程序和方法采集的病史，写成一份病史调查报告。
（2）请对你自己的实习情况作出小结和评价，有何困难和需要改进的地方？

课后练习

1. 思考：病史采集的意义何在？
2. 思考：病史采集的主要内容有哪些？

实验二　上肢运动损伤检查方法实习

实验目的

通过本次实习使学生了解常见上肢运动损伤的症状、诊断要点，熟悉其体征，初步掌握各项损伤体征的检查方法以及注意事项。

实验原理

根据医学原理，按照一定的程序对伤员进行详细的体检，与骨科检查法的原则大致相同，主要是损伤动作的重复，尤其对某些具有特征性的体征予以检查，帮助对伤情做出准确的诊断，制定正确有效的治疗方案。一般包括5个部分：望诊、触诊、动诊（检查自动/被动和抗阻运动）、量诊（测量长度、围度、角度、力量、畸形角度）、听诊。

实验器材

电脑、投影仪、教学光盘、体检床、读片灯、人体模型、解剖标本、软尺、量角器、叩诊锤等。

实验方法

（1）每4人一组，其中1人作为病人被检查，其他同学对其进行体检操作练习，轮流交换角色进行操作，互相提示同伴以正确手法进行操作。

（2）要求严格按照正规的方法和程序来做。通过观看教学投影图片，参看书中图示，复习课堂知识，并按老师示范和提示进行练习。

实验步骤

一、运动损伤检查的基本方法

运动损伤检查的基本方法一般包括以下5个部分。

（1）望诊：观察患者姿势、步态、局部征象，有无淤血肿胀、畸形并与健侧相比较。

（2）触诊：触摸患部皮肤温度、肌肉张力、软组织韧度，还应注意有无压痛。

（3）检查自动、被动和抗阻运动：用以发现关节本身、关节周围和关节邻近组织伤病情况，神经系统的障碍，肌肉、肌腱和筋膜的病变以及关节内的疾患。

（4）测量长度、围度、角度、力量、畸形角度：用以比较肢体肌肉、骨骼生长及伤病状况。比较方法一是用已知标准比较；二是同健侧进行比较。

（5）听诊：可了解关节内发出的各种不正常声音，如弹响、摩擦音、吱喳音等。

二、肩部运动损伤的检查方法

1. 肩袖损伤的检查

患者取坐位检查，裸露两肩做对比检查。

（1）望诊：急性损伤时，肩峰下方，肱骨大结节处可有轻度肿胀；病程较长者，可见岗上肌和三角肌出现废用性萎缩。

（2）触诊：压痛点局限于肱骨大结节处或在肩峰下与肱骨大结节之间。

（3）运动功能检查：肩袖损伤后，当肩关节主动或被动使上肢外展、内收，在60°~120°范围内出现疼痛，小于60°和大于120°疼痛反而减轻或消失，此即谓肩弧痛试验（见图5-2-1）阳性。这是由于肩袖或肩峰下滑囊与肩峰和喙肩韧带相互摩擦的结果。

（4）听诊：检查者一手平放于患者的患侧肩峰与大结节之间，在其肩外展过程中，可扪及响声，这是由于该伤多合并三角肌下滑囊炎。久之囊内粘连或囊壁肥厚，活动时由囊壁的摩擦或抬肩时囊壁"打皱"后突然与肩峰撞摩而出现响音。

2. 关节前脱位检查方法

患者取坐位，裸露双肩，双侧做对比检查。

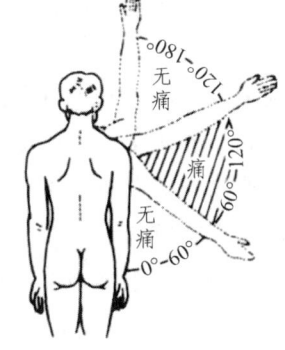

图 5-2-1　痛弧

（1）望诊：患者以手托肘，头偏向患侧并有肩部下斜者，该侧可能有肩关节脱位，伤肩疼痛、肿胀，不能活动。上臂大都外展30°左右，肘关节不能接触胸侧壁，锁骨下窝消失，呈方肩畸形。此时，肩峰突出，肩部变平，失去正常肩部圆形膨隆的外观（见图5-2-2）。必须注意，有三角肌麻痹萎缩时，肩的外形也像角肩，但用手细摸，可摸到肱骨大结节，肩仍为圆形。肱骨颈骨折错位时，易误诊为脱位，但骨折时无"方肩"。

（2）触诊及测量：① 肩关节脱位时肱骨头移位，可以摸到肩峰下空虚感及异位的肱骨头。② 肩部三角测验。三角是由 3 个骨隆起组成：即喙突、肩峰及肱骨大结节。检查时两侧对比，如果 3 点关系失常，即说明有骨折或脱位（见图 5-2-3）。③ 直尺试验。用普通直尺，沿上臂长轴放置。尺的下端放于肱骨外上髁，另一端向上过肩。正常时由于肩部呈圆形，直尺向外倾斜，接触不到肩峰。肩关节脱位时，由于肱骨头移位，形成"方肩"畸形，直尺上部能与肩峰接触，即直尺试验阳性。

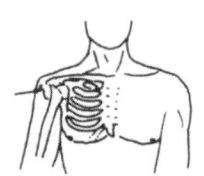 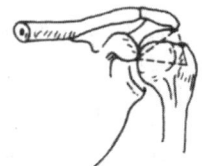

图 5-2-2　方肩畸形　　　　　图 5-2-3　肩部三角

（3）运动功能检查：运动功能丧失，搬动上臂，可感到弹性固定。

杜格氏征：患侧肘部紧贴胸壁时，手触摸不到健侧的肩峰；患侧手能摸到对侧肩峰，而肘关节内侧不能接触胸侧壁，均为阳性。

三、肘关节运动损伤检查方法

1. 肱骨外上髁炎检查方法

患者取坐位，裸露双侧上肢，双侧做对比检查。

（1）望诊：有时可见肘外侧软组织肿胀。

（2）触诊：肘外侧、肱骨外上髁处、肱桡关节间隙、桡骨小头处明显压痛。

（3）运动功能检查：① 抗阻力伸腕试验。患者伤肘微屈，前臂旋前，腕关节屈曲，检查者加外力于腕背侧，令患者用力背伸腕关节，肱骨外上髁部疼痛为阳性。② 抗阻力前臂旋后试验。患者屈曲肘关节，前臂旋前，检查者握其腕部，令患者抗阻力，使前臂旋后，肱骨外上髁疼痛为阳性。③ 旋臂屈腕试验。患者伤肢伸直，前臂旋前，检查者将患者腕部做极度屈曲，肱骨外上髁部疼痛为阳性（见图 5-2-4）。

图 5-2-4　旋臂屈腕试验

2. 肘关节后脱位检查方法

患者取坐位，裸露双上肢，双侧做对比检查。① 肘部肿胀。② 肘部畸形，肘半屈位约呈 135°。肘部前后径加长、鹰嘴明显后突。③ 检查肘后三角，肘关节屈曲时，肱骨内、外上髁和鹰嘴的最高点呈等腰三角形，顶尖向下，当肘伸直时，3 点在一直线上（见图 5-2-5）。肘关节后脱位时，肘后的三角关系改变（见图 5-2-6），呈不等腰三角形。肱骨髁上骨折时，肘后三角关系不变。

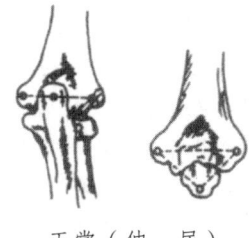 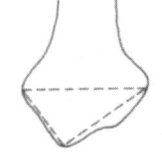

正常（伸、屈）　　　　　异常（不等腰）

图 5-2-5　肘后三角

四、腕舟骨骨折检查方法

患者取坐位，裸露双侧前臂以下部位，双侧对比检查。
（1）望诊：患侧鼻烟窝处轻度肿胀。
（2）触诊：
① 压痛。鼻烟窝处明显压痛。
② 叩击痛。即轴心叩击痛，纵向叩击第二、三掌骨头，腕部有剧烈疼痛。
（3）运动功能检查：桡腕关节活动有明显障碍，腕背伸桡侧偏时疼痛加重。

五、掌指（指间）关节扭伤脱位检查方法

暴露双手，双侧对比检查。
（1）望诊：① 肿胀。损伤关节周围可见明显肿胀。② 畸形。若一侧韧带撕裂，则伤指可出现轻度侧弯畸形；如合并关节脱位，伤指可向背侧屈折畸形。
（3）触诊：关节韧带扭伤后，关节一侧韧带有明显压痛；如合并关节囊撕裂时，关节各方向均有压痛，拇指掌指关节扭伤后，压痛点在掌指关节的内侧面。
（3）运动功能检查：
① 掌指关节侧搬分离试验：患腕于旋前位，掌心向下，检查者左手握住掌指关节近端，另一手将患手掌指关节屈曲 90°（此位时，侧副韧带处于紧张状态），同时向内侧（或外侧）侧搬手指（指间关节伸直）。如外侧（或内侧）疼痛，即为该侧副韧带损伤。如侧搬中关节有松动感（开口感），则为韧带断裂。
② 指间关节侧搬分离试验：患指的掌指关节和指间关节伸直（指间关节伸直时，其侧副韧带是紧张的）。检查者一手握住指间关节的近端，另一手食指抵住指间关节内侧（或外侧），其拇指置于指间关节的远侧端，并向外侧（或内侧）搬动，如果内侧（或外侧）疼痛即为该侧副韧带损伤，若关节有松动感（开口感），则为韧带断裂。
③ 检查手指的屈伸功能活动：令患者先紧握拳，然后再伸直手指，检查手指的活动范围。掌指（指间）关节扭伤时，关节的屈伸活动明显受限。如合并关节脱位则失去运动功能。

注意事项

（1）实习过程中要注意培养严肃认真、一丝不苟、科学严谨的工作作风，要按照正确的

检查体位、姿势、动作逐项进行。操作动作力求准确、规范、协调，用力和缓、平稳，不可动作粗暴。要与"患者"进行必要的语言交流，体会"患者"的感觉与身体反应。注意发扬"救死扶伤"的革命人道主义精神，培养良好的职业道德。

（2）检查时，应保持室内温暖。患者接受检查时，应充分裸露伤部，必要时，可以着短裤，以便全面仔细观察，不遗漏有临床意义的任一表征。如观察身体的姿势、躯干与四肢的发育对称性以及身体某部位的畸形等。但全面诊察后，再检查某部位时，其他部位应及时以被单或衣服覆盖，但需与其相比较的部位或肢体则仍必须暴露，以留作检查对照。

（3）检查过程中，除应注意患侧与健肢相比较外，还应先检查健肢或症状较轻的肢体，以免由于首先检查患肢，引起患者痛苦而影响下一步的检查，致使检查中断，从而得不到正确的诊断。

实验报告

（1）请对你自己的实验情况作出小结和评价。
（2）根据实验检查结果，写出伤员检查报告，包括伤员的一般资料（姓名、性别、年龄、运动项目、受伤时间、既往病史等）、检查结果、检查结论。

课后练习

1. 思考：运动损伤检查的基本方法？
2. 思考：肩肘腕手常见运动损伤检查的方法和内容？

实验三　下肢运动损伤检查方法实习

实验目的

通过本次实习使学生了解下肢常见运动损伤的症状、诊断要点，熟悉其体征，初步掌握其检查方法及注意事项。

实验原理

根据医学原理，按照一定的程序对伤员进行详细的体检，与骨科检查法的原则大致相同，主要是损伤动作的重复，尤其对某些具有特征性的体征予以检查。一般包括5个部分：望诊、触诊、动诊（检查自动/被动和抗阻运动）、量诊（测量长度、围度、角度、力量、畸形角度）、听诊。

实验器材

电脑、投影仪、教学光盘、体检床、读片灯、人体模型、解剖标本、软尺、量角器、叩诊锤等。

实验方法

（1）每4人一组，其中1人作为病人被检查，其他同学对其进行体检操作练习，轮流交换角色进行操作，互相提示同伴以正确手法进行操作。

（2）要求严格按照正规的方法和程序来做。通过观看教学投影图片，参看书中图示，并按老师示范和提示进行练习。

实验步骤

一、大腿部运动损伤检查方法

1. 大腿后部肌肉拉伤

患者取俯卧位，裸露双侧下肢，对比检查。

（1）望诊：伤部可见肿胀，重度损伤时，局部可显大片青紫淤斑。

（2）触诊：在伤部有明显压痛点，压痛部位常常发硬。通过不同检查法，可找到不同的痛点及压痛部位肌腱。当肌肉完全断裂时，常可在伤部触摸到膨大的断端以及两断端间的凹陷。

（3）运动功能检查：抗阻收缩痛。半腱肌、半膜肌及股二头肌均起于坐骨结节，半腱肌止于胫骨的内上髁前后，股二头肌止于腓骨小头。其作用有屈膝位时伸髋、膝屈曲位时内旋小腿、防止膝的旋转不稳。其损伤部位常见有坐骨结节部拉伤、肌腹部拉伤、下部肌腱处拉伤。因此，抗阻收缩痛检查方法也略有不同，痛点及压痛点也不尽相同（见图5-3-1）。

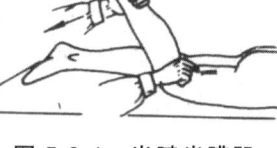

图 5-3-1 半腱半膜肌抗阻收缩痛

2. 股四头肌拉伤、挫伤

伤者取仰卧位，裸露双侧下肢，对比检查。

（1）望诊：中度肌肉拉伤后，伤部可见青紫淤斑，重度拉伤可见明显淤血、肿胀。挫伤后可见不同程度的淤血、青紫。

（2）触诊：肌肉拉伤部位可触到明显的压痛点。肌肉挫伤多见于股直肌的中部或靠近膝关节的部位，压痛明显。无论肌肉拉伤或挫伤，伤部一般触之较硬，这是肌组织破坏后引起的血肿包块，处理不当易引起骨化性肌炎。

（3）运动功能检查：股四头肌屈、伸膝功能障碍。屈、伸膝抗阻试验疼痛是为试验阳性（见图5-3-2，5-3-3）。如患者做后蹲动作，则伤部疼痛。

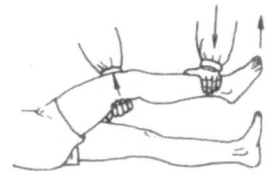 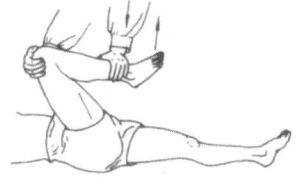

图 5-3-2 股四头肌伸膝抗阻试验　　　图 5-3-3 股四头肌全屈抗阻试验

二、膝部运动损伤检查方法

1. 膝关节半月板损伤检查方法

伤者脱去长裤，裸露双膝，两侧对比检查。

（1）望诊：肿胀。急性期关节肿胀，慢性期可见股四头肌萎缩，以股内侧肌最明显。

（2）触诊：压痛。在关节间隙有明显压痛，且压痛点固定。

（3）运动功能检查：

① 膝扭转屈伸试验。此检查法实际上是重复一次损伤机制。检查者一手握患者足部，另一手扶膝上，使小腿外展外旋，然后将膝由极度屈曲缓慢伸直，如关节间隙处有响声（听到或手感到），同时出现疼痛，即表明内侧半月板损伤（见图 5-3-4）。也可反方向进行，外侧疼响，即外侧半月板损伤。

图 5-3-4　膝关节扭转屈伸试验

② 指压试验。患者取坐位。检查者一手拇指端放于膝眼或内、外侧关节间隙，另一手握踝关节上方，作膝关节的屈伸，旋转活动。拇指尖给半月板一定压力，压痛点即为半月板损伤部。膝眼压痛系

前角损伤。膝关节内、外侧间隙压痛，应考虑半月板边缘撕裂（见图 5-3-5）。

③ 膝关节提拉和旋转挤压试验。患者俯卧于床上，检查者一侧膝部压在患者大腿后面，两手握住病人足部向上提拉，并内、外旋转，若有疼痛，提示韧带损伤。检查者两手握住踝部用力下压膝关节，并作内、外旋转，由极度屈曲位慢慢伸直，在某个角度疼痛，说明有半月板损伤。疼痛在极度屈膝位为后角损伤，膝部屈曲 90° 疼痛为体部破裂，膝关节伸直位产生疼痛为前角撕裂（见图 5-3-6）。

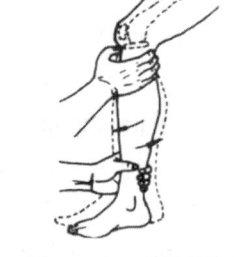

图 5-3-5　指压试验

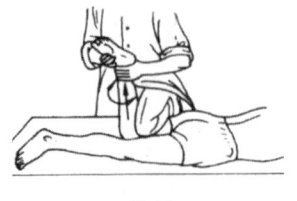 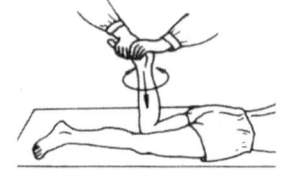

提拉　　　　　　　　　旋转挤压

图 5-3-6　膝关节提拉和旋转挤压试验

④ 半月板摇摆试验：患者仰卧，膝关节伸直或半屈，一手拇指放在内（或外）侧关节间隙，压住半月板，另一手握住足部，并内外摇摆小腿，使关节间隙开大缩小数次，如拇指感到有鞭条状物进出滑动于关节间隙或感到响声，患者疼痛，即表示该半月板损伤（见图5-3-7）。

图 5-3-7　半月板摇摆试验

2. 膝关节内侧副韧带损伤检查方法

（1）望诊：膝关节内侧副韧带扭伤时，膝关节内侧可见轻微肿胀，如属韧带部分撕裂时则肿胀明显伴皮下淤血青紫，当韧带完全断裂时，膝内侧迅速肿胀，皮下淤血青紫，关节间隙增大。如伴有半月板、十字韧带损伤时，可见关节肿胀（关节内积血或积液），此时髌骨周围凹陷变浅或消失。

（2）触诊：压痛点多在股骨内侧髁或胫骨内侧髁部位，如合并半月板损伤，则关节内侧间隙可有明显压痛。

（3）运动功能检查：患者取仰卧位，患膝伸直，检查者一手抵住膝关节外侧，另一手握住患肢踝关节上方，向外侧搬动小腿（见图5-3-8）。例如，膝内侧疼痛即为该韧带损伤；再如，同时膝部有松动感（即开口感），则为该韧带断裂。膝内侧副韧带分为纵束，斜束两部分，此种膝伸直位的侧搬试验主要是反映纵束病变，而屈膝（约30°）位下的侧搬试验主要是检查斜束的损伤。

图 5-3-8　侧搬试验
（内侧副韧带损伤）

3. 髌骨软化症检查方法

患者裸露双膝以下肢体。

（1）望诊：晚期患者可见到股四头肌萎缩。

（2）触诊：

① 髌骨压痛试验。患者取仰卧位，患膝微屈，膝后垫沙袋。检查者用手掌垂直按压髌骨，适当施加压力，并向上、下、左、右推动髌骨，疼痛者为阳性（见图5-3-9）。

② 髌骨边缘指压痛。患者取仰卧位，伤膝伸直放松。检查者一手把髌骨向内侧或外侧推，使其边缘翘起，另一手食指触摸髌骨内侧或外侧边缘，压痛者为阳性（见图5-3-10）。

③ 髌骨软骨摩擦试验。患者取坐位，膝关节放松。检查者一手托住腘窝上方，另一手掌压住髌骨。嘱患者屈伸膝关节或检查者推动髌骨，有粗糙感或摩擦音者为阳性（见图5-3-11）。

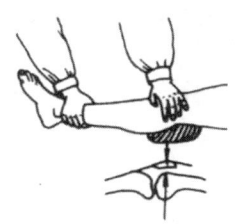 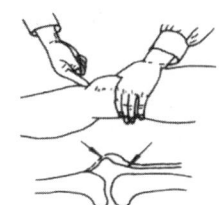 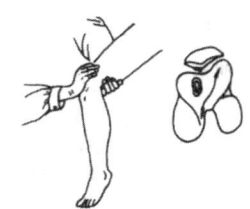

图 5-3-9　髌骨压痛　　图 5-3-10　髌缘压痛　　图 5-3-11　髌骨软骨摩擦试验

④ 髌骨抽动痛。患者取仰卧位，检查者用手掌压住髌骨，让患者主动收缩股四头肌使髌骨突然向上滑动，出现髌骨下疼痛为阳性。意义同髌骨压痛，但应两侧对比。

（3）运动功能检查：

① 抗阻伸膝试验。检查者将一前臂置于患者膝后，一手握住患者小腿前方并施以阻力，令患者膝由屈逐渐伸直，疼痛或膝软即为阳性（见图 5-3-12）。髌骨软骨病多在伸膝 110°～150° 角时出现疼痛。

② 单足半蹲试验。患者健腿提起，用伤腿站立并慢慢下蹲，膝部疼痛时，检查者推髌骨向内或向外，疼痛反而减轻或加重者，均为阳性（见图 5-3-13），表明髌骨或股骨关节软骨的一侧有病变。

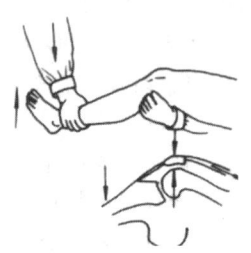   

图 5-3-12　抗阻伸膝试验　　　　图 5-3-13　单足半蹲试验

三、踝关节韧带扭伤检查方法

患者取坐位，裸露两踝，双侧对比检查。

（1）望诊、形态检查：对比观察两足踝外形。踝关节韧带扭伤时，内外踝前下方肿胀、淤血斑。重伤可有踝的外翻或内翻畸形。

（2）触诊：压痛点检查（以外侧副韧带扭伤为例）。距腓前韧带扭伤，压痛点在外踝前下方；跟腓韧带扭伤，压痛点在外踝尖偏下约一横指处。

（3）运动功能检查：

① 内翻痛检查。患者取坐位，检查者一手握住踝部上方，另一手握住足的前部并做内翻动作，如踝外侧痛，而做外翻时不痛即为阳性，表明踝关节外侧副韧带损伤（见图 5-3-14）。

② 抽屉试验检查。检查者握住患侧小腿下部，一手端握足跟，在踝关节跖屈位，推拉距骨前后错动。与健侧对比，如活动范围较健侧为大，即属试验阳性，表明踝关节外侧韧带全部断裂（见图 5-3-15）。

   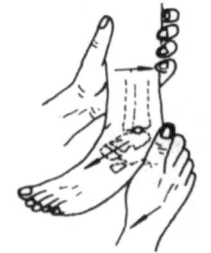

图 5-3-14　强迫内翻检查法　　　　图 5-3-15　踝关节抽屉试验

注意事项

同实验二。

实验报告

(1) 请对你自己的实验情况作出小结和评价。

(2) 根据实验检查结果,写出伤员检查报告。包括伤员的一般资料(姓名、性别、年龄、运动项目、受伤时间、既往病史等)、检查结果、检查结论。

课后练习

膝部、踝关节运动损伤检查的方法,每周练习1次,连续5周。

实验四 脊柱运动损伤检查方法实习

实验目的

通过本次实习使学生了解腰部常见运动损伤的症状、诊断要点,熟悉其体征,初步掌握其检查方法及注意事项。

实验原理

根据医学原理,按照一定的程序对脊柱损伤伤员进行详细的体检,与骨科检查法的原则大致相同,主要是损伤动作的重复,尤其对某些具有特征性的体征予以检查。一般包括5个部分:望诊、触诊、动诊(检查自动/被动和抗阻运动)、量诊(测量长度、围度、角度、力量、畸形角度)、听诊。

实验器材

电脑、投影仪、教学光盘、体检床、读片灯、人体模型、解剖标本、软尺、量角器、叩诊锤等。

实验方法

(1) 每4人一组,其中1人作为病人被检查,其他同学对其进行体检操作练习,轮流交换角色进行操作,互相提示同伴以正确手法进行操作。

(2) 要求严格按照正规的方法和程序来做。通过观看教学投影图片,并按老师示范和提示进行练习。

实验步骤

一、急性腰扭伤的临床表现与诊断

(1) 急性腰部扭伤病史。

（2）症状：外伤后即感腰痛，不能用力。疼痛性质为持续性，活动时加剧，严重者疼痛难忍，咳嗽、大声说话、腹部用力时均可使疼痛加剧，且休息后疼痛仍存在。部分患者疼痛可放射到臀部、腹股沟、股后部。损伤2~3天后逐渐局限。

（3）体征：① 损伤局部压痛；② 损伤部位肿胀；③ 腰部僵硬，发胀，屈伸、侧弯、旋转等动作受限。

（4）实验室辅助检查：X线摄片可见脊柱侧弯，但无骨折和关节脱位。

二、脊柱损伤的检查方法

患者充分裸露腰背部，上自肩胛部下至髂后上棘部。

1. 望诊

观察脊柱及腰背部肌肉形态。立位检查，先观察背面，比较脊柱两侧肌肉是否对称，有无痉挛，有无脊柱侧弯、后突。观察侧面，注意是否有圆背、腰曲线消失（下腰痛）、腰椎前突（滑椎症）或平背及胸腰段后突（腰椎体边缘离断症）。肌纤维、筋膜纤维部分撕裂，韧带附丽部撕裂时，可局部出现肿胀、青紫。

2. 触诊

（1）压痛：伤部肌肉、筋膜僵硬、痉挛及压痛。压痛点多在腰骶关节、髂嵴后缘、骶骨后面和腰椎横突，尤以第三腰椎横突压痛明显。棘上韧带或棘间韧带损伤时，压痛点在棘突上或棘突间。如疼痛剧烈，压痛处韧带松弛而有凹陷，腰前屈时棘突间距增大，可能为韧带断裂。

（2）叩痛：小关节韧带扭伤或小关节微小错位发生交锁时，疼痛位置较深，不易触及，当叩击伤处时，可引起震动性剧痛，利于诊断。

3. 运动功能检查

（1）站立位：患者站立，双膝伸直，做向前、后弯腰及左右侧屈、旋转动作。正常情况下，前屈时腰部顺如弯弓，各向活动自如，如出现腰部板平、发僵，活动受限，则提示有伤病。腰肌拉伤时，腰部前屈疼痛加重，后伸减轻，棘上韧带、棘间韧带损伤时，患者不能弯腰；椎间小关节扭伤、微小错位时，腰部各向活动均不能进行；小关节滑膜嵌顿时，腰部突然不能活动，脊柱后伸时剧痛；骶髂关节扭伤时，立位前屈受限，坐位弯腰时，疼痛减轻。

（2）坐位检查：患者取坐位，在检查者协助下做前屈、背伸及旋转运动。如疼痛感觉和立位检查时相同，则伤病在腰骶关节以上。如疼痛减轻则伤病在骶髂关节。

（3）卧位检查：

① 直腿抬高试验。仰卧，检查者将患者一侧腿直抬起时，腿和足部出现发麻、疼痛症状，为阳性（见图5-4-1）。这说明有坐骨神经痛，同时也是腰椎间盘突出症的重要体征。急性腰扭伤或严重的腰部肌肉筋膜炎也可出现阳性。

② 腰部扭转试验。患者仰卧。屈髋、屈膝，使腰骶关节屈曲，并做左右旋转运动，腰骶部疼痛即属阳性，说明伤在腰骶部（见图5-4-2）。

第五章　运动创伤学实验

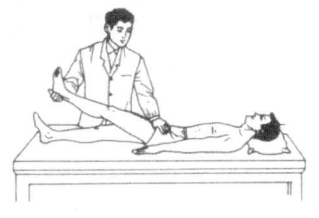
图 5-4-1　直腿抬高试验

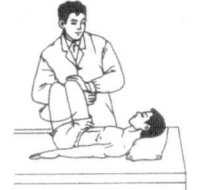
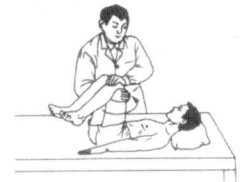
图 5-4-2　腰部扭转试验

③ 背伸抗阻试验。患者俯卧，检查者按压背部和腿部令其克服阻力做背伸动作（见图5-4-3）。如有腰背肌拉伤或劳损时，伤处疼痛，即为阳性。

④ 骶髂关节旋转试验（盖氏试验）。患者以健侧臀部仰卧于床缘，双手用力抱住健侧膝，固定骨盆，防止旋转，检查者按压患腿。如骶髂关节痛即为阳性，可诊为骶髂关节扭伤（见图 5-4-4）。

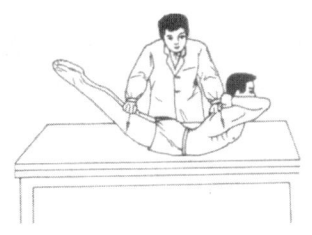
图 5-4-3　背伸抗阻试验

图 5-4-4　骶髂关节旋转试验

注意事项

同实验二。

实验报告

（1）根据实验检查结果，写出伤员检查报告。包括伤员的一般资料（姓名、性别、年龄、运动项目、受伤时间、受伤病史、既往病史、症状），体格检查（体征）、辅助检查结果、诊断。

（2）请对你本次实验的情况做出小结。

课后练习

1. 思考：腰部运动损伤检查的基本方法？
2. 练习：腰部运动损伤卧位检查的方法和体征，每日练习1次，连续5天。

实验五　开放性软组织损伤的早期简易处理方法实习

实验目的

通过本实验使学生掌握开放性软组织损伤的早期简易处理方法，能够对开放性损伤在第一现场做出正确的早期处理,为伤口的顺利愈合打好基础。主要有:开放性伤口的清创消毒、手术镊(剪)执握方法、无菌敷料制作和贴敷,及有关溶液的配制、敷料和器械的简易消毒方法等。

实验原理

开放性软组织损伤的伤口与外界相通,最常见的有擦伤、切伤、刺伤和撕裂伤等,如果局部伤口处理不当容易引起出血和感染,影响伤口的愈合。这是因为,伤口在 6 h 内细菌仅存在于伤口的表面,细菌还处于相对静止的状态,尚未开始繁殖,若早期对伤口进行恰当的处理,将大大减少伤口的感染,有利于伤口的愈合。

实验器材

2% 碘酒、95% 酒精、5% 络合碘、生理盐水、蒸馏水、食盐、纱布、胶布、棉花、小竹签、镊子、剪刀、医用软毛刷、量杯、高压消毒器、天平等。

实验方法

每 2 个学生一组,练习本次实验的各种技术,互相提示和配合,正确掌握全部实验内容。

实验步骤

一、调配溶液(清洗液、消毒液等)

高浓度溶液配成低浓度溶液通常采用以下公式:

$$低浓度溶液的浓度(\%) \times 低浓度溶液量(mL) = 高浓度溶液的浓度(\%) \times 高浓度溶液量(mL)$$

例如,现需要 80% 酒精 100 mL,应取 95% 酒精多少进行稀释?

代入公式:$80\% \times 100 = 95\% \times X$

$$X = 80 \times 100/95 = 84.2 (mL)$$

即取 95% 酒精 84.2 mL,加蒸馏水至 100 mL(溶液总量),即稀释成 80% 的酒精 100 mL。

溶质为固体时配制溶液的方法如下:

例如,现需要 0.8% 的生理盐水 100 mL,应取多少食盐进行配制?

代入公式:$X = 0.8\% \times 100 = 0.8 (g)$

即取 0.8 g 食盐加入蒸馏水至 100 mL 即可配成。

二、敷料制作方法

1. 纱 布

取长方形纱布(长宽比为 3:2)一块,按图 5-5-1 中折线①、②折叠,最后对折。

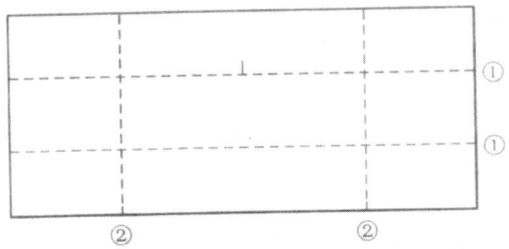

图 5-5-1　纱布折叠法

2. 棉　垫

先将棉花薄薄地铺在纱布上，再盖上同样大小的纱布，并将棉花与纱布压紧、抹平，然后按照需要裁成大小不同的棉垫。

3. 棉　签

取一块棉花，把小竹签放在棉花块的边缘处（竹签与棉花接触约 1 cm），然后沿同一方向慢慢卷紧即成松头棉签；若要做紧头棉签，按上述方法卷至棉花将近 2/3 处时，把竹签上部的棉花向下折再继续卷紧即可。

三、手术镊和剪的执握方法

手术镊和剪的执握方法如图 5-5-2 所示。

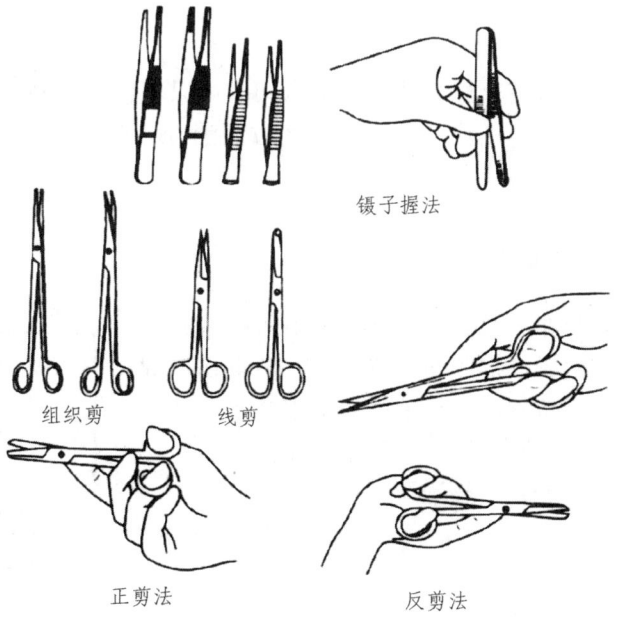

图 5-5-2　手术镊、剪执握方法

四、敷料与器械的消毒

消毒是采用各种措施杀灭具有生长繁殖能力的病原微生物，但对于细菌芽孢没有杀灭作用。杀菌是杀灭所有微生物的方法。

1. 煮沸蒸汽消毒方法

把敷料及器械放在蒸笼内，将水加热到 100 ℃，煮沸 1 h 左右。

2. 药液浸泡法

将刀、镊子浸泡在 75% 酒精中 10 min 以上。

五、伤口清创处理

1. 清洗皮肤

用凉开水（或生理盐水）从伤口边缘向外冲洗伤口周围皮肤，并用棉签擦洗皮肤上的污物（或用医用软毛刷刷洗），用棉球擦拭干。

2. 清洗伤口

用生理盐水或凉开水冲洗伤口内异物及血块，用消毒棉球拭干。

3. 消毒伤口周围皮肤

以往常用 2% 碘酒沿伤口边缘从内向外作同心圆消毒，待碘酒干后，以同样方法用 75% 酒精擦去碘酒。现在常用 5% 络合碘溶液（或聚维酮碘、碘伏）沿伤口边缘从内向外作同心圆消毒伤口周围皮肤，并可将络合碘溶液稀释成 1%~3% 浓度用于伤口内组织的消毒。

4. 伤口用药

面积很小且表浅的伤口按上述方法消毒后即可，可以不覆盖敷料；如果伤口较大、较深，须先以大量消毒的生理盐水冲洗伤口，再按上述方法消毒，覆盖无菌纱布，用胶布固定，每 2 天换 1 次。

六、蝶形胶布的制作及使用

按伤口的大小剪取胶布一块，依图 5-5-3 中所示剪开，将有胶的两边向下折叠做成蝶形胶布。使用前先消毒伤口周围皮肤，将蝶形胶布中央部分在火上稍微烤一下消毒，然后把胶布贴在伤口两边，盖上消毒纱布后再用胶布固定。2~3 天后更换敷料，7 天后伤口便可愈合。

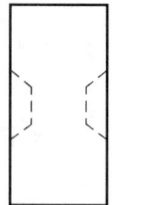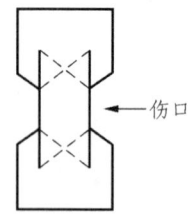

图 5-5-3　蝶形胶布的制作

注意事项

（1）较小而不严重的伤口经上述处理即可，严重伤口经临时止血，应立即送往医院作进一步处理。

（2）需要缝合或贴蝶形胶布的伤口，皮肤消毒时切勿将碘酒、酒精药液直接涂在伤口上，稀释络合碘液可以做伤口内消毒。

（3）如果发现伤口感染，应按化脓伤口处理。

（4）蝶形胶布应用于伤口长度在 2 cm 以内且较干净、边缘较整齐、局部张力较小的伤口。

实验报告

（1）请对你自己本次实验的情况作一评价。

（2）归纳实验内容，总结实验体会。

课后练习

1. 思考：为什么要对开放性损伤进行紧急简易处理？

2. 练习：课后一周内与同学练习手术镊（剪）执握方法，棉签、纱布、棉垫、蝶形胶布制作等技术至少 3 遍以上。

实验六　闭合性软组织损伤早期简易处理方法实习

实验目的

通过本实验，使学生了解闭合性软组织损伤早期正确处理的作用和意义，熟练掌握闭合性软组织损伤早期的简易处理方法。

实验原理

闭合性软组织损伤是指局部皮肤或黏膜完整，无裂口与外界相通，损伤时的出血聚集在组织内，这种损伤在体育运动中最为常见。常见的闭合性软组织损伤有挫伤、肌肉肌腱拉伤、关节韧带扭伤、滑囊炎、肌腱腱鞘炎等。闭合性软组织损伤的早期（伤后 24~48 h），其病理变化的主要特点是组织撕裂或断裂后，局部出现血肿或水肿，发生反应性炎症。临床上表现为损伤部位的红、肿、热、痛和功能障碍。早期正确处理有利于损伤的尽快修复和愈合，该期的处理原则是制动、止血、防肿、镇痛和减轻炎症。

实验器材

冰袋、氯乙烷、冰（冷）水、毛巾、海绵、纱布、棉花、绷带等。

实验方法

每 2 个学生一组，练习本次实验的各种技术，互相提示和配合，正确掌握全部实验内容。必要时请教师指导。

实验步骤

闭合性软组织损伤早期的处理方法可根据具体情况选择一种或多种并用。

一、冷疗、加压包扎、抬高患肢

这种方法应在伤后立即使用，具有制动、止血、止痛、防止或减轻肿胀的作用。冷疗法是运用比人体体温低的物理因子刺激来进行治疗的一种物理疗法。冷疗包括有：

1. 冰袋冷敷法

用特制冰袋（内置冰块）或用一塑料袋装入碎冰块，置于伤部 10～15 min。

2. 冰毛巾裹敷法

将毛巾在混合冰水（1∶1）中浸湿后拧干，放置在局部。开始每隔 1 min 更换一次，以后每隔 2 min 更换一次，总冷敷时间为 20 min。

3. 冷气雾法

利用喷射装置将制冷剂（氯乙烷或氟甲烷）喷射于伤部及其周围。每次喷射 5 s，间隔 1 min，每一次治疗共喷射 2～3 次，在受伤体表形成一层薄霜。

4. 局部冰水浴

先把约 4 cm 厚的海绵放在伤部，外敷弹力绷带，然后将裹有弹力绷带的伤肢浸入混合冰水中 5～10 min，使局部降温。

加压包扎要在冷敷后用一定厚度的棉花或海绵置于伤部，然后立即用绷带稍加压力进行包扎。24 h 后拆除包扎固定，根据伤情再作进一步处理。

二、外敷新伤药

外敷新伤药可以达到消肿、止痛和减轻炎症的效果。

三、服用止痛剂

若伤后疼痛较为剧烈可服用止痛剂。如果局部出现明显红肿，可同时服用清热、活血、化瘀的中药。

注意事项

（1）冷疗时要防止组织发生冻伤及神经麻痹，冰敷时间不要超过 20 min。
（2）颌面部应用冷气雾法，应注意保护眼睛、耳朵、鼻子以及口部，防治误伤。
（3）加压包扎 24 h 后要拆除包扎固定，根据伤情再作进一步处理。

实验报告

（1）请对你自己本次实验的情况作一评价。
（2）归纳实验内容，总结实验体会。

课后练习

1. 思考：闭合性软组织损伤早期正确处理的作用和意义。
2. 练习：随身携带冷敷用品，为体育课和训练中受伤的运动员和同学做冷敷治疗。

实验七　闭合性软组织损伤简易中药外敷疗法实习

实验目的

通过本次实验，使学生了解运用中药外用治疗闭合性软组织损伤的方法。

实验原理

中草药外用治疗运动损伤在我国有着悠久的历史，在治疗闭合性软组织损伤中运用中医辨证治疗原则，根据伤情采取不同的调剂方法，可取得较好的效果。同时中药加工处理过程也对疗效有较大的影响。

实验器材

常用中药、白酒、蜂蜜、食用醋、剪刀、筛子、弯盘、药勺、玻璃棒、药钵、刀具、油纸、绷带、胶布等。

实验方法

每4个学生一组，练习本次实验的各种技术，互相提示和配合，正确掌握全部实验内容。必要时请教师指导。

实验步骤

一、简单的中药炮制方法

（1）纯净处理：采用挑、拣、簸、筛、刮等方法去掉灰屑、杂质及非药用部分，使药物清洁纯净。

（2）粉碎处理：采用捣、碾、锉等方法，使药物粉碎，以符合制剂及其他炮制法的要求。

（3）切制处理：采用切、铡的方法，把药物制成一定的规格，使药物有效成分易于溶出。根据药材的性质和医疗的要求，切片有许多规格。如天麻宜切薄片，泽泻、白术宜切厚片，黄芪宜切斜片，桑白叶宜切丝，麻黄宜铡成段，茯苓宜切成块等。

二、中药外用药的常用调制方法

1. 药末加蜂蜜

用药勺取适量已配伍好的药末于弯盘中，加入蜂蜜适量用玻璃棒搅拌均匀，用蜂蜜调制可以缓和药性，减轻副作用，同时可延缓药物干燥的过程，因而有利于治疗，缺点是成本较高，多用于损伤早期。

  2. 药末加白酒

  用药勺取适量已配伍好的药末于弯盘中，加入白酒适量用玻璃棒搅拌均匀，用白酒调制有利于加强药物活血化瘀的作用，主要用于损伤中期仍有明显的肿胀者，此法作用较为强烈。

  3. 药末加醋

  用药勺取适量已配伍好的药末于弯盘中，加入食用醋适量，用玻璃棒搅拌均匀。

  三、中药外用药的敷用方法

  （1）将调制好的药物均匀摊放在油纸（也可用塑料纸）上，厚约 0.5 cm，面积要较患处大一些。
  （2）将患肢皮肤暴露，用湿毛巾轻轻擦去皮肤表面的污垢。
  （3）将油纸托起，有药物的一面朝向皮肤，轻柔地置于患处。
  （4）用绷带在油纸外包扎数圈，然后用胶布固定。
  （5）若患处在关节部位，还需用小夹板固定关节，以防止关节活动时造成药物脱落。

注意事项

  （1）用药要根据患者伤情、体质的强弱、局部与整体的关系、单纯损伤与并发症的变化等情况，在临床上相应的加减药味，临时配方，灵活配制。
  （2）凡外敷药制成粉末后，可分别装在瓶内，使用时再根据伤情变化进行调配。
  （3）外敷药时有少数患者局部起皮疹、发痒，严重者有红、肿、热现象，此时，用开水调敷黄柏、甘草、地肤子。如有水疱，用以上药粉涂擦。
  （4）一般外敷药都研成细末，用开水和蜂蜜搅拌均匀，并适当加热，或根据病情用醋调制，一般可连敷两天，两天后再换药；两天内若外敷药已干，可重新加水和蜂蜜，或者加醋调制再敷。

实验报告

  （1）请对你自己本次实验的情况作一评价。
  （2）归纳实验内容，总结实验体会。

课后练习

  1. 思考：中药外用治疗闭合性软组织损伤的原理和常用的调制、敷用方法。
  2. 练习：选取中药，用白酒调制成活血化瘀的外用药，装入玻璃瓶备用，遇到适宜的伤员时，即以该药外用治疗，并观察、总结疗效。

实验八　常见运动损伤保护支持带的应用方法实习

实验目的

通过本实验，学习保护支持带的正确使用方法，使学生们在运动实践中能够正确运用保护支持带，以促进运动损伤的愈合，防止再次损伤。

实验原理

保护支持带能够保护关节的稳定性，限制关节、肌肉发生超常范围的活动，使受伤组织得到休息，从而有助于损伤的康复。保护支持带使用的原则是关节能固定于相对适宜的位置，受伤组织不再受到牵拉，活动时疼痛不会加重。

实验器材

各种护具（如护膝、护腕等）、粘膏、弹力绷带、纱布绷带等。

实验方法

（1）观看教师示教各种保护支持带的使用方法，学生再戴用体会。
（2）每 2 个学生一组，轮流在对方四肢做粘膏支持带练习。

实验步骤

一、指间关节扭伤粘膏支持带的使用方法

指间关节扭伤用两条粘膏支持带将受伤指与相邻健指固定在一起，注意固定的位置不要妨碍掌指关节的屈伸（见图 5-8-1）。

二、第一掌指关节扭伤粘膏支持带的使用方法

第一掌指关节扭伤用一条粘膏支持带将第一掌指关节固定，防止该关节过伸或过度外展（见图 5-8-2）。

 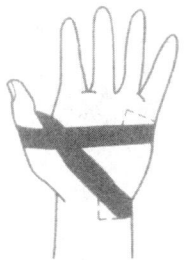

图 5-8-1　指间关节扭伤粘膏支持带　　图 5-8-2　第一掌指关节扭伤粘膏支持带

三、膝侧副韧带损伤粘膏支持带的使用方法

（1）用两条 4 cm 宽的粘膏交叉固定于膝关节的伤侧，长度要达大腿下 1/3 处和小腿中部。
（2）用 3 条粘膏分别横贴在大腿、髌骨上及小腿中部，将前两条粘膏固定。
（3）戴上护膝或缠上弹力绷带。使用方法见图 5-8-3。

图 5-8-3　膝侧副韧带损伤粘膏支持带

四、胫腓骨疲劳性骨膜炎保护支持带的使用方法

用弹力绷带由足部向小腿方向依次包扎（见图 5-8-4）。

五、跟腱损伤粘膏支持带的使用方法

（1）伤侧踝关节稍跖屈。
（2）用两条 3 cm 宽的粘膏由小腿后面中部向下于足跟交叉后，再延伸贴至足底。
（3）用 3 条粘膏分别横贴于小腿、踝部及足底，将前两条粘膏固定。使用方法见图 5-8-5。

六、距腓前韧带损伤粘膏支持带的使用方法

距腓前韧带损伤粘膏支持带的使用方法见图 5-8-6。

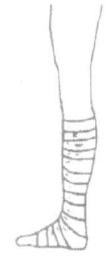
图 5-8-4　胫腓骨疲劳性
骨膜炎保护支持带

图 5-8-5　跟腱损伤
粘膏支持带

图 5-8-6　距腓前韧带损伤
粘膏支持带

（1）伤者取合适体位，将伤侧踝关节置于轻度外翻位。
（2）用数条粘膏将踝关节固定于外翻位。
（3）用弹力绷带包扎外层。

注意事项

（1）首先要认真观看由教师向全体学生所做的操作示范。
（2）每位学生都要亲自动手，认真操作，切实掌握粘膏支持带应用技术。

（3）粘膏支持带要贴敷到位，确实起到限制受伤关节活动的作用，但不能过紧造成不适或压迫。

（4）除去紧贴皮肤的粘膏时动作要轻柔，以免损伤皮肤。

实验报告

（1）请对你自己的实验情况作出小结和评价。

（2）根据实验过程总结实验内容、实践体会。

课后练习

1. 思考：粘膏支持带应用的意义何在？
2. 练习：课后一周内与同学练习各部位保护支持带应用至少5遍。

实验九　肌肉力量检查

实验目的

通过实验使学生掌握肌肉力量测量的原理及测量的意义，了解一些肌力测定的简易方法。

实验原理

肌力是指肌肉收缩的力量。肌力测定是评定肌肉功能的重要方法。肌力测定对骨骼肌肉系统、神经系统尤其是周围神经病损的功能评定十分重要。可以用于判断肌力低下及其范围和程度，有助于分析肌力低下的原因，为损伤病人制定训练、治疗计划提供依据，且根据肌力的改变可以检验训练、治疗的效果。肌力评定的方法要精确且简单易行，评定标准要明确。

实验器材

秒表、哑铃、体重计、握力计、背力计、杠铃、米尺等。

实验方法

每5人一组，轮流测试每个人的各项肌力，记录测试结果，对测试结果加以评定。

实验步骤

一、器械肌力检查

1. 握　力

（1）根据受试者手掌的大小，调节握力计握把的间距至感觉合适为宜。

（2）受试者双手自然放在体侧，握时不要挥动上肢，用最大力量紧握握力计，记录读数。
（3）使指针回零，左右手各测 3 次，取最大的 1 次。
（4）肌力评定：握力指数 = 握力(kg)/体重(kg) × 100。

2. 臂屈肌力

（1）根据受试者的情况，选择适当重量的杠铃开始测试。
（2）受试者两脚开立，两手与肩同宽反握杠铃，使之悬垂于大腿前方。屈肘上弯杠铃至肘关节全屈，然后恢复原位。
（3）记录负荷。
（4）调节负荷，重新进行上述测量，直至不能完成动作为止。
（5）取最大值除以体重，计算相对臂屈肌力。

3. 臂伸肌力

（1）根据受试者的情况，选择适当重量的杠铃片开始测试。
（2）受试者两脚开立，两手屈肘握杠，将杠铃放于胸前。用力上推杠铃至肘关节伸直，然后恢复原位。
（3）记录负荷。
（4）调节负荷，重新进行上述测量，直至不能完成动作为止。
（5）取最大值除以体重，计算相对臂伸肌力。

4. 背 力

（1）受试者双足站在背力计的底盘上，调节拉杆高度至受试者膝盖上缘。
（2）令受试者上体前倾，双手正握拉杆，身体用力上抬。要求肘、膝关节伸直，不要猛然用力。
（3）使指针回零，测 3 次，取最大值。
（4）拉力评定：拉力指数 = 拉力(kg)/体重(kg) × 100。

5. 腿 力

（1）受试者双足站在背力计的底盘上，调节拉杆高度至受试者膝盖下缘。
（2）令受试者上体保持稍前倾姿势不变，双手一正一反握拉杆，膝关节由屈曲至伸直，用力上抬。
（3）使指针回零，测 3 次，取最大值。
（4）以最大值除以体重，计算相对腿力。

6. 腰腹肌力量

（1）依受试者的情况，选择适当重量的杠铃片开始测试。
（2）受试者仰卧于垫，颈部落在杠铃片上，双手紧握杠铃片，屈膝成 90°，用力收腹使身体坐起。
（3）记录负荷。
（4）调节负荷，重新进行上述测量，直至不能完成动作为止。
（5）取最大值除以体重，计算相对腰腹肌力。

二、手法肌力检查

检查时，根据受检肌肉或肌群的功能，让受试者处于不同的受检位置，然后嘱受试者在减重、抗重力或抗阻力的状况下作一定动作，并使动作达到最大的活动范围。根据肌肉活动能力及对抗阻力的情况，按肌力分级标准评定受检肌肉或肌群的肌力级别（见表5-9-1）。

测试操作的一般程序是先将肢体放置到适当姿位，以便当待测的肌肉收缩时，能使远端肢体在垂直面上自下向上运动。必要时由测试者用一手固定近端肢体，然后令受试者尽量用力收缩被测肌肉，使远端肢体对抗自身重力做全幅度运动，如能完成，说明肌力在3级或3级以上。用测试者的另一手在运动关节的远端施加阻力，根据受试者能克服的阻力的大小来判定肌力为4或5级。不能承受外加阻力则为3级。如不能克服重力做全幅度运动，则应调整体位，将肢体旋转90°，使肢体在水平面上运动以消除重力的作用。测试远端肌肉时可稍托起肢体，测试近端肌肉时可在肢体下放置光滑平板，或用带子将肢体悬挂，以消除摩擦力的影响，在此条件下能完成大幅度运动，可判定为2级肌力，如仅有微小关节活动或未见关节活动，但可在主动肌的肌腹或肌腱上扪到收缩感，则为1级肌力，扪不到收缩感觉为0级。在测试3级以下肌力时，为了避免改变姿位的麻烦，也可施加助力，根据所需助力的大小判定为2级或1级肌力。

表 5-9-1 肌力分级标准

测试结果	Lovett 分级	M.R.C. 分级	Kendall 百分比
能抗重力及最大阻力运动至测试姿位或维持此姿位	正常（Normal, N） 正常-（Normal-）	5 5-	100 95
能抗重力及最大阻力运动至测试姿位或维持此姿位，但仅能抗中等阻力	良+（Good+, G+） 良（Good, G）	4+ 4	90 80
同上，但仅能抗小阻力	良-（Good-, G-） 好+（Fair+, F+）	4- 3+	70 60
能抗自体重力运动至测试姿位或维持此姿位	好（Fair, F）	3	50
能抗自体重力运动至接近测试姿位，能在消除重力姿位运动至测试姿位或加小助力能运动至测试姿位	好-（Fair-, F-）	3-	40
能在消除重力姿位做中等幅度运动或加中等助力能运动至测试姿位	差+（Poor+, P+）	2+	30
能在消除重力姿位做小幅度运动或加较大助力能运动至测试姿位	差（Poor, P）	2	20
可见到或扪到微弱的肌肉收缩或肌腱活动，无可见的关节运动	差-（Poor-） 微（Trace, T）	2- 1	10 5
无可测知的肌肉收缩	零（Zero, O）	0	0

三、肌力评定

以握力指数评定，高于 50% 为正常。以拉力指数评定，正常标准为：男 150~200，女 100~150。此法易致腰痛者症状加重或复发，应小心使用。常用的测试方法还有：屈膝仰卧起坐（测定腹肌力量和耐力），俯卧撑力量测试（测定上肢与肩部的力量和耐力），引体向上力量测试（测定上肢与肩部的力量和耐力），下肢力量测试等。

手法肌力测试分级较粗略，评定时也带有测试者的主观成分等缺点，但应用方便，可分别测定各组或各个肌肉的力量，适用于不同肌力的肌肉测试（很多器械测试方法仅适用于 4 级以上的肌力测定），故广泛应用于临床医学及康复医学实际工作。

注意事项

（1）选择负荷时要充分考虑受试者的身体状况。
（2）测量前要做好准备活动。
（3）严重疼痛、关节活动受限、严重出血、急性扭伤等情况，不能做肌力测试。

实验报告

（1）受试者一般情况：姓名、性别、年龄、身体状况、运动专项、训练程度。
（2）测定结果（数据）。

① 握力测定结果：

测试部位	第1次（N）	第2次（N）	第3次（N）	最大值（N）	相对握力（N）
左手					
右手					

② 臂力测定结果：

测试部位	臂屈肌力（N）	相对臂屈肌力（N）	臂伸肌力（N）	相对臂伸肌力（N）
左手				
右手				

③ 背力测定结果：

第1次（N）	第2次（N）	第3次（N）	最大值（N）	相对背力（N）

④ 腿力测定结果：

第1次（N）	第2次（N）	第3次（N）	最大值（N）	相对腿力（N）

⑤ 腰腹肌力测定结果：

第 1 次（N）	第 2 次（N）	第 3 次（N）	最大值（N）	相对腰腹肌力（N）

（3）对测试者肌力测试结果做出分析与评定。

课后练习

1. 思考：肌力测试有哪些方法？怎样操作？
2. 思考：肌力测试和评定的意义。

实验十　关节活动度检查

实验目的

通过实验使学生掌握关节的正常活动范围，了解全身各关节活动度的简易测量方法与意义。

实验原理

正常人的关节具有一定的正常活动范围，如果关节病损将导致关节活动范围发生异常改变。掌握关节活动范围的检查方法，即可以对关节损害的范围和程度做出评定，为制订康复计划及评价康复效果提供依据。

实验器材

量角器、直尺、软尺、木棍、桡度测量尺等。

实验方法

每 5 人一组，轮流测试每个人的各关节活动度，记录测试结果，对测试结果加以分析、评定。

实验步骤

一、基本姿势的测定

全身所有关节按解剖学的姿位放置则为 0°，前臂的运动手掌面在呈矢状面上状态为 0°，轴、面的概念与解剖学一致。

二、普通量角器法

用两根直尺连接一个半圆或全圆量角器制成，手指关节用小型半圆量角器测量。使用时将量角器的中心点准确对到关节活动轴中心（参照一定的骨性标志），两尺的远端分别放到或指向关节两端肢体上的骨性标志或与肢体长轴相平行。随着关节远端肢体的移动，在量角器刻度盘上读出关节活动度（见表5-10-1）。

表 5-10-1　关节活动范围检查

关节	运动	测量姿位	量角器放置标志			0点	正常值
			中心	近端	远端		
肩	屈、伸	解剖位、背贴立柱站立	肩峰	腋中（铅垂线）	肱骨外上髁	两尺相重	屈180°伸50°
	外展	同上	同上	同上	同上	同上	180°
	内、外旋	仰卧，肩外展肘屈90°	鹰嘴	铅垂线	尺骨茎突	同上	各90°
肘	屈、伸	解剖位	肱骨外上髁	肩峰	尺骨茎突	两尺成一直线	屈150°伸0°
腕	屈、伸	解剖位	桡骨茎突	前臂纵轴	第二掌骨头	两尺成一直线	屈90°
	尺、桡屈	解剖位	腕关节中点	同上	第三掌骨头	两尺成一直线	桡屈25°尺屈65°
髋	屈	仰卧，对侧髋过伸	股骨大粗隆	水平线	股骨外髁	两尺成一直线	125°
	伸	仰卧，对侧髋屈曲	同上	同上	同上	同上	15°
	内收、外展	仰卧，避免大腿旋转	髂前上棘	对侧髂前上棘	髌骨中心	两尺成直角	各45°
	内外旋	仰卧，两小腿在桌缘外下垂	髌骨下端	铅垂线	胫骨前缘	两尺相重	各45°
膝	屈、伸	仰卧	股骨外髁	股骨大粗隆	外踝	两尺成一直线	屈150°伸0°
踝	屈、伸	仰卧	内踝	股骨内髁	第一跖骨头	两尺成直角	屈150°伸0°
	内外翻	俯卧	踝后方两踝中点	小腿后纵轴	足跟中点	两尺成一直线	内翻35°外翻25°

三、评　定

不同关节有不同的最大运动幅度，不同动作有不同的动作范围。不同运动项目如田径、体操、武术等对关节的最大运动幅度也各不相同。在实际运用中必须强调运动员应当具备的关节最大运动幅度应适应所参与的项目。

注意事项

（1）对基本轴的固定是很重要的，固定的位置应在关节的近位端或远位端，不能在关节处固定。
（2）角度计的轴应与关节的轴取得一致，不要妨碍轴的平行移动。
（3）有关节痛时，要发现疼痛的范围并做记录，注意慢慢检查。
（4）测量时动作勿猛抬，必要时需加以保护。

实验报告

（1）受试者一般情况：姓名、性别、年龄、身体状况、运动专项、训练程度。
（2）关节活动度测定结果（数据）。
（3）对测试者的肌力测试结果做出分析与评定。

课后练习

1. 思考：关节活动度测定的基本方法应怎样操作？
2. 思考：关节活动度测定的意义。

附：运动创伤学实验指导参考文献

[1] 姚鸿恩. 体育保健学[M]. 4版. 北京：高等教育出版社，2006.
[2] 体育保健学实验指导编写组. 体育保健学实验指导[M]. 北京：高等教育出版社，1998.
[3] 王予彬等. 运动创伤学[M]. 北京：人民军医出版社，2006.
[4] 吴在德. 外科学（全国高等医药院校教材）[M]. 5版. 北京：人民卫生出版社，2003.
[5] 丁继华. 中医骨伤科基础（高等中医药院校教材）[M]. 北京：人民卫生出版社，2004.
[6] 于素梅. 体育与健康课常见运动伤病防治[M]. 北京：北京体育大学出版社，2003.
[7] 施杞. 骨伤科学[M]. 北京：人民卫生出版社，2003.
[8] 曾小娥，钟雯. 运动损伤研究现状综述[J]. 科技信息，2008，（7）：196-197.
[9] 李方祥. 青少年常见运动损伤的治疗方法（一）[J]. 中国体育教练员，2007（2）：29-30.

第六章　体育心理学实验

实验一　深度知觉测定

实验目的

（1）学习使用深度知觉仪测量。
（2）通过深度知觉的测定，了解被试深度知觉的差异，探讨影响被试深度知觉的因素。

实验原理

本实验利用深度知觉仪测试双眼对深度视觉误差的最小阈限，以此来判断个体被试深度知觉，以便更好地应用于驾驶员、炮手和运动员等深度知觉有关的职业测试和选拔。

实验仪器

深度知觉测试仪，如图 6-1-1 所示。

图 6-1-1　深度知觉测试仪

实验方法

（1）主试和被试，两人一组。一组做完后交换角色。
（2）认真做好结果处理。

实验步骤

（1）被试坐在离仪器视窗 0.5 m 远处，双眼通过视窗平行观察仪器内两根垂直的固定棒（固定棒的位置为 0 点）。
（2）被试用远近开关调节活动棒，第一次实验，活动棒的起点顺序从远点（即远离被试那一点）开始调节向近点（即趋向被试那一点）移动，使他和固定棒看起来离自己双眼同样距离时停下,主试从标尺读数中观察被试的活动棒和固定棒之间的误差并记录。

(3)按照上述程序,再做 6 次,起点顺序为远点、近点、近点、远点、远点、近点。

注意事项

(1)被试要先练习,用远近开关调节活动棒从远处向近处,或从近出向远处移动几次,熟练后再开始正式测验。

(2)被试由视窗向内平行观察,不能上下左右地寻找参照物,否则实验数据不准确。

实验报告

将实验结果填入表 6-1-1 中(平均误差是 6 次误差之和的平均数)。

表 6-1-1 深度知觉误差表   单位:cm

	远点	近点	近点	远点	远点	近点
误 差						
平均误差						

课后练习

1. 影响深度知觉的因素是什么?对提高运动成绩有什么意义?
2. 研究深度知觉有什么实践意义?

实验二 肘关节动觉感受性的测定

实验目的

(1)学习使用肘关节动觉感受仪,学习测量肘关节的动觉感受性,加深理解本体感知觉的获得过程。

(2)了解本体感知觉在体育运动和运动员选材中的重要性。

实验原理

本实验是以肘关节为轴心,前臂作不同角度的画弧运动来体会肌肉和知觉的感知觉,用所画角度的误差平均值表示被试动觉感受性的准确性。

实验器材

肘关节动觉感受仪(见图 6-2-1)。

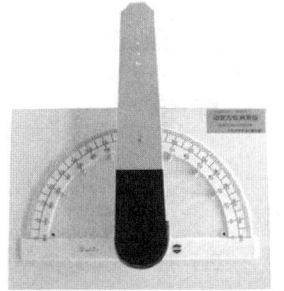

图 6-2-1 肘关节动觉感受仪

实验方法

（1）主试和被试两人一组，交替进行。

（2）将实验数据填入表格，并分析。

实验步骤

（1）将仪器平放在桌面上，被试侧身坐在桌旁，闭眼，手平放于仪器指针板上，手指要轻轻压住指针板。

（2）被试要保持腕和肩关节不动，只用肘关节和前臂带动指针板按照指定方向运动，运动到一定幅度碰到拦阻时，重复该运动幅度运动3次（此为标准幅度），以便体会该标准幅度的肌肉和关节的感知觉。第四次运动不会再碰到拦阻，当觉得运动幅度与前三次相等，即行停止（此为实验幅度），主试记录标准幅度与实验幅度之间的误差。

（3）分别以50°、90°、130°的标准幅度实验，每个标准幅度按上述要求做6次，将被试的标准幅度和实验幅度的误差记录在表6-2-1中。

实验报告

（1）将实验结果填入表6-2-1中。

（2）计算平均误差（平均误差是六次标准幅度之和的平均数）填入表6-2-1中。

表6-2-1　肘关节动觉感受性误差表　　　　　　　　　　单位：度

标准幅度 实验次数	50°	90°	130°
第一次			
第二次			
第三次			
第四次			
第五次			
第六次			
平均误差			

注意事项

（1）被试在仪器上做大角度运动时（为100°以上），会感觉不便，因此坐姿要轻松自如，不要因动作费力而影响实验结果。

（2）被试在实验前要遮挡视线，以保证用肌肉动觉控制动作，而不是用视觉控制动作。

（3）被试在实验前不能做任何练习，以保证实验结果的准确性。

（4）主试在实验中不能对被试以任何方式进行暗示或影响。

课后练习

1. 结合自身的运动和训练经历，谈谈专项运动感知觉的获得和发展过程。
2. 结合自身的运动和训练经历，谈谈运动感知觉在体育活动中的重要意义。

实验三　操作思维敏捷性的测定

实验目的

学习使用五格盘和测定个体操作思维敏捷性的方法。
加深理解思维敏捷性的概念。

实验原理

思维敏捷性是思维的品质之一，是对变化的情况迅速做出反应的能力。用筹码在五格盘上走位是反映思维敏捷性的方法之一。操作思维是否敏捷对于集体项目的运动员十分重要。本实验把开始位置作为变化的情况，要求用最少的步数和最短的时间走到最终位置，记录的时间作为思维反应是否敏捷的客观指标。

实验器材

五格盘（见图 6-3-1），3 个标有 1，2，3 的筹码，秒表。

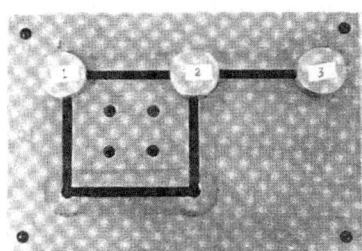 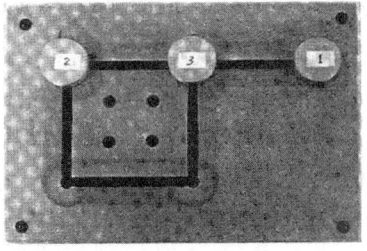

图 6-3-1　五格盘

实验方法

（1）被试一人一组，自己手握秒表并按要求移动筹码，记录从开始到终点的时间。
（2）实验前不允许练习。

实验步骤

（1）现有 3 种位置，如表 6-3-1 所示，每次要以规定的最少的步数，用最短的时间按照最终位置的形式把 3 个筹码对号摆在五格盘 1，2，3 的位置上。要求每步只能上下和左右移动筹码一格，不能斜向或隔一格移动，一个格子只能放一个筹码，不能放两个或多个筹码。

（2）被试自己手握秒表并按以上要求移动筹码，被试在从开始位置走到最终位置，可能要尝试多次，但秒表不能停下，直到按规定的最少步数从开始位置走到最终位置时按下秒表，记录时间，一次实验完成。

（3）按以上步骤共做3次实验。

表 6-3-1　五格盘的开始位置、最终位置、时间记录　　　　　单位：s

实验次数	开始位置	最终位置	最少步数	最短时间
1	3 2 / 1	1 2 3	7	
2	3 1 / 2	1 2 3	8	
3	3 2 1	1 2 3	10	

注意事项

实验前不允许练习。实验中不允许相互旁观操作。

实验报告

将被试每次实验所用的时间记录在表格中，并作结果分析。

课后练习

1. 思维敏捷性与思维灵活性是一样的吗？举例说明。
2. 试述操作思维的敏捷性在集体项目中的重要作用。

实验四　疲劳和注意分散对时间知觉的影响

实验目的

（1）同时采用生理和心理指标测定个体时间知觉，加深理解时间知觉的概念。

（2）比较安静、疲劳和注意分散3种状态下时间知觉的差异和影响。

实验原理

人对客观事物的延续性和顺序性的主观反应，称为时间知觉。本实验采用静态、疲劳和注意力分散3种状态对个体知觉时间的影响，并比较三者的差异。

实验仪器

秒表。

实验方法

（1）主试和被试两人一组交替进行。
（2）实验时教室要保持安静，排除不必要的干扰。

实验步骤

（1）主试在 1~4 min 之间选择一个时间（此为标准时间），主试在发开始口令的同时，开动秒表，被试要集中注意知觉时间，到选择的标准时间时，主试发出"停止"口令，这段"标准时间"不能让被试知道。

（2）主试第二次发出"开始"的口令，被试在安静的状态下知觉时间，但主试不发停止口令，被试自己认为与刚才的标准时间相同时即自行停止，主试记录时间（此为实验时间）。

（3）主试第三次发出"开始"的口令，被试连续做俯卧撑，不能休息和间断，直到被试认为与刚才的标准时间相同时，俯卧撑即行停止，主试记录实验时间。

（4）主试第四次发出"开始"的口令，主试不断地与被试聊天和说笑以此来分散被试的注意力，直到被试认为与刚才的标准时间相同时即行停止，主试记录实验时间。

（5）按 1、2、3、4 步骤再做两次实验。主试每次要重新选择标准时间。每次实验之间要休息 10 min。

注意事项

（1）被试自己用秒表练习几次后再开始练习。
（2）主试选择的 3 个标准时间要有一定的间距，间距不明显被试会出现知觉时间不准确。

实验报告

将实验结果填入表 6-4-1 中。

表 6-4-1　安静、疲劳和注意分散对时间知觉的影响数据表　　　　单位：s

3 种状态	实验数据	第一次	第二次	第三次
安静状态	标准时间			
	实验时间			
	误　差			
	平均误差			

续表

3种状态	实验数据	第一次	第二次	第三次
疲劳状态	标准时间			
	实验时间			
	误　差			
	平均误差			
注意分散状态	标准时间			
	实验时间			
	误　差			
	平均误差			

课后练习

1. 比较安静、疲劳和注意力分散3种状态下时间知觉的平均差是否有明显的区别，与什么影响因素有关？
2. 时间知觉对短跑运动员和短池游泳运动员有什么重要意义？

实验五　注意分配能力的测定

实验目的

（1）学会注意分配仪的使用和测定方法。
（2）通过测定个体注意分配，了解注意分配的个体差异。

实验原理

注意分配是注意品质之一，指在同一时间内，把注意指向两种或两种以上不同的对象或活动上。本实验对被试在限定时间内呈现3种刺激——"光"、"声"、"光＋声"，并让被试作出反应，通过判断的正确次数来决定注意分配的成绩。

实验器材

EP708注意分配仪、秒表。

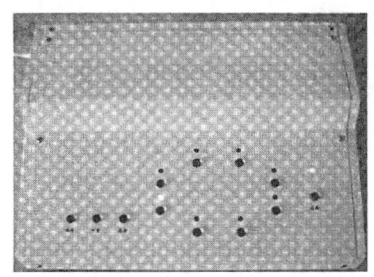

图 6-5-1　EP708 注意分配仪

实验方法

（1）按"声/光"键可进行声/光模式选择：显示—Led 表示选择光刺激，并有"光"上面的一个红灯闪亮；显示 Sou—Ld 表示声+光刺激，两个红灯都亮；显示—Sound 表示选择声刺激，并有声上面的一个红灯闪亮。

（2）按"选次"键可进行刺激次数的选择：显示 Con—10 表示刺激次数为 10 次，显示 Con—20 表示刺激次数为 20 次，显示 Con—40 表示刺激的次数为 40 次，显示 Con—50 表示刺激的次数为 50 次。按"显示"键可结果并记录：显示×××××秒为完成任务总时间，显示 YES—××次为正确次数，显示××××毫秒为正确平均时间。

（3）主试和被试两人一组交替进行。

实验步骤

（1）主试和被试两人一组。主试选择光刺激：如，选择 10 次光刺激。被试在仪器前坐好，用优势手准备按键。

（2）主试按"启动"键之前，被试要集中注意。主试按"启动"开始测试，同时按下手中的秒表。当仪器红灯开始逐个闪亮，被试要迅速按灭它，直到 10 次光刺激全部呈现完毕，一组实验结束。主试按停秒表。

（3）如果在限定的时间内完成了实验，算做合格的实验。主试记录正确对光反应次数。主试记录结果后，按"复位"键显示"-Led"，为下组测试做好准备。

（4）按以上步骤完成下面的实验：选择"10 次光刺激"共做四次，每次限制 30 s；"10 次声刺激"共做四次，每次限制 30 s；"10 次声+光刺激"共做 4 次，每次限制 35 s。

注意事项

（1）在选择声刺激时，按红键为高音，按绿键为中音，按灰键为低音，被试要仔细辨别音高再按键。可先进行试音练习，熟悉声音后再测试。

（2）每次实验要在限制的时间内完成，如超过时间表示被试拖延了时间，即使正确次数提高，成绩也不真实，因此，要取消超时的实验。

（3）实验时要保持安静，减少干扰。

实验报告

（1）数据记录：在表内分别记录单独对光正确反应次数、对声正确反应次数，同时对光、对声正确反应次数。

（2）计算4次实验的平均值 R_1、L_1、R_2、L_2，并填入表6-5-1内。

（3）计算注意分配能力 A：

按下列公式计算结果：$A = [(R_2/R_1) \times (L_2/L_1)]^{1/2}$。

R_1 和 L_1 分别是单独对光正确反应和对声正确反应的次数的平均值。

R_2 和 L_2 分别是同时对光、对声正确反应次数的平均值。

$A = 1$ 表示完全分配。

$A > 0.5$ 表示不同程度分配。

$A < 0.5$ 表示没有分配。

（4）本实验在体育运动中的意义。

表 6-5-1　注意分配实验数据记录表

实验次数 限制时间	第一次	第二次	第三次	第四次	平均值
单独对光正确反应次数（30 s）					R_1
单独对声正确反应次数（30 s）					L_1
同时对光、对声正确反应次数（35 s）					R_2 L_2

课后练习

1. 在体育活动中，注意能否同时分配到两个对象上？
2. 举例说明注意分配与运动项目的关系。
3. 分析影响注意分配的条件。

实验六　动作技能形成过程的分析

实验目的

（1）分析技能形成的过程。

（2）观察集中练习和分散练习对技能形成的不同影响。

实验原理

镜画学习是一种典型的技能形成过程。在这一学习过程中，由于遮眼板挡住了被试的视线，使他不能看到纸上的图案，只能从镜子中看到图案，镜子中的图案颠倒了图形的上下方向，但左右方向没有改变。因为改变了以往的书写习惯，被试在练习的初始阶段会感觉非常困难，但随着练习次数的增加进步加快，最后达到正确完成镜画学习。每一次练习的时间和出现的错误次数都有变化，可以用曲线表示出来，说明新技能形成的过程。

实验器材

镜面仪、星形图、案纸、遮眼板、秒表、铅笔。

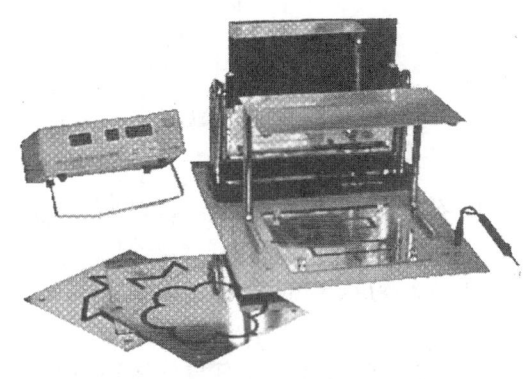

图 6-6-1 镜面仪和定时计时计数器

实验方法

（1）查阅相关文献。

（2）通过镜画学习和练习曲线的绘制使学生进一步理解技能形成过程

（3）通过甲、乙两组分别用集中练习和分散练习两种方式得出的练习时间和错误次数之间的变化，观察集中练习和分散练习对技能形成的不同影响。

（4）记录实验数据，处理和分析实验结果，得出结论，书写实验报告。

实验步骤

（1）选择日常生活中用右手的被试，令其面对镜子正坐。主试将星形图案纸放在镜前，调节遮眼板，使被试不能直接看见图形，只能在镜中看见。

（2）被试用右手执笔，笔尖放在星形纸图案的起点处，做好准备。主试发令："开始"，被试立即动作，按图中箭头所示方向，顺着星形图的双线中央，尽快地画一圈，直至回到原起点时为止，这算练习一次。

（3）被试所画的线如果触及了星形图中双线的边际时，就会触发出响声，这就算犯了一次错误；如果倒退一次也算一次错误。用计数器累计每次练习中所产生的错误动作的次数。

（4）在主试发出"开始"指令的同时，启动秒表，直到被试画完一遍，笔尖到达原起点时，立即停止秒表的进行。主试记下每一次练习所需的时间。每一被试连续练习 10 次。

（5）在上述实验的基础上选出两个实验组，每组为 5 人。甲乙两组被试都总共练习 12 次，分为两个阶段进行，即在第六次练习与第七次练习之间间隔 24 h。

（6）甲组被试的第 1~6 次练习是分散的，各次练习之间休息 1 min，第 7~12 次练习是连续的。

（7）乙组被试的第 1~6 次练习是连续的，第 7~12 次练习是分散的，各练习之间也休息 1 min。实验的结果同样计算完成作业所需的时间以及产生错误动作的次数。

注意事项

甲、乙两组的被试都选用优势手做镜画练习。

实验报告

（1）用图示形式表明，随着练习次数的增加，被试所画星形图的曲线由抖动而变成平稳的情景。

（2）用曲线形式表明，随着练习次数的增加，被试每完成一次练习所需时间减少的情景。

（3）用曲线形式表明，随着练习次数的增加，被试每完成一次练习所犯错误减少的情景。

（4）用曲线形式表明甲乙两组在采用集中练习与分散练习时的不同成绩（表现为随着练习次数为 1~6 次时，以及 7~12 次时的完成一次练习所需时间与错误动作的次数的变化）。

（5）分析实验结果并写出结论。

课后练习

1. 从镜面学习的实验结果中分析动作技能形成过程中的一些特点。
2. 分析集中练习与分散练习对镜面学习成绩的影响。

实验七　动作技能迁移的测量

实验目的

学习使用触棒迷宫的方法，检验双手动作技能之间的迁移性影响。

实验原理

已经掌握的技能对新技能的掌握发生积极的影响，称为技能的迁移。最常见的运动技能迁移现象是身体两侧对应器官的迁移现象，如左右手、左右脚之间的运动技能的双向迁移。本实验使用小棒走迷宫检验用右手走迷宫对左手走迷宫练习的迁移作用。

实验器材

触棒迷宫，小棒，停钟，遮眼罩，计数器。

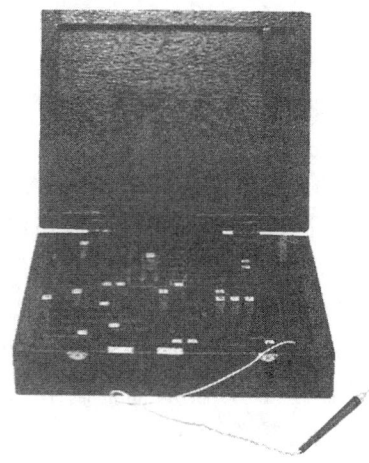

图 6-7-1 触棒迷宫

实验方法

（1）实验分两组进行，一组是实验组，一组是控制组。

（2）实验组分被试和主试分别进行实验。

实验步骤

（1）被试蒙上眼睛用小棒走迷宫。在实验过程中不要让被试看见迷宫的路线。主试把被试拿着的小棍放在迷宫的起点。放好以后，就发口令："预备……走。"被试听到"走"，就从起点开始在迷宫中移动小棍直到终点为止。

（2）记下被试从起点到终点所需时间及犯错误的次数。错误的次数是指被试进入死路的次数，每次进入死路时都会发出响声。

（3）每做完一次后，在第二次开始以前先把被试拿的小棒放在迷宫的起点处。在整个实验过程中都不让被试看见迷宫的路线。在实验过程中应安排被试作适当的休息。

（4）实验中将被试分为实验组与控制组两组。实验组被试先用左手练习走迷宫 10 次，用停钟记下每次所需时间，用计数器记下每次的错误次数。

（5）继而要实验组被试用右手练习走迷宫 10 次，用停钟记下每次的时间及错误次数。

（6）进而要实验组被试用左手再练习走迷宫 10 次，同样记下时间及错误次数，然后要求被试休息，左右手均不做任何动作。休息时间长短相当于实验组用右手练习走迷宫 20 次的时间。

（7）控制组被试，要求先用左手练习走迷宫 10 次，记下每次所需时间与错误次数。然后要求被试休息，左右手均不做任何动作。休息时间长短相当于实验组用右手练习走迷宫 20 次的时间。

（8）进而对控制组要求用左手再练习走迷宫 10 次，同样记下每次所需时间和错误次数。

注意事项

实验前不允许练习。

实验报告

（1）整理每次练习的结果，按时间和错误次数两个指标画出练习曲线。
（2）按下面的方法计算：
设实验组用左手先练习时的第 10 次所需的时间（或取错误次数）称为测验前实验组 10；
实验组用左手后练习时的第 10 次所需的时间（或取错误次数）称为测验后实验组 10；
控制组用左手先练习时的第 10 次所需的时间（或取错误次数）称为测验前控制组 10；
控制组用左手后练习时的第 10 次所需的时间（或取错误次数）称为测验后控制组 10；
（测验前实验组 10 − 测验后实验组 10）/测验前实验组 10 × 100% ①
（测验前控制组 10 − 测验后控制组 10）/测验前控制组 10 × 100% ②
若 ① − ② = 0 则动作技能之间无迁移作用；
① − ② > 0 则动作技能之间有正迁移作用；
① − ② < 0 则动作技能之间有负迁移作用；
当 ① − ② 不等于 0 时，试进行其差异是否具有显著性的考验。

课后练习

1. 根据实验结果分析动作技能双向迁移的程度、影响因素。
2. 根据实验所得的练习曲线，分析动作技能在练习后所发生的变化。
3. 根据实验结果分析被试间是否存在个体差异。

实验八　时间知觉测定

实验目的

测定人对时间的知觉能力。

实验原理

时间知觉是人对客观现象的延续性和顺序性的反映。对时间长短的估计，经常受到生理、心理等因素的影响。本实验利用时间复制法研究时间知觉。复制法要求被试复制出在感觉上认为与标准刺激相等的时间来，以复制结果与标准刺激的差别作为时间知觉准确性的指标，并区分是高估还是低估了标准时间。复制法测量的结果不受过去经验的影响，它能确切地表示一个人辨别时间长短的能力，可作为职业评测的一个指标。

实验器材

BD-II-121 型时间知觉测试仪。

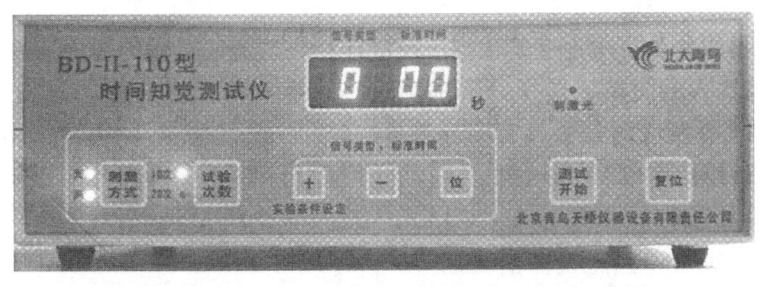

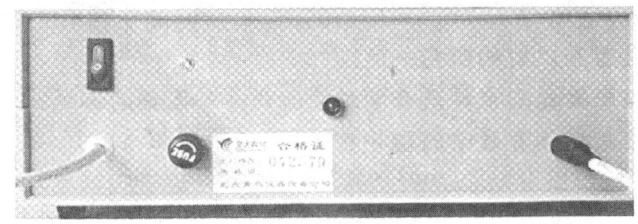

图 6-8-1　时间知觉测试仪

实验方法

（1）主试和被试先通过老师的讲解熟悉仪器的具体操作。

（2）主试把被试的数据记录表格中，最后进行结果处理。

实验步骤

（1）实验前，主试应将被试操作键的插头插在仪器后面板相应插座中，被试手持被试操作键，打开后面板的电源开关。

（2）被试选择刺激方式：按"刺激方式"键，键上方的"光"灯亮，表示光刺激呈现。

（3）选择试验次数：按"实验次数"键，键上方"10"灯亮，表示实验进行10次。

（4）选择标准刺激信号：按"+""-"键，调整信号类型参数（第一位数码管），参数范围0~9；参数0表示连续信号。

（5）被试做好准备后，主试按下"开始"键。

（6）2s预备，被试键盘提示灯亮黄色。

（7）按设定的刺激方式（光）及刺激信号类型呈现标准刺激。10个标准刺激时间（0.5 s，1 s，1.5 s，2 s，3 s，4 s，6 s，8 s，12 s，16 s）将随机呈现，实时显示时间。呈现标准刺激期间被试键盘灯亮红色。

（8）被试键盘灯亮绿色表示被试复试开始。被试按下被试键盘"回车"键开始呈现比较刺激，为连续光刺激（不受信号类型限制），当感觉上与刚呈现的标准刺激时间相同时，马上抬起键，显示的就是比较刺激时间。

（9）2s后显示偏差值，快了（与标准时间比）为正；慢了为负（显示"-"）

（10）1s后将按设定的刺激方式重新开始预备，呈现标准刺激，回到第5步，直到进行到10为止。

（11）实验结束时，发出一长声响，显示平均偏差值。

（12）按"+""-"键，可依次显示 10 或 20 个的标注时间（0.5 s、1 s、1.5 s、2 s、3 s、4 s、6 s、8 s、12 s、16 s）中的一个或 00.00，再按"位"，显示相应时间的偏差值；当时间显示为 00.00 时，按"位"键，显示的是平均偏差值。

注意事项

（1）实验前，被试要熟悉仪器的使用。
（2）为了取得原始可靠数据，一般在测试中不给被试时间矫正。

实验报告

把被试在实验室进行测定的数据填入表 6-8-1 中。

表 6-8-1　实验室 3S 测定数据记录表　　　　　　　　单位：s

	次数	标准时间	实验时间	误　差	平均误差
实验室测定	1	0.5			
	2	1			
	3	1.5			
	4	2			
	5	3			
	6	4			
	7	6			
	8	8			
	9	12			
	10	16			

课后练习

1. 哪些体育运动项目要求运动员有良好的时间知觉？
2. 分析自己的实验时间有无高估和低估现象，其规律如何？

实验九　气质类型测定

实验目的

（1）学习心理测量的原则和方法。
（2）学习用气质量表来测定个体的气质类型。

实验原理

气质是一个人天生就具有的心理活动的动力特征。心理学把人们的气质区分为 4 种典型的类型：胆汁质、多血质、黏液质和抑郁质。除了上述 4 种类型之外还有很多混合类型。本次实验采用的是心理测量法、相对观察法、条件反射法，更能反映个体气质的实际情况。

实验器材

气质类型量表、气质测试答案纸、气质测验得分表、气质量表常模。

表 6-9-1　气质类型量表

1. 做事力求稳妥，不做无把握的事。
2. 遇到可气的事就怒不可遏，想把心里话全说出来才痛快。
3. 宁肯一个人干事，不愿很多人在一起。
4. 到一个新环境很快就能适应。
5. 厌恶那些强烈的刺激，如尖叫、噪声、危险镜头等。
6. 和人争吵时，总是先发制人，喜欢挑衅。
7. 喜欢安静的环境。
8. 善于和人交往。
9. 羡慕那种善于克制自己感情的人。
10. 生活有规律，很少违反作息制度。
11. 在多数情况下情绪是乐观的。
12. 碰到陌生人觉得很拘束。
13. 遇到令人气愤的事，能很好地自我克制。
14. 做事总是有旺盛的精力。
15. 遇到问题常常举棋不定，优柔寡断。
16. 在人群中从不觉得过分拘束。
17. 情绪高昂时，觉得干什么都有趣；情绪低落时，又觉得什么都没有意思。
18. 当注意力集中于一事物时，别的事很难使我分心。
19. 理解问题总比别人快。
20. 碰到危险情景，常有一种极度恐怖感。
21. 对学习、工作、事业怀有很高的热情。
22. 能够长时间做枯燥、单调的工作。
23. 符合兴趣的事情，干起来劲头十足，否则就不想干。
24. 一点小事就能引起情绪波动。
25. 讨厌做那种需要耐心、细致的工作。
26. 与人交往不卑不亢。
27. 喜欢参加剧烈的活动。
28. 爱看感情细腻、描写人物内心活动的文学作品。
29. 工作学习时间长了，常感到厌倦。
30. 不喜欢长时间谈论一个问题，愿意实际动手干。
31. 宁愿侃侃而谈，不愿窃窃私语。
32. 别人说我总是闷闷不乐。
33. 理解问题常比别人慢些。
34. 疲倦时只要短暂的休息就能精神抖擞，重新投入工作。

续表

35. 心里有话宁愿自己想，不愿说出来。
36. 认准一个目标就希望尽快实现，不达目的，誓不罢休。
37. 学习、工作同样长时间，常比别人更疲倦。
38. 做事些莽撞，常常不考虑后果。
39. 老师或师傅讲授新知识、新技术时，总希望他讲慢些，多重复几遍。
40. 能够很快地忘记那些不愉快的事情。
41. 做作业或完成一件工作总比别人花的时间多。
42. 喜欢运动量大的剧烈体育活动，或参加各种文艺活动。
43. 不能很快地把注意力从一件事转移到另一件事上去。
44. 接受一个任务后，就希望把它迅速解决。
45. 认为墨守成规比冒风险强些。
46. 能够同时注意几件事物。
47. 当我烦闷的时候，别人很难使我高兴起来。
48. 爱看情节起伏跌宕、激动人心的小说。
49. 对工作抱认真严谨、始终一贯的态度。
50. 和周围人们的关系总是相处不好。
51. 喜欢复习学过的知识，重复做已经掌握的工作。
52. 希望做变化大、花样多的工作。
53. 小时候会背的诗歌，我似乎比别人记得清楚。
54. 别人说我"出语伤人"，可我并不觉得是这样。
55. 在体育活动中，常因反应慢而落后。
56. 反应敏捷，头脑机智。
57. 喜欢有条理而不甚麻烦的工作。
58. 兴奋的事常使我失眠。
59. 师讲新概念，常常听不懂，但弄懂以后就很难忘记。
60. 假如工作枯燥无味，马上就会情绪低落。

表 6-9-2 气质测试答案纸

姓 名：			性 别：			年 龄：			日 期：		
题号	+2	+1	0	-1	-2	题号	+2	+1	0	-1	-2
1						31					
2						32					
3						33					
4						34					
5						35					
6						36					
7						37					
8						38					
9						39					
10						40					

续表

题号	+2	+1	0	-1	-2	题号	+2	+1	0	-1	-2
11						41					
12						42					
13						43					
14						44					
15						45					
16						46					
17						47					
18						48					
19						49					
20						50					
21						51					
22						52					
23						53					
24						54					
25						55					
26						56					
27						57					
28						58					
29						59					
30						60					

表 6-9-3　气质测验得分表

胆汁质	题号	2	6	9	14	17	21	27	31	36	38	42	48	50	54	58	总分
	得分																
多血质	题号	4	8	10	16	19	23	25	29	34	40	44	46	52	56	60	总分
	得分																
黏液质	题号	1	1	11	13	18	22	26	30	33	39	43	45	49	55	57	总分
	得分																
抑郁质	题号	3	7	12	15	20	24	28	32	35	37	37	47	51	53	59	总分
	得分																

如果某类气质得分明显高出其他 3 种，均高出 4 分以上，则可定为该类气质。如果该类

气质得分超过20分，则为典型；如果该类得分在10~20分，则为一般型。

两种气质类型得分接近，其差异低于3分，而且又明显高于其他两种，高出4分以上，则可定为这两种气质的混合型。

3种气质得分均高于第四种，而且接近，则为3种气质的混合型，如多血-胆汁-黏液质混合型或黏液-多血-抑郁质混合型。

如4栏分数皆不高且相近（<3分），则为4种气质的混合型。多数人的气质是一般型气质或两种气质的混合型，典型气质和数种气质的混合型的人较少。

此外，凡是在1、3、5…奇数题上答"2"或"1"，或在2、4、6…偶数题上答"-1"或"-2"，每题各得1分，否则得半分。如果你是男性，总得分在0~10之间则非常内向，11~25之间比较内向，26~35之间介于内外向之间，36~50之间比较外向，51~60之间非常外向。如果你是女性，总得分在0~10之间非常内向，11~21之间比较内向，22~31之间介于内外向之间，32~45比较外向，46~60之间非常外向。

需要强调的是，运用短时的观察和实验法来确定气质类型时，有一定的局限性。全面而准确的测定需要通过长时间和多方面的观察，并联系对被试者整个生活历程的了解和分析，才能真正看出一个人高级神经活动类型的最稳定的特征。因此，气质的问卷调查对被试者气质类型的确定只是一种"大致的确定"。

表6-9-4　气质量表常模

气质类型		很不明显	比较不明显	中等	比较明显	很明显
胆汁质	男	15~40	41~47	48~54	55~61	62~75
	女	15~41	42~47	48~54	55~60	61~75
多血质	男	15~37	38~44	45~52	53~59	60~75
	女	15~37	38~44	45~52	53~59	60~75
黏液质	男	15~42	43~48	49~55	56~61	62~75
	女	15~41	42~47	48~54	55~60	61~75
抑郁质	男	15~43	44~49	50~56	57~62	63~75
	女	15~44	45~50	51~56	57~62	63~75

实验方法

（1）测验可团体或个别进行。

（2）将每题得分填入表6-9-3相应"得分"栏内。

（3）计算每种气质类型的总得分数。

实验步骤

（1）主试念指导语，指导语如下。

本测验共有60个问题，只要你能根据自己的实际行为表现如实回答，就能帮助你确定自己的气质类型，但必须做到：

① 回答时请不要猜测题目内容要求，也就是说不要考虑应该怎样，而只回答你平时怎样，因为题目答案本身无所谓正确与错误之分。
② 回答要迅速，不要在某道题目上花过多时间。
③ 每一题都必须回答，不能有空题。
④ 在回答下列问题时，你认为：
很符合自己情况的，就应在相应的题号后面"+2"的小方格里面画√号；
较符合自己情况的，就应在相应的题号后面"+1"的小方格里面画√号；
介于符合与不符合之间的就应在相应的题号后面"0"的小方格里面画√号；
较不符合自己情况的，就应在相应的题号后面"-1"的小方格里面画√号；
完全不符合自己情况的，就应在相应的题号后面"-2"的小方格里面画√号。
（2）被试先在"气质测试答案纸"上填写好姓名、性别、年龄和测验日期，然后阅读"气质类型量表"并同时填写"气质测试答案纸"。共60题。
（3）填写完答案进行答案处理。

注意事项

（1）主试念的指导语要一致，不要对被试做其他的解释，以确保实验结果的准确性。
（2）此问卷没有时间限制。

实验报告

（1）对实验数据进行处理，写出被试的气质内型。
（2）如何看待自己的气质？气质可以改变吗？

课后练习

通过气质类型量表和平时观察比较自己的气质，比较两种方法的准确性和优缺点。

实验十　动作学习中的运动表象训练

实验目的

通过运动表象训练实验，使学生对运动表象训练有一完整的、形象化的理解，初步掌握进行此种训练的具体方法。

实验原理

运动表象训练是心理技能训练的核心内容。这一方面的特点是在暗示语的指导下，在头脑中反复想象某种运动动作或运动情境，从而提高运动技能和情绪控制能力。运动表象训练在运动心理学中被称之为内心学习（除表象训练外，还有思维训练等），作为实验对象，如果从事专项运动的运动员，他们在日常运动训练中积累了大量的技术动作的形象，有的自发地进行过回忆技术动作形象的尝试（俗称过电影），这些都会使实验效果更完善。

实验器材

武术用剑，秒表。

实验方法

（1）本实验分实验组和对照组。

（2）对照组被试在教学中一直跟着教师不停地进行动作操练学习。实验组则在动作操作学习中安排一段静息时间进行表象训练。主要是回忆教师的示范动作。

实验步骤

一、准备工作

选择没有学习过初级剑术的40名男大学生或40名女大学生为被试。将被试按体操成绩分为两个等组：实验组、对照组。两个组由同一武术教师执教。

教学内容是初级剑术前8个动作。每班各学4课时，每时应保证有40 min用于剑术学习。连续学习4天，第五天进行测验。两个班的教学和测验时间应彼此错开，并使他们不相互参观。

二、教学测验

对照组被试在教学中一直跟着教师不停地进行动作操练学习。实验组则在动作操作学习中安排一段静息时间进行表象训练。主要是回忆教师的示范动作。其具体做法如下：

第一、二天，两个组都学分解动作；第三、四天把动作连贯起来学习。每节课留5 min纠正动作的错误。在学习中，对照组的被试由教师示范讲解两遍，学生随着教师的示范模仿一遍。然后，学生用相当于模仿两遍的时间回忆教师的动作，再由学生自己做两遍。

注意事项

（1）运动表象训练实验，属于心理训练方法的练习实验，在实验前必须使被试了解进行运动表象训练的方法，否则不宜开始训练。

（2）在运动表象训练实验前应使被试明确将要训练的技术动作，动作不能太复杂，也不能太多，要由简到繁，由易到难逐渐增加难度。

实验报告

1. 效果检查

测验由其他教师担任主试。评分标准按武术比赛评分方法执行，满分10分。

测验后,主试个别询问实验班被试:"这种运用运动表象的学习方法与以前接触的学习方法相比,哪一个更优越?为什么?"

2. 结果统计

(1)分别统计并比较两班被试用于观察学习、动作操练和运动表象训练的 3 种时间。

(2)统计各班的测试成绩(包括总成绩和人均成绩)并进行差异显著性考验。

课后练习

1. 运动表象训练在动作技能形成中起作用的心理机制是什么?
2. 推论在大运动量的训练中插入运动表象训练在心理和生理方面的积极意义,走访运动员检验你的推论。

附:体育心理学实验指导参考文献

[1] 马启伟. 体育心理学[M]. 2 版. 北京:高等教育出版社,2007.
[2] 季浏. 体育心理学学与教的指导[M]. 北京:高等教育出版社,2006.
[3] 张力为,毛志雄. 运动心理学(上、下册)[M]. 上海:华东师范大学出版社,2003.
[4] 黄希庭. 心理学实验指导[M]. 北京:人民教育出版社,1996.
[5] 刘淑惠. 体育心理学[M]. 北京:高等教育出版社,2005.
[6] 祝蓓里,季浏. 体育心理学[M]. 北京:高教高等教育出版社,2005.
[7] 李百珍. 中小学生心理健康教育[M]. 北京:科学普及出版社,2002.
[8] 颜军. 体育教育心理学[M]. 扬州:神州出版社,1993.
[9] 松井三田. 体育心理学[M]. 北京:人民体育出版社,1995.
[10] 张力为,任未多. 体育运动心理学研究进展[M]. 北京:高等教育出版社,2000.
[11] 兰德斯. 心理演练:指导应用研究成果[J]. 体育科学,2000.
[12] 王重鸣. 心理学研究方法[M]. 北京:人民教育出版社,1990.
[13] 祝蓓里,丁忠元. 体育心理学[M]. 上海:华东师范大学出版社,1990.
[14] 祝蓓里,季浏. 体育心理学新编[M]. 上海:华东师范大学出版社,1995.
[15] 祝蓓里,季浏. 体育心理学[M]. 北京:高等教育出版社,2000.

第七章 运动生物力学实验

实验一 人体一维重心位置测量

实验目的

学习用一维重心测量板测定人体重心位置的实验方法。分析人体重心位置的影响因素。

实验原理

重力是地球对物体的引力,人体整体所受的合重力的作用点就是人体重心的位置。在运动生物力学研究中,人体重心的轨迹、位移、速度以及加速度等指标是评价人体运动状况的重要指标,所以,掌握人体重心的测量方法是非常必要的。

依据静力学中的力矩平衡原理进行人体重心位置的测定。图 7-1-1 所示为人体一维重心测量板,空板时秤的读数为 M_0,人体重为 W,人躺在板上后(两足紧贴抵足板,足背屈)体重秤读数为 M,设人体总重心至 A 点的距离为 AC,板重 W_B,板长为 AD,板的重心至 A 点的距离为 AB,则根据力矩平衡原理有

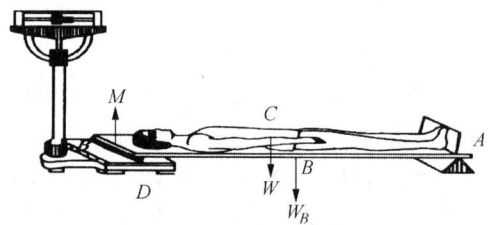

图 7-1-1 一维重心测量板示意图

空板称量时	$W_B \cdot AB = M_0 \cdot AD$	(1)
人躺在板上时	$W_B \cdot AB + W \cdot AC = M \cdot AD$	(2)
整理得	$AC = \dfrac{M - M_0}{W} \cdot AD$	(3)

上式中的 AC 为被试标准站立姿势时的总重心的绝对高度。

为了便于比较,可计算人体总重心的相对高度,即重心绝对高度与身高的比值,该指标可消去身高的影响,其公式为

$$重心相对高度 = \frac{重心绝对高度}{身高} \times 100\% = \frac{AC}{h} \times 100\% \quad (4)$$

式中 h 为身高。

一般来说，人体重心的位置受人体体型、性别、年龄等因素的影响。长期从事运动训练也可引起人体重心位置的改变。

实验器材

体重秤、一维重心测量板、身高仪等。

实验方法

（1）学生两人为一组互为测试员和受试者。被试者以标准解剖姿势平躺在测量板上，另一学生读出体重秤数并记录。然后被试分别作平躺、两臂平举和两臂肩肘关节成90°上举，同时单腿髋膝关节成90°上举，并记录体重秤计的3组读数。

（2）按实验步骤严格测试。

实验步骤

（1）测量每人的身高、体重。

（2）受试者按实验要求以各种身体姿势躺在一维重心位置上，记录其受重。

（3）依据上述原理和测量数据结果，分别算出不同姿势的重心高度和标准解剖位的相对高度。

（4）撰写实验报告。

注意事项

（1）受试者平躺时脚底与支点端测试板平齐。

（2）测试员读数时视线要与表盘垂直。

实验报告

（1）计算出测量对象的绝对重心高度。

（2）分析跳高技术中摆臂、摆腿分别对人体重心位置的作用。

实验二　不同跑速时步长与步频关系实验

实验目的

通过实验，使同学们加深理解速度概念的物理意义，掌握速度的简单测量方法，了解不同跑速时步长和步频的变化规律。

实验原理

$$跑速 = 步长 \times 步频$$
$$步频 = 频数/时间$$

实验器材

（1）计时秒表。
（2）20 m 长卷尺。

实验方法

受试者分别以慢速、中速和最高速度跑完 20 m，在 20 m 跑的始端前有 15 m 加速跑，以便进入 20 m 跑道后能以匀速跑完全程。记录 20 m 跑的时间和步数。把实验结果填入表 7-2-1 相应的栏目内。

表 7-2-1 不同跑速时步长与步频登记表

项　目	时间（s）	步数（次）	速度（m·s^{-1}）	步长（m）	步频（s^{-1}）	备注
慢　速						
中　速						
最高速度						

实验步骤

（1）测试慢速、中速和最高速度的步数和时间。受试者可每 4 人一组，1 人给起跑信号，1 人计时，1 人数步数，1 人为实验对象，再依次轮换。
（2）计算。根据所学的运动学公式，分别计算每次跑的速度、步长、步频，将结果填入表 7-2-1 相应的栏目内。
（3）绘制步长和步频关系图。根据登记表采集的数据和计算结果，绘制不同跑速情况下的步长和步频关系图。

注意事项

计算步数时任意支撑脚踏入 20 m 起始端为第一步，踏出终点端的上一步为最后一步。

实验报告

（1）描述出步长与步频的关系。
（2）分析跑速对步长与步频关系的影响。
（3）依据实验结果讨论以下内容：
① 当你的速度增加时，你的步长与步频是如何变化的？

② 比较中速和最高速度的差别是什么？

③ 据文献所知，世界优秀短跑运动员，在最高速度时，步长约等于 1.14 倍的身高。计算出你的最高速度时步长与身高之比，试与 1.14 这个值比较。

④ 你认为短跑运动员在速度增加时，步长与步频应该如何变化为宜？

实验三　纵跳实验

实验目的

使学生深入理解人体运动时所受到的地面反作用力及其与人体运动的关系，并能将这方面原理应用至体育技术动作的分析实践中。

实验原理

（1）竖直上抛公式 $H = v_0^2 / 2g$。

（2）牛顿第二定律 $F = ma$。

（3）肌肉收缩的力学原理。

实验器材

电子纵跳板 4 块。

实验方法

受试者踩在电子纵跳板上，进行以下几种纵跳方式：① 由半蹲开始无反向运动不加摆臂的纵跳。② 由站立开始不摆臂纵跳。③ 由站立加摆臂自由纵跳。④ 由站立开始加摆臂作下蹲后稍停片刻（2~3 s）的纵跳。每种纵跳各跳 3 次，记录每一次的 H 值并求平均值填于表 7-3-1 内。

表 7-3-1　纵跳实验登记表

纵跳方式	第一次	第二次	第三次	平均值
①				
②				
③				
④				

实验步骤

（1）按测试方法测试 4 种起跳的 H 值。

（2）计算 4 种起跳的 v_0。

（3）分析 4 种起跳的肌肉收缩力。

注意事项

（1）被试者纵跳着地时要在纵跳板中央。
（2）每次起跳前将表盘读数回零。

实验报告

（1）要求计算出4种起跳姿势的起跳 v_0。
（2）运用力学、肌肉生物力学及人体运动学的理论对不同纵跳方式的结果进行分析。

实验四　绘制运动中人体关节点的轨迹

实验目的

（1）了解人体运动的运动学特点。
（2）掌握人体运动影像解析方法。

实验原理

影像记录了人体在空间和时间中的运动表现，包含了反映人体运动的时间、距离、平动以及转动等运动学信息，是分析体育运动动作的重要依据。

将人体动作以运动生物力学规范测量方法拍摄成影片，然后在各幅影片上建立人体运动的直角坐标系，再测量出人体特定关节点的坐标，最后将所有图片上该关节点的坐标点画在同一个直角坐标体系中，形成圆滑的曲线。该曲线就是人体特定点的轨迹，它反映了人体运动的运动学特点。

实验器材

一组按照运动生物力学影像测量要求拍摄的反映运动动作的（短跑动作）影像图片，米尺，坐标纸。

实验步骤

（1）将电影照片按时间顺序编号。
（2）在各幅照片上建立统一的平面直角坐标系，并标记人体某一点（如右髋关节点）。
（3）测量各幅照片上人体某点（例如右髋关节点）的坐标值，并标记在坐标。
（4）按时间顺序将各点连成光滑曲线。
（5）再选取另外一点（如右肘关节点），重复（3），（4）步骤。
（6）观察曲线形状。

注意事项

实验所取的电影照片要求时间间隔是等距的,各图片上的直角坐标系要保持一致。

实验报告

(1)绘制运动中人体点的轨迹图。

(2)实验结果讨论:实验结果反映了哪些运动学特点?试描述轨迹反映的运动学特点。

实验五 绘制人体运动简图

实验目的

(1)学习根据电影图片绘制运动简图的方法。

(2)根据运动简图对运动动作进行初步分析。

实验原理

电影图片记录了人体运动的连续过程,将电影图片上人体主要关节点标记出来(见表 7-5-1),并按一定顺序(按环节)连接各关节点,构成人体运动简图,简图表明了运动中各瞬间人体的姿势,直观地展示出人体各环节的相对位置和各主要关节的角度,是初步分析运动学特征的重要依据。

表 7-5-1 绘制人体运动简图登记表

片号	关节															
	头		肩		肘		手		髋		膝		踝		趾	
	X	Y	X	Y	X	Y	X	Y	X	Y	X	Y	X	Y	X	Y
1. 左																
右																
2. 左																
右																
3. 左																
右																
4. 左																
右																
…																

实验器材

一组按运动生物力学摄影测量要求拍摄的短跑或急行跳远的高速摄影放大照片,坐标纸,米尺。

实验步骤

（1）将照片按时间顺序编号。
（2）分别在各幅照片上建立统一的平面直角坐标系。
（3）在各幅照片上依次标记各关节点的位置,并按环节将关节点以直线相连接,构成单线图即运动简图。
（4）在坐标纸上建立平面直角坐标系,将前面绘制的各幅单线图描记在坐标纸上。
（5）重复（4）,但为了使各单线图不重叠,将各单线图分别绘制在单独的坐标系中。

注意事项

实验所取的电影照片要求时间间隔是等距的。

实验报告

（1）绘制运动中人体运动简图。
（2）实验结果讨论：根据绘制的人体运动简图,描述运动学特点。

实验六　测定短跑中人体关节角随时间的变化

实验目的

学习根据电影图片测定运动中人体主要关节角的方法和绘制关节角-时间曲线的方法,并掌握根据关节角-时间曲线分析运动学特征的方法。

实验原理

相邻两环节的夹角为关节角,它确定了人体姿势,根据关节点的位置确定环节纵轴,相邻两环节的纵轴的夹角即为关节角。此角可用量角器测量,亦可通过计算3个关节点构成的三角形确定其数值,各幅画面的时间关系可由摄影频率确定。在测定了关节角、时间的基础上即可绘制关节角-时间曲线,该曲线对分析运动学特征具有重要价值。

实验器材

一组按运动生物力学影像测量要求拍摄的短跑高速摄影放大照片,米尺,量角器,坐标纸。

实验步骤

（1）将照片按时间顺序编号。
（2）在各幅照片上建立统一的平面直角坐标系。
（3）标记各关节点，并将其连接成单线图。
（4）用量角器测量各幅照片上的右膝、右肘关节角，将其按时间顺序详细记录下来。
（5）根据记录的数据绘制右膝、右肘关节角-时间曲线。
（6）分析、比较两条曲线。

注意事项

实验所取的电影照片要求时间间隔是等距的且时间间隔越短越好。

实验报告

（1）绘制右膝、右肘关节角-时间曲线。
（2）应用运动学分析两条曲线的形成原因。
（3）实验结果讨论：试叙述关节角-时间曲线的特征。

实验七　双脚原地纵跳的力学特征实验分析

实验目的

学习测量人体运动的动力学特征的方法，分析原地纵跳的力学特征。

实验原理

为分析在踏跳时运动员与支撑点的相互作用应采用专门的测力系统。测力系统可由一维及三维测力台、放大器、记录仪或电脑组成，详细测量原理本书有专门章节介绍。图 7-7-1 为系统框图。

测力台 → 放大器 → 记录仪

图 7-7-1

在纵跳时运动员身体重心腾起的最大高度，按上抛公式计算：

$$H = gt^2/2$$

最大起跳速度按下列公式计算：

$$v_t = gt$$

上述两公式中的 t 为人体离台达到最高点的时间。

实验器材

实验设备包括一维或三维专用测力系统、体重秤。

实验方法

（1）两人一小组互为测试员和受试者。

（2）被试站在测力台上完成3种姿势的纵跳：① 从半蹲开始无反方向运动加摆臂纵跳；② 从站立开始不加摆臂纵跳；③ 从站立开始加摆臂自由纵跳。各跳3次取平均值。

实验步骤

（1）由实验员讲解测力系统的构成及简单的原理，并接通整个系统，使其进入准备工作状态。

（2）用体重秤测量被试的体重。

（3）被试站在测力台上完成3种姿势的纵跳，记录实验结果。

（4）取下记录实验结果的绘图纸或3种姿势纵跳的垂直力曲线。标定横坐标单位长度的时间和纵坐标单位长度的分值。

（5）在3种动作的垂直力曲线图上划分动作阶段，并将各动作阶段的延续时间和起跳垂直力峰值填入表7-7-1。

表 7-7-1　纵跳实验登记表

分析内容	项目	半蹲开始无反向运动加摆臂纵跳	从站立开始不加摆臂纵跳	从站立开始加摆臂纵跳
缓冲阶段（t）				
蹬伸阶段（t）				
腾空阶段（t）				
重心腾起最大高度 H				
起跳的最大速度				

（6）根据实验原理公式计算出在3种纵跳动作腾起的最大高度和起跳的最大速度并填入登记表内。

注意事项

半蹲开始无反向运动加摆臂纵跳的要求是膝关节和髋关节的角度约90°。

实验报告

分析各种不同纵跳动作中垂直力曲线的变化规律，区分其差异及产生的原因。

课后练习

试分析各种不同纵跳动作过程中肌肉的工作情况。

实验八　技术图片上测定人体稳定角

实验目的

通过此实验学习在技术图片上求解人体稳定角的方法。

实验原理

根据稳定角的概念（人体重心垂直投影线与重心至支撑面边界点的连线之间的夹角），只要在技术图片上测量出人体重心的位置和支撑面的边界点，即可确定人体在不同方位上的稳定角。

实验器材

技术图片、直尺、量角尺、大头针、坐标纸等。

实验步骤

（1）根据合力矩原理求解图片中人体重心的位置。
（2）确定不同方位上的支撑面边界点。
（3）在坐标纸上绘出人体单线图，并标出人体重心位置。
（4）由人体重心向下作垂线，连接重心和支撑面边界点的连线。
（5）测量人体重心的垂线与重心至支撑面边界点连线之间的夹角。

实验报告

（1）绘制人体的稳定角。
（2）实验结果讨论：试分析影响人体动作稳定性的因素有哪些。

实验九　三维测力台的使用

实验目的

通过此实验学习三维测力台的使用。

实验原理

目前使用的三维测力台根据其力传感元件的不同大致可分为两类：一类是应变式测力台，

另一类是压电式测力台。多数三维测力台还可测定 X、Y、Z 3 个轴向的转矩，所以又称六分量测力台（见图 7-9-1）。在体育运动中，三维测力台通常可用于测量人体运动过程中所受到的地面反作用力。

压电式测力台是目前使用较为广泛的测力台，这是由于这类测力台测试各类动态力、冲击力效果良好，这正好与体育运动中人体活动相对剧烈，足-地接触经常表现出碰撞的特点相符合，例如测量跳高、跳远的踏跳力（图 7-9-2 所示为纵跳测力实验）。此类测力台也能很好地使用在肢体活动相对缓慢的步态分析中。对于测量体育运动中如射击、射箭动作的姿态稳定性，则要使用应变式测力台，因为应变式测力台测静态力和准静态力效果较好，测试冲击力效果则较差，这一点正好与压电式测力台相反。

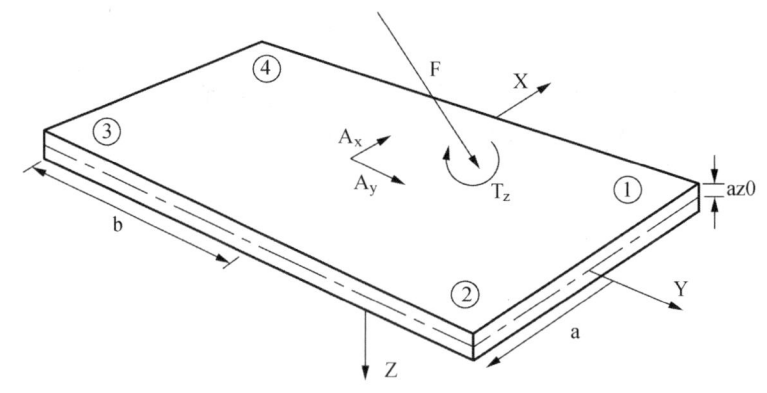

图 7-9-1　三维测力台外观及坐标系

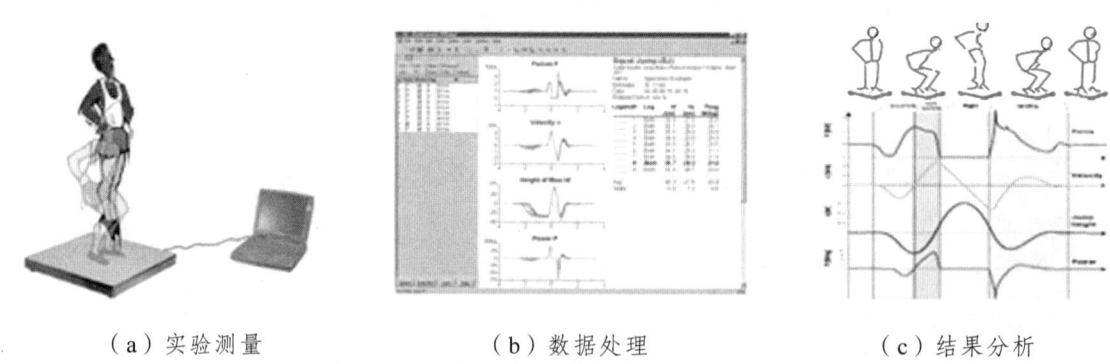

（a）实验测量　　　　　　（b）数据处理　　　　　　（c）结果分析

图 7-9-2　原地纵跳测量实验示意图

压电式测力台的 4 个角上放置 12 块石英晶体力传感器，每个角有 3 块，分别对 Z、X、Y 轴方向力敏感。因此每个角均可测量三维力，4 个角的三维力进行组合，可计算出总的三维力大小、方向及作用点（通常称为压力中心），同时还可计算出转矩。压电式测力台具有以下几个特点：① 测力范围广，可测定几克到 1 000 kg 的力值；② 刚性好，石英晶体的弹性系数为钢材的 1/2，在外力作用下变形很小；③ 灵敏度高、线性好、固有频率高；④ 质量较轻，体积较小，使用方便。

三维测力台测试中常用的力学参数为不同瞬间的力值、力矩、压力中心等。测力台能够直接给出的力学参数有：X 方向的力（F_x）；Y 方向的力（F_y）；垂直力（F_z）；相对于 X 轴的力矩（M_x）；相对于 Y 轴的力矩（M_y）；相对于 Z 轴的力矩（M_z）；扭矩（T_z）；压力中心的 X 坐标（A_x）；压力中心的 Y 坐标（A_y）等。

三维测力台可以在 3 种条件下进行，即实验室测试、训练场馆测试、比赛现场测试。本实验重点介绍实验室测试。

实验器材

三维测力台、Y-6D-3A 型动态电阻应变仪、SC-16 型光线示波器、带有三维测力台软件分析系统的计算机、打印机、2 m 长软皮尺、体重计。

实验步骤

测试前要先做好测量设计，测量设计应根据测量的目的、任务以及仪器器材、场地、测量人员等情况进行。设计必须科学、周密、可行。要仔细分析测试场地的情况，要测量动作的活动范围、仪器安装的位置等，力求整个测试或实验条件能很好受到控制，在正式测试之前还应对受试者讲解动作要求并进行试测，测试方案中应明确测量次数、组数、采样频率、采样时间等。

选取一名受试者模拟起跳扣球（排球）动作。做动作之前，先进行体重测量。要求学生在测力台上完整、流畅地进行该动作。一名操作人员发令，另一名同学操作电脑，保证两者协调一致。

注意事项

（1）设计方案时，应注意检索参考文献，注意研究对象的差异。
（2）严格按照实验操作方法和步骤进行。
（3）做好实验数据的统计分析。

实验报告

（1）分析起跳、落地动作中人体所受到的地面反作用力表现，包括 X 方向的力（F_x）；Y 方向的力（F_y）；垂直力（F_z）；相对于 X 轴的力矩（M_x）；相对于 Y 轴的力矩（M_y）；相对于 Z 轴的力矩（M_z）；扭矩（T_z）；压力中心的 X 坐标（A_x）；压力中心的 Y 坐标（A_y）。
（2）实验结果讨论：从地面反作用力的表现中是否能够体现出该受试者动作的合理性。

实验十　肌电测量系统的应用

实验目的

肌电测试已成为运动生物力学研究的一个重要手段。测量并记录人体运动时的肌电，通过对不同肌肉在运动过程中所表现出来的时域、频域上的不同特征的分析，可以了解人体在完成运动动作时，不同部位的肌肉参与活动的强度、时间顺序及相互协作关系，为运动技术分析提供依据。通过此实验学习肌电测试系统的使用。

实验原理

随着科学技术的进步，肌电测量系统由原来肌电模拟信号处理模式发展到现在的数字信号处理模式，由单一信号采集发展到多通道信号采集。现在国内应用较多有4通道、8通道肌电测量分析系统。根据信号传输方式，可分为有线和无线两类系统；根据数据接收和储存方式，可分为便携式大容量储存卡存储和无线信号实时接收两种，具体见图7-10-1。

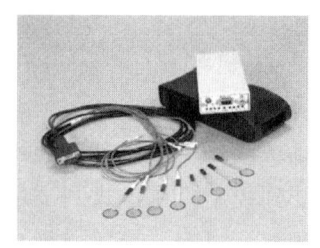 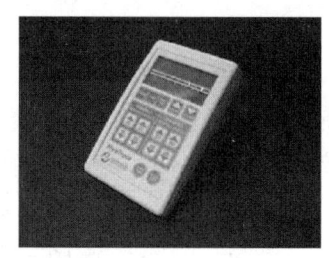 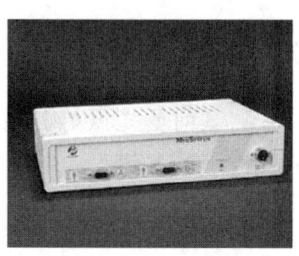

（a）表面肌电极　　　（b）便携式信号接收器（存储卡）　　　（c）台式信号接收器

图 7-10-1　肌电测量系统

用肌电图可以判断：运动中所测各块肌肉收缩时间的长短和收缩强度；各块肌肉参与活动的时间。肌电图在运动技术测量与评价中有较多的应用，用肌电图研究肌肉的不同状态、肌肉之间的协调程度、收缩类型及强度、判断肌肉疲劳程度和损伤等方面都有比较成功的例子。

实验器材

表面肌电极、便携式信号接收器、台式信号接收器、酒精、剃刀、导电膏。建议采用美国产表面肌电图测试仪 Noraxon Telemyo 2400T 无线遥测系统，分析软件采用系统专用 MyoResartch XP Master Edition 1.07.05 版，采样频率为 1 500 Hz/通道。

实验步骤

由于使用表面电极可以进行无损伤测量并直接应用于运动训练，而不影响运动员动作的完成，因此，目前在运动技术测量中多采用表面电极。表面电极的放置方法为，把电极固定在被测肌肉的皮肤上，一般放在肌腹处或肌肉运动点处。安放电极前，需先将该处皮肤用丙酮或酒精液擦拭，使皮肤阻抗减小到一定范围之内。再用导电膏涂在电极上，将电极沿肌纤维行走方向平行放置，间隔 2～3 cm，作双极导出。

表面电极的优点是方便易行、不会造成损伤；易被运动员接受，可应用于运动训练。缺点是不能较细致地反映肌肉内部某部位或某一运动单位的肌电变化情况；皮肤接触电阻较大并且是许多运动单位电位的综合，因此波型复杂，给精确的判断分析带来不便。

本实验以手持哑铃做屈伸动作测试屈时肱二头肌、肱三头肌收缩情况为例。

（1）首先对肱二头肌和肱三头肌肌腹的皮肤进行打磨，酒精擦拭处理后，使用皮肤表面 Ag-AgCl 电极（Noraxon 厂商处电极），电极直径为 1 cm，两电极中心相距约 2 cm，参考电极贴于肱二头肌和肱三头肌肌腹处。

（2）连接肌电及发射系统、电脑和接受系统。

（3）受试者完成 3 次徒手肘关节屈和伸动作，然后再完成 3 次手持哑铃的屈和伸动作。

（4）保存并分析数据。

注意事项

在肌电测量前首先要做好必要的准备工作。如测量受试者的基本形态指标（身高、体重、环节长度和围度、皮脂厚度等）；让受试者进行必要的准备活动使受试者的运动状态接近于训练时的准备活动的状态；同时对肌电测量系统进行预热，并设置参数（采样频率、放大倍数等）。然后根据需要确定电极安置点、处理皮肤并安置表面电极。表面电极安置完毕，检查各通道的肌电信号是否正常和符合测量要求。最后测量并记录受试者运动时的肌电信号。肌电测量时的注意事项有：

（1）电极必须固定稳妥。表面电极安置部位要准确，同一个受试者、同一块肌肉在几次测量中必须将电极安置在同一位置。

（2）不同项目受试者的同一肌群肌电图可能不同。

（3）同一项目不同受试者的准备活动的时间、运动量要统一。

（4）同一受试者进行多组测试时，要掌握好组间间隔。

（5）要充分考虑皮肤阻抗、体重、环境温度等对测量结果的影响。

实验报告

（1）数据处理：肌电数据分别取自 3 次徒手和手持哑铃动作中中间一个屈或伸动作，采用系统专用 MyoResartch XP Master Edition 1.07.05 版软件分析，原始肌电信号经过滤波，全波整流，平滑处理，计算出平均积分肌电值

（2）实验结果讨论：试分析肘关节屈和伸时的时间序列特征，并比较徒手屈伸和手持哑铃屈伸时力量变化情况。

附：运动生物力学实验指导参考文献

[1] 岳卫亚. 运动生物力学影像解析教学系统的开发与应用——拓展运动生物力学实验教学新课程[J]. 南京体育学院学报, 2009（2）.

[2] 李世明. VJ-I 型光电纵跳仪的研制及不同纵跳方式的实验研究[J]. 北京体育大学学报, 2006（1）.

[3] 李建设, 赵焕彬. 运动生物力学实验[M]. 北京：高等教育出版社, 2004.

[4] 李世明. 运动生物力学[M]. 北京：北京体育大学出版社, 2003.

[5] 叶永延. 运动生物力学[M]. 2 版. 北京：高等教育出版社, 2000.

[6] 郑秀瑗. 现代生物力学[M]. 北京：国防工业出版社，2002.
[7] 卢德明. 运动生物力学测量方法[M]. 北京：北京体育大学出版社，2001.
[8] 郭勇力，于岱峰. 运动人体科学实验教程[M]. 北京：中国文史出版社，2003.
[9] 石玉琴. 运动生物力学研究方法与实验[M]. 成都：西南财经大学出版社，1995.
[10] 孙明运. 惯性杠铃训练对腰腹肌生物力学特征影响的研究[D]. 上海：上海体育学院，2010.
[11] 陆爱云. 运动生物力学[M]. 北京：人民体育出版社，2010.

第八章 体育测量与评价实验

实验一 体格的测量与评价

实验目的

（1）使学生通过实验，熟练掌握人体长度、围度、宽度、重量常用指标的测量方法；
（2）使学生掌握人体长度、围度、宽度、重量等常用指标的测评意义。

实验原理

体格测量是指对人体整体及各部位的长度、宽度、围度和量度所进行的测量，是研究人体外部形态结构、生长发育水平等必不可少的方法手段。通过测试体格可估价身体组成和发育，参照国家标准量表判断学生发育是否良好。

实验器材

身高坐高计、马丁尺（长、中、短）、带状皮尺、直脚规、游标卡尺、足长测量仪。

实验方法

（1）每2人一组，其中1人担任受试者，另1人担任测试者。受试者取直立测量位，测试者一般测量受使者的右侧肢体。
（2）熟练掌握各个测点和测量方法并严格按实验步骤进行测量，并做好记录。

实验步骤

一、体重的测量

（1）测试意义：体重是指人体净重，它不仅反映人体骨骼、肌肉、脂肪等重量，而且还能说明人体营养情况和肌肉发达程度，在运动训练中，还可以反映运动量的大小，有否过度训练等，有助于合理安排运动训练。
（2）测试仪器：电子体重计。
（3）测试方法：将体重计放平，校准"0"点，被测者轻轻踏上秤台，立于正中，听到响声，记下读数，精确到小数点后1位（单位：kg）。
（4）注意事项：①受试者是男性只能穿短裤，女性可穿短裤和背心。②受试者测体重最好时间为晨起排空大小便后。③ 上下体重计时的动作要轻,称重时一定要站在秤台的中央。④ 体重计用前一定要校准,并检查零点。

二、长度的测量

1. 身　高

身高是人体在立位时,颅顶点到地平面的垂直投影高度,它是反映长度生长指标,也是生长的基本指标。

（1）测试意义：身高是反映人体骨骼发育和人体纵向高度的重要形态指标。通过身高与体重、其他肢体长度及围度、宽度指标的比例关系,可反映人体匀称度和体形特点。

（2）测试仪器,身高坐高计,其结构有 2 m 长的立柱,固定于一正方形的底板上,右侧有厘米（cm）的刻度,上面装有可以移动的滑动板,测量前要用标准钢尺检查立柱标记刻度,误差每米不得超过 0.5 cm。

（3）测试方法：被测者赤足,立正姿势,背向身高计立柱站立,两足跟、骶中部及两肩胛间轻靠在立柱上,躯干自然挺直,两眼平视前方,耳屏上缘跟眼眶下缘呈水平位,即使头部保持正直,不得靠紧立柱,检查者立于身高坐高计右侧,将水平滑板沿立柱下滑,至头顶时要轻轻下压,这时滑板下缘立柱上的刻度,就是被测者的身高（见图 8-1-1）。读数时,检查者的两眼应与滑动板呈水平位。记录以 cm 为单位,精确到小数点后 1 位。测试误差不超过 0.5 cm。

（4）注意事项：
① 被测者两足跟、骶中部和两肩胛间要靠在立柱上,头部必须保持正直。
② 身高坐高计应选择平坦靠墙的地方放置,立柱的刻度尺应面向光源。
③ 测量前要检查立柱有无晃动,是否垂直于底板等。水平滑动板滑至头顶时,松紧要适度。
④ 测量完毕,立即将滑动板推向安全高度,以防碰坏或碰伤人。

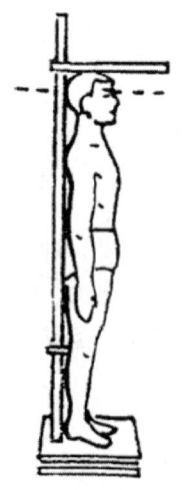

图 8-1-1　身高测量

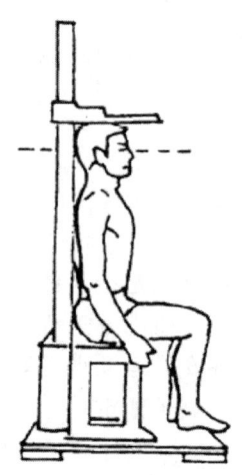

图 8-1-2　坐高测量

2. 坐高

坐高是坐姿时颅顶到坐平面的垂直投影高度。它可以反映躯干的高度及其与下肢的比例关系，一般简单地计算下肢长的公式是：下肢长 = 身高 − 坐高

（1）测试意义：坐高是人体取正位坐姿时头和躯干的长度。它主要反映人体躯干生长发育状况及躯干和下肢的比例关系，是人体形态结构与发育水平的指标之一。

（2）测试仪器：身高坐高计。

（3）测量方法：被测者端正坐在身高坐高计底板上，头正、躯干挺直紧靠立柱，测量者将水平压板下滑至轻压被测者头顶部，以压板水平位刻度记其坐高数（见图 8-1-2）。

（4）注意事项：① 坐高计的坐板应平稳固定。② 坐高计的放置高度应根据受试者小腿长短加以调整。可使用垫板以保证受试者双足平踏地面或垫板，大小腿呈直角。③ 其他注意事项参看身高的测量。

（5）评价：一般用"坐高/身高×100"这一指数研究人体体格、体型特征。52 以下是短躯型；52~53 为中躯型；54 以上为长躯型。

3. 颈长和项长

颈长：颔下点至胸上点之间的直线距离。项长：指枕外隆凸点至颈点之间的距离。

4. 上肢各环节长度

（1）测试意义：四肢长度的测量不但在健康和体质评定中有一定的价值，对运动员的选材也是必不可少的，很多项目中，往往那些上肢或下肢较长的运动员具有较大的优势。

（2）测试仪器：马丁尺，每米误差不得超过 0.2 cm。

（3）测试方法：一般说来，测上肢时，被测者两臂自然下垂，手指伸直，而测下肢时，被测者取立正姿势，重心要落在两足之间。

A. 上肢全长：被测者自然站立，两腿分开与肩同宽，臂伸直稍外展，五指并拢伸直，手掌手指与前臂必须成一直线，检查者站在被测者右侧后方测量肩峰到中指尖的距离（见图 8-1-3A）。

B. 上臂长：为肩峰尖至桡骨小头上缘的直线距离，测量姿势同上（见图 8-1-3B）。

C. 前臂长：测量时，可取屈肘 90°，前臂于正中位姿势，为桡骨小头上缘至桡骨茎突尖的直线距离（见图 8-1-3C）。

D. 手长：测量时可取掌心向上，五指并拢，手与前臂保持在同一平面的姿势，测者平桡骨茎突尖的腕横纹中点至中指尖的直线距离（见图 8-1-3D）。

5. 下肢各环节的测量

A. 下肢全长：受试者直立，两臂下垂，取立正姿势。可采用以下的方法来表示下肢长度（见图 8-1-4）：

① 身高减坐高。

② 髂嵴点至地面的垂直距离，称为下肢长 H，测得的值大于实际的下肢全长。

③ 臀纹线至地面的垂直距离，称为下肢长 C。

④ 髂前上棘点至地面的垂直距离，称为下肢长 A。

⑤ 大转子点到地面的垂直距离，测得的值则小于实际的下肢全长，称为下肢长 B。

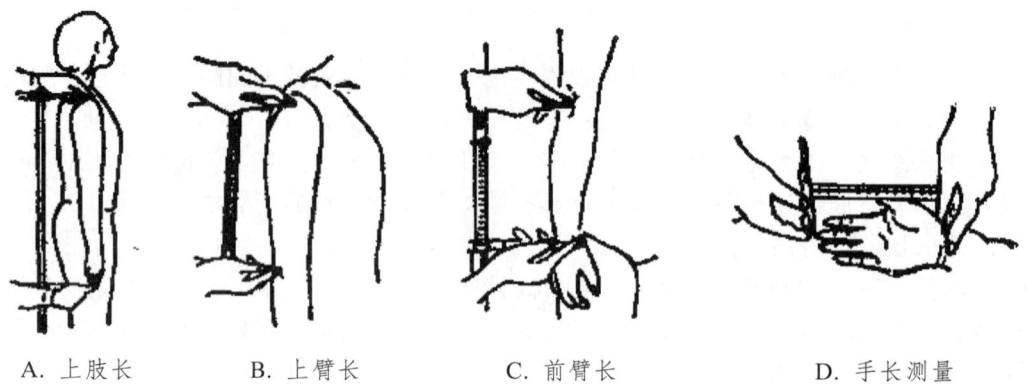

A. 上肢长　　　B. 上臂长　　　C. 前臂长　　　D. 手长测量

图 8-1-3　上肢各环节的测量

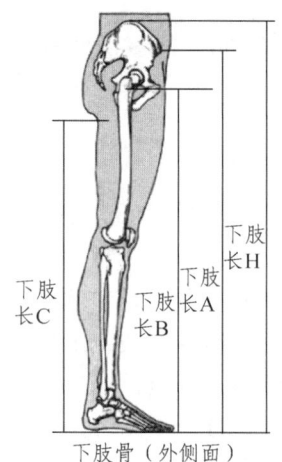

图 8-1-4　下肢全长的测量

B. 大腿长：为髂前上棘或股骨大转子尖到膝关节间隙胫骨外髁上缘的垂直距离。

C. 小腿长：为膝关节间隙，胫骨内髁上缘至内踝尖的垂直距离，测量时，被测者可取膝关节屈曲成直角，全脚掌踏于凳面的姿势（见图 8-1-5A）。

D. 足高：为内踝尖至地面的垂直距离，测量姿势同上。

F. 足长：为足跟向后最突出点（跟骨结节）至最长足趾尖的直线距离。测量姿势可同上（见图 8-1-5B）。

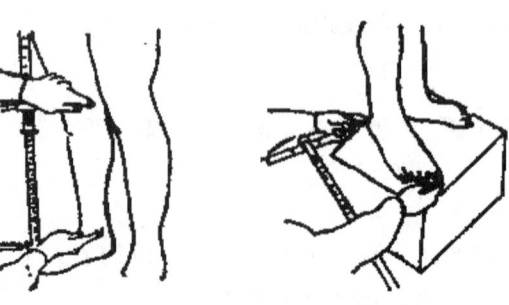

A. 小腿长的测量　　　B. 足长的测量

图 8-1-5　小腿长和足长的测量

6. 肩臂与手足间距

A. 肩臂长（中指间距）。

① 测量意义：对运动员的选材有一定的价值，很多项目中，如篮球、游泳项目运动员往往肩臂长较身高长。

② 测量方法：为两手指尖之间的水平位时的最大直线距离，测量时，被测者自然站立，两上肢侧平举。掌心向前，五指并拢，测量者将量尺托着，固定于被测者胸前，量尺上缘与胸骨柄上缘平齐（见图8-1-6A）。

③ 评价方法：肩臂长一般与身高等长，如果肩臂长/身高小于1者为臂短型，大于1者为臂长型。

B. 手足间距（站立摸高）。

① 测量意义：对运动员的选材有一定的价值。

② 测量方法：为上肢高举站立时，中指尖至地面的最大垂直距离。测量时，被测者右上肢伸直高举，同侧身体贴墙站立（见图8-1-6B）。

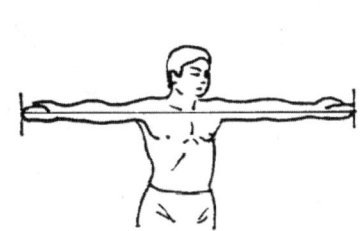

A. 中指间距的测量

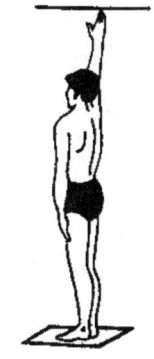

B. 手足间距的测量

图8-1-6 中指间距和手足间距的测量

7. 跟腱长

（1）测试意义：测量跟腱长对于某些项目运动员选才是十分重要的，例如，篮球运动员及跳跃运动员除了要求身高优势和四肢修长，还要求具有长而清晰的跟腱。

（2）测试方法：跟腱长为腓肠肌内侧头肌腹下缘至跟骨结节间的直线距离，测量时，先令被测者尽量提踵站立，以显示腓肠肌内侧头肌腹与腱的交界处，测量者用笔给以标记，然后在被测者自然站立的姿势下进行测量（图8-1-7）。

三、宽度测量

1. 测试仪器

直脚规、游标卡尺。

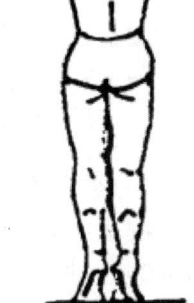

图8-1-7 跟腱长的测量

2. 测试方法

（1）手宽：受试者五指并拢，手伸直，测量第二掌骨小头至第五掌骨小头间的最大直线距离，测量误差不得超过 0.2 cm。

（2）足宽：受试者五趾并拢，脚伸直，测量第一跖骨小头至第五跖骨小头间的最大直线距离，测量误差不得超过 0.2 cm。

（3）肩宽：为左右肩峰尖之间的直线距离，测量时，被测者两脚分开与肩同宽，自然站立，两肩放松，上肢自然下垂，测量者用测径规置于肩峰尖处测量（见图 8-1-8A）。

注意事项：被测者两肩必须自然放松，不得驼背，弯腰或耸肩。测量点必须是肩峰点，而不是肩峰外侧。

（4）骨盆宽：系指立位时两髂嵴点之间距离。测量时被测者自然站立，测量者用骨盆测量器的两脚端置于髂嵴外缘，在作前后滑行的过程中取骨盆的最宽距离（见图 8-1-8B）。

（5）臀厚：为臀部最高点至腹股沟中点间的直线距离，被测者的测量姿势同上（见图 8-1-8C）。

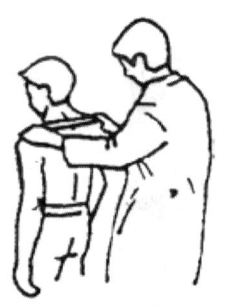 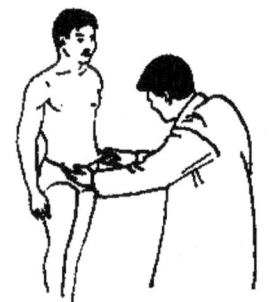 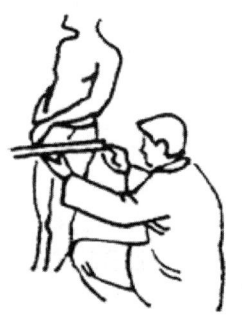

A. 肩宽的测量　　B. 骨盆宽的测量　　C. 臀厚的测量

图 8-1-8　肩宽、骨盆宽和臀厚的测量

四、围度的测量

1. 头　围

用软皮尺通过眉弓上缘，眉间点和头后点绕头一周。

2. 颈　围

（1）测量意义：颈围可反映颈项部肌肉发育状况，腹围可反映腹部皮下脂肪沉积情况。

（2）测量方法：被测者头部自然地正视前方，不缩颈，不耸肩，测量者将带尺放于甲状软骨下方（带尺上缘在喉结下方），以水平绕颈一周，测量误差不得超过 0.5 cm。

3. 胸围测量方法

（1）测量意义：胸围反映呼吸器官、胸部肌肉和脂肪的发育情况。使用器材：每米误差不超过 0.2 cm 的带状皮尺。

（2）测试方法：受试者两足分立与肩同宽，两上臂自然放松下垂。测试者面对受试者，将皮尺上缘经背部肩胛骨下角下缘绕至胸前。男性和乳房未发育的女性，皮尺的下缘可经乳头点测量，而乳腺已发育的女性，则皮尺下缘应经乳头上方的胸中点（第四胸肋关节）测量。测试误差不得超过 1 cm（见图 8-1-9）。

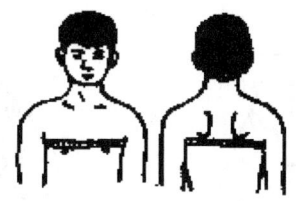

图 8-1-9 胸围的测量

（3）注意事项：① 两人一组进行测量检查，测量人站在被测者前面，注意受试者的皮尺有无转折，位置是否正确。受试者不得低头，耸肩，挺胸驼背，若姿势不正确，应予纠正。② 皮尺的松紧要适度。③ 测量呼吸差时，皮尺一定保持在测定安静时的胸围的原位上，不得移动，不得取下。

呼吸差 = 最大吸气时胸围 − 最大呼气时的胸围

测量呼吸差时，应在保持皮尺位置不动的情况下，先测量最大深吸气胸围，再测最大深呼气胸围，两者的差值即为呼吸差。

经常参加运动的人呼吸差有所增加，运动员的呼吸差较一般人大，其大部分平均在 7 ~ 9 cm，一般人平均 5 ~ 7 cm。如游泳、中长跑、耐力运动的运动员呼吸差则更大些。

4．腰　围

（1）测试意义：主要反映腹壁肌和腹部脂肪的情况，当腹壁肌肉紧张度降低或腹部脂肪堆积过多时腰围会增加。体育锻炼可使脂肪减少，腹部张力提高，因而可使腰围减小。

（2）测量方法：测试者站在受试者的右侧或对面，将皮尺放在髂嵴上方 3 ~ 4 横指的位置（相当于腰部最细处）测量。取一位小数记录。

5．腹　围

（1）测试意义：主要反映腹壁肌和腹部脂肪的情况。

（2）测量方法：被测者自然站立，目视前方，测量者将带尺置于脐上，以水平位绕腰腹一周，在被测者自然呼吸的过程中取测量值，测量误差不得超过 1 cm。

6．四肢围度

包括上臂围，前臂围，大腿围，小腿围。它可反映四肢肌肉发育情况，由于皮下脂肪会影响围度，所以对围度进行分析时应考虑皮褶厚度，用皮尺测量。

A．上臂围。

（1）测试意义：反映上臂肌肉发达的程度。

（2）测试方法：受试者站立姿势同上，左上臂向前方约 45° 平举，掌心向上握拳，用力屈肘，测试者站在受试者的对面，将皮尺绕肱二头肌腹最粗处量取上臂紧张围；皮尺的位置不变，让受试者将肘关节伸直，肌肉放松，手指放松，测量上臂放松围，分别记录。测试误差：不得超过 0.5 cm（见图 8-1-10A）。

B. 前臂围。

反映前臂肌肉发育情况,被测者取站立位,上肢自然下垂,检查者将带尺在前臂最粗处以水平环绕一周,读取该数(见图 8-1-10B)。

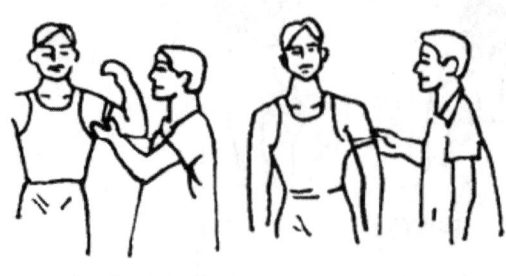
A. 上臂紧张围和放松围的测量

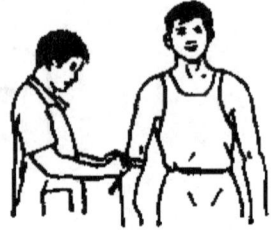
B. 前臂围的测量

图 8-1-10　上肢各围度的测量

C. 大腿围。

反映大腿肌肉发育的情况,受试者站立,两足分开与肩宽,双肩放松,测试者站在受试者的侧方,将皮尺由大腿臀大肌皱纹(臀纹点)下经过腿间水平绕至大腿前面,量其围度。临床上常测量髌骨上缘 5 cm 或 10 cm 处,要求受试者自然站立水平绕一周量其围度。可反映股四头肌的发育情况(见图 8-1-11A)。

D. 小腿围。

反映小腿肌肉发育程度,被测者取站立位,两腿分开与肩同宽,检查者将皮尺在小腿最粗处以水平位绕一周读数。四肢围度测量误差不得超过 0.5 cm(见图 8-1-11B)。

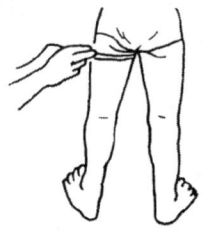
A. 大腿围的测量

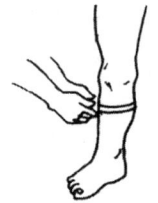
B. 小腿围的测量

图 8-1-11　大腿围、小腿围的测量

E. 踝围。

小腿踝关节上方最细部位水平周长。

注意事项

(1)受使者应注意:① 身体测量时应保持标准的直立位姿势,头部以眼耳平面定位,眼睛平视前方,肩部放松,上肢自然下垂,手伸直,手掌朝向体侧,手指轻贴大腿侧面;② 着装尽量减少;③ 测试前应排便。

(2)测试者应注意:① 测试者一般测量受试者的右侧肢体;② 熟练掌握测试方法和测点。

（3）测试前要进行仪器设备的调试，测量仪器读数时，视线应垂直于测量仪器上的标度部分，尽量减少误差。

实验报告

（1）实验结果：

① 写出直接测量结果及派生指标。

姓名：		性别：		年龄：	
运动专项：			体重：		
长度指标	测量结果（cm）	派生指标	计算结果	围度指标	测量结果（cm）
身高				胸围	
坐高		坐高/身高		最大吸气胸围	
颈长				最大呼气胸围	
项长				呼吸差	
上肢全长		上肢长/身高			
上臂长		上臂长/上肢长		颈围	
前臂长		前臂长/上肢长		腰围	
手长		手长/身高		腹围	
下肢长		下肢长/身高		臀围	
大腿长		大腿长/下肢长		上臂紧张围	
小腿长		小腿长/下肢长		上臂放松围	
跟腱长		跟腱长/身高		放松围与紧张围的差值	
指距		指距/身高			
手足间距				前臂围	
				大腿围	
宽度指标	测量结果（cm）	派生指标		小腿围	
肩宽		肩宽/身高		踝围	
骨盆宽		骨盆宽/身高			
胸宽		胸围/身高			
手宽					
足宽					

② 求出以下派生指标的结果。

身高体重指数［体重（g）/身高（cm）］：	
身高坐高指数［坐高（cm）×100/身高（cm）］	
身体质量指数［体重（kg）/身高^2（m）］	

（2）实验结论：通过测量结果评价自己的体格情况，如长躯型、臂长型、肥胖等。

（3）对自己的实验过程和结果做出评价。

课后练习

1. 运动专项与身体形态有什么关系？
2. 测量过程中的注意事项。
3. 练习：课后熟练各个测量点。

实验二　体型的测评

实验目的

掌握希思-卡特体型分类法，并绘制体型分布图。

实验原理

体型（Somatotype）是对人体某个阶段形态结构及组成成分的描述。肌肉和骨骼的发达程度与脂肪的积蓄程度是判断体型的主要依据。根据其发育的程度将其分为7个等级，用数字1~7表示。第一位数字表示内胚层成分；第二位数字表示中胚层成分；第三位数字表示外胚层成分。根据希思-卡特制定的体型3个成分的评分表，查出各部分的分值，在谢尔顿三角形体型判别图上描点，直观地描述体型特点。

实验器材

身高计、体重计、直脚规、皮褶厚度计、皮尺。

实验方法

（1）每2人一组，其中1人担任受试者，另1人担任测试者。做完一轮后，轮流交换角色进行相同实验操作。

（2）严格按实验指导书的实验步骤操作。

实验步骤

一、测量数据

（一）体格的测量

身高；体重；肌肉围度：上臂围、小腿围等指标的测量。（见本章实验一 体格的测量与评价）

（二）皮褶厚度

测上臂部、肩胛部、髂部的皮褶厚度。（见第三章 实验十一 体脂百分比的测定与评价）

（三）测骨径

1. 肱骨骨径

肱骨远端内外上髁之间水平距离。

（1）测量仪器：直脚规。

（2）测量方法：令受试者右臂前平举后屈至 90°。测试者立于其右前方，将直脚规置于肘关节内外上髁最向外突出点，测量其间水平距离。

2. 股骨骨径

股骨远端内外上髁之间水平距离。

（1）测量仪器：直脚规。

（2）测量方法：令受试者右脚置于凳面且大小腿成 90°。测试者立于其右前方，在膝部两侧寻找股骨内外上髁最向外突出点，用直脚规测量其间水平距离。

二、根据测量结果查找各胚叶对应分值

根据第一成分（内胚叶）、第二成分（中胚叶）、第三成分（外胚叶）分类。中胚叶成分的得分由上臂围和小腿围，肱骨和股骨的骨径，以及身高值确定，外胚叶成分由指数（身高/$\sqrt[3]{体重}$）确定，具体得分通过查表 8-2-1 计算得出。

第一成分（内胚层）的得分是根据肱三头肌、肩胛骨下角及髂部 3 处皮下脂肪（皮褶）厚度来确定的。皮下脂肪越厚，内胚层体型得分越高。

第二成分（中胚层）得分是根据上臂及小腿肌肉发达程度及全身骨骼（以肱骨、股骨下端宽为代表）发育程度来确定的。上述肌肉、骨骼越粗壮，中胚层体型得分也越高。

第三成分（外胚层）得分是根据朋德拉指数确定的。指数 = 身高/$\sqrt[3]{体重}$，指数越高，外胚层体型得分也越高。

表 8-2-1 简化希思-卡特评分

分值	第一成分 皮褶厚度总和（mm）	第二成分				第三成分
		身高（cm）	骨径（cm）		肌围（cm）		身高（cm）/$\sqrt[3]{体重}$（kg）
			肱骨	股骨	三头肌	腓肠肌	
−1		141.61	5.265	7.515	24.05	28.10	
−0.5		145.42	5.415	7.725	24.70	28.90	
0		149.23	5.565	7.985	25.35	29.70	
0.5	10.95	153.85	5.719	8.140	26.00	30.45	39.671
1	14.95	156.85	5.855	8.345	26.65	31.20	40.762
1.5	18.95	160.66	6.000	8.535	27.35	32.00	41.456
2	22.95	164.47	6.145	8.745	28.00	32.80	42.151
2.5	26.95	168.08	6.295	8.975	28.65	33.55	42.845
3	31.25	172.09	6.440	9.180	29.35	34.30	43.507
3.5	35.85	175.90	6.580	9.385	30.00	35.10	44.201
4	42.75	179.71	6.725	6.595	30.65	35.90	44.863
4.5	46.25	183.52	6.875	9.805	31.30	36.70	45.557
5	52.25	187.33	7.020	10.015	31.90	37.45	46.252
5.5	58.75	191.14	7.165	10.225	32.60	38.20	46.946
6	65.75	194.95	7.285	10.430	33.30	39.00	47.608
6.5	73.25	198.76	7.430	10.635	33.95	39.80	48.269
7	81.25	202.57	7.600	10.845	34.65	40.60	48.964
7.5	89.75	206.38	7.745	11.055	35.30	41.40	49.658
8	98.95	210.19	7.895	11.265	35.95	42.20	50.353
8.5	101.95	213.99	8.040	11.475	36.70	43.00	51.014
9	119.75	217.81	8.180	11.685	37.45	43.80	∞
9.5	131.25	220.98	8.325	11.895	38.15	44.60	
10	143.75	225.43	8.475	12.105	38.90	45.40	

（引自日本体育学会《体力的诊断和评价》大修馆书店，1981）

三、体型的命名

选两种占优势的成分，其中以数字小者为修饰词，以数字大者为主要成分。如 3-4-5，可命名为中胚性外胚型；4-5-3，可命名为内胚性中胚型。

四、绘制体型分布图

根据体型得分可绘制出体型分布图，以便于直接观察不同运动项目、不同群体受试者体型分布特征。首先绘制一个直角坐标系，并使 X 轴与 Y 轴比例为 $X:Y=1:3^{-1/2}$。然后依下

列公式求出 X 与 Y 的坐标值。

$$X = Ⅲ - Ⅰ;\ Y = 2Ⅱ - (Ⅲ + Ⅰ)$$

式中　Ⅰ——第一成分（内胚叶）分值；
　　　Ⅱ——第二成分（中胚叶）分值；
　　　Ⅲ——第三成分（外胚叶）分值。

计算出体型测量结果坐标值后，在绘制出的坐标系上找出对应点并做出标记（见图8-2-1）。

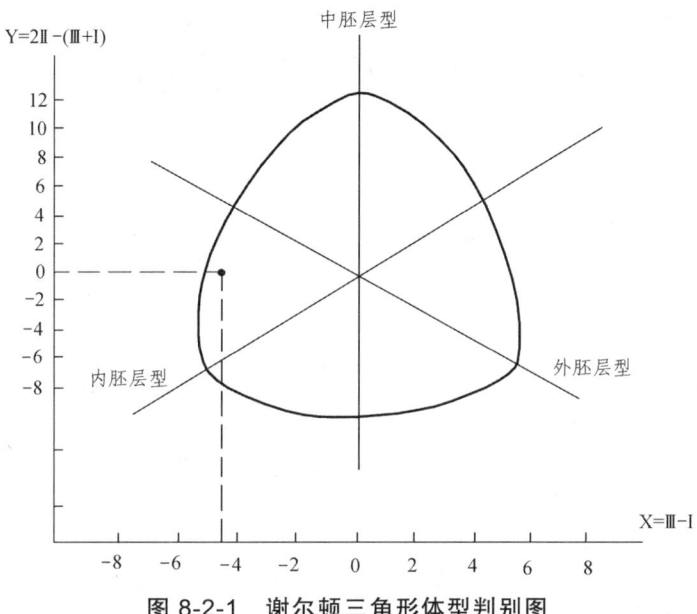

图 8-2-1　谢尔顿三角形体型判别图

实验报告

（1）实验结果。

① 填写表格。

姓名：	性别：	出生日期：		民族：
运动专项：		训练年限：		测试号：
测试结果及评价				各胚叶得分
身高：	体重：		身高/³√体重：	外胚叶得分：
皮褶厚度	上臂部：		三项皮褶厚度总计：	内胚叶得分：
	肩胛下部：			
	髂嵴部：			
	小腿内侧：			
骨径	肱骨内、外上髁骨径：			中胚叶得分：
	股骨内、外上髁骨径：			
肌肉围度	上臂围：			
	小腿围：			

② 绘制体型分布图。

（2）实验结论：通过测量结果，评价自己的体型。

课后练习

1. 试思考不同职业人群的体型是否有差异。
2. 决定体型的主要因素有哪些？
3. 练习：作出全班男、女同学的体型分布图。

实验三　身体姿势的测量与评价

实验目的

学会身体姿势（包括脊柱、胸廓、臀部、腿部和足型）的测评。

实验原理

身体姿势指身体各部在空间的相对位置，反映了人体骨骼、肌肉、内脏器官、神经系统等组织器官的力学关系。正确的身体姿势不妨碍内脏器官的机能，减少肌肉的疲劳，表现出人体的美感和良好的精神面貌，是人体健康状况的重要外部标志。

实验仪器

脊弯测量计、重锤线、测量尺、测径规、平整地面、滑石粉。

实验方法

（1）每2人一组，其中1人担任受试者，另1人担任测试者。

（2）测试者熟练掌握测量方法并严格按实验步骤进行测量，并做好记录。

实验步骤

一、脊柱生理弯曲度测量与评价

（一）脊柱前后弯曲度测量与评价

1. 测量仪器

脊弯测量计。

2. 测量过程

令被测者背靠身高计立柱，站立时，头要保持正直，两肩胛间，骶部和足跟部紧靠立柱，用测径规测量颈弯和腰弯距立柱的距离,也可用手指估测,正常颈弯处约为3横指,腰弯处约为2横指(见图8-3-1)。

3. 评价(见图8-3-2)

正常:腰曲2~3 cm,耳屏、肩峰、大转子3点在同一垂线上。

直背:缺乏生理性胸曲及腰曲,整个背部过平。

驼背:腰曲小于2~3 cm,头向前探,耳屏点落于肩峰及大转子点前方。

鞍背:腰曲过大,超过5 cm以上,背及臀部后突,耳屏点与肩峰点落于大转子点前方。

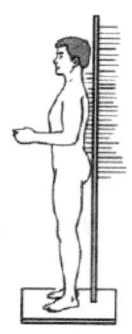

图8-3-1 脊弯测量

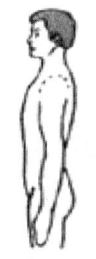   

A. 正常背　　B. 驼背　　C. 直背　　D. 鞍背

图8-3-2 背形的分类

(二)脊柱侧弯测量与评价

1. 观察法

令受试者身着短裤(或游泳衣),取自然立正姿势站立。测试者立于受试者正后方,观察受试者两肩是否等高;两肩胛骨下角是否在同一水平面,与脊柱的间距是否相等;脊柱各棘突是否在同一直线并垂直于地面。

2. 重锤法

测量仪器:重锤线,测量尺。

测量方法:令受试者自然站立,足跟靠拢,使悬垂的重垂线通过其第七颈椎棘突。测试者立于受试者后,观察各棘突是否偏离垂线,然后测量偏离距离(方向分左偏离、右偏离,部位分颈、胸、腰部),以此来判定侧弯程度。

评价方法

偏离距离若小于 1.0 cm 者为正常，1.0~2.0 cm 者为轻度侧弯，2.1 cm 以上者为重度侧弯。对判断为脊柱侧弯的受试者，令其活动身体，以确定侧弯性质。如在活动时侧弯消失，则判定为习惯性侧弯；如在活动时侧弯仍不消失，则判定为固定性侧弯。

二、胸廓形状测量与评价

1. 测量仪器

测径规。

2. 测量方法：

（1）测量胸廓横径（左右径）：受试者站立、两上臂外展 60° 左右，测试者站在受试者对面，将测径规的两端置于腋中线的肋骨上，相当于第四胸肋关节水平线的交叉点上，进行测量并记录。测试误差：不得超过 0.5 cm。注意事项：在平和呼吸下进行；受试者测试姿势要正确，不得低头含胸（见图 8-3-3A）。

（2）测量矢径（前后径）：测试者站在受试者右侧面，受试者自然站立两臂放松下垂，测试者将测径规一端置于胸骨上平齐第四胸肋关节左右第四胸肋上缘连线中点，另一端置于与前点同一水平上的棘突上。测量前后径的距离，观察测径规刻度记录之。测试误差：不得超过 0.5 cm。注意事项：测量时测径规两端的位置一定要前后放在水平位，受试者要保持自然站立的姿势（见图 8-3-3B）。

 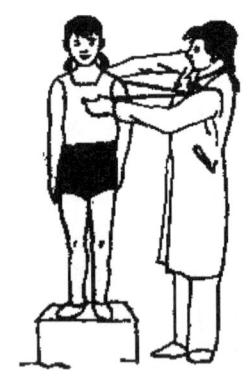

A. 胸廓左右径测量　　　　　　B. 胸廓前后径测量

图 8-3-3　胸廓左右径和前后径测量

评定：正常的胸廓横径（左右径）应大于矢径（前后径），其比例为 4∶3，依此标准，将胸廓的形态分为：

① 正常胸：胸廓呈圆锥形，上方稍宽，左右对称，肋弓角近似直角。

② 扁平胸：胸廓呈扁平状，横径明显大于矢径，左右径和前后径之比大于 4∶3。

③ 桶状胸：胸廓的横径与矢径相近，上下部宽度差不多。左右径和前后径的比接近 1。

④ 鸡胸：胸廓矢径大于横径，胸骨向前方明显突出，属畸形。

⑤ 漏斗胸：胸廓部的中央，尤其是胸骨下段剑突部位呈显著凹陷状。

三、臂部形状测量与评价

1. 测量方法

令受试者裸露两臂自然站立,两臂侧平举掌心向上。测试者立于其正前方 1.5 m 处,观察受试者上臂和前臂的伸展情况及肘关节形状,判定其臂型。

2. 评价方法

(1)欠伸:上臂与前臂之间稍有夹角,不在同一水平面,即伸展不足,肘关节突起。
(2)直伸:上臂与前臂在同一水平面,肘关节平直,为正常臂。
(3)过伸:上臂与前臂之间的夹角超过 180°,前臂向下,肘关节凹陷。
(4)后伸:上臂与前臂在同一水平面,但偏离肩线。前臂偏向体后,肘关节肱骨内上髁明显突起。

四、腿部形状测量与评价

1. 测量方法

令受试者裸露双腿取立正姿势站立。测试者立于受试者正前方,观察并测量受试者两腿内侧、两膝、足跟之间的距离,依此来判断其属于哪一种腿型。

2. 评价方法(见图 8-3-4)

(1)直型腿:受试者两膝部、两腿内侧、足跟均可靠拢互相接触,或间距小于 1.5 cm,此种腿型为正常。
(2)O 型腿:大、小腿之间不能合拢,只有足跟可靠拢,两膝间距大于 1.5 cm 以上。
(3)X 型腿:两膝部可靠拢,但两小腿内侧及足跟不能互相接触,且间距大于 1.5 cm 以上。

A. 直型腿　　　B. O 型腿　　　C. X 型腿

图 8-3-4　腿的形状

五、足型测量与评价

足型可分为正常足与扁平足。扁平足又分为轻、中、重度扁平足。常用的测量方法有足印法、纸印法。测量后再用比例或画线法判定。

1. 比例法（见图 8-3-5）

受试者赤足踩滑石粉或清水后立于黑板或水泥地面上，将留下的足迹沿第一跖骨内侧与足跟内侧画一切线，根据切线内的空白区与足印实区最窄处宽度的比例来判定。正常足足印空白区与足印最窄区宽度之比为 2∶1；轻度扁平足印无空白区。

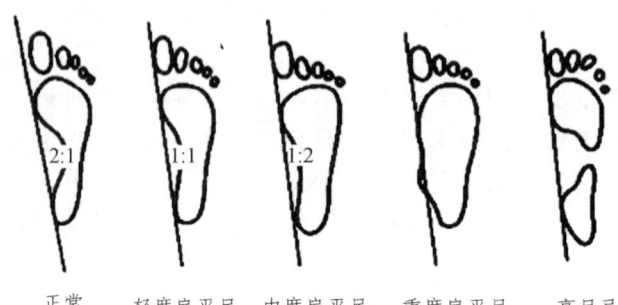

图 8-3-5　比例法评价足的形状

2. 画线法

根据以下标准进行评定：

测试者在每个足印上画一条足弓内缘切线——第 1 线；再自中趾中心至足跟正中画一条级——第 2 线；最后画第一、二线交角的角平分线——第 3 线。3 条线将足印分成内侧、中间、外侧 3 部分。根据以下标准进行评定：

正常足：足弓内缘在外侧部。

轻度扁平足：足弓内缘在中间部。

中度扁平足：足弓内缘在内侧部。

重度扁平足：足弓内缘超过内侧部。

实验报告

（1）实验结果：

① 脊柱前后弯曲测评：颈曲：_____（cm），腰曲：_____（cm）；评价：_____
  侧弯测评：评价：_____
② 胸廓测评：左右径：_____（cm），前后径：_____（cm）；评价：_____
③ 臀部形状测评：
④ 腿部形状测评：
⑤ 足型测评：

（2）实验结论：根据实验结果，评价自己的身体姿势。

课后练习

1. 脊柱前后弯曲、脊柱侧弯的人群如何通过体育运动矫正？
2. 胸廓异常的人有哪些危害？如何通过体育运动矫正？

3. 异常腿型、足型形成的原因有哪些？
4. 统计全班同学身体姿势异常情况。

实验四　心肺机能的测量与评价

实验目的

通过实验学习安静时和运动后心肺机能的测量与评价。

实验原理

测量学生运动前相对安静时、运动中及运动后即刻、运动后恢复期心率及血压变化，可以评定该学生的心血管机能水平；通过对肺通气功能的量和对呼吸运动控制能力的质两方面能进行呼吸机能的评定。

实验仪器

血压计、听诊器或心率遥测仪、秒表、节拍器。

实验方法

（1）每2个学生一组，一个为受试者，另一个为测试者，两同学相互测量并做好记录。
（2）严格按照实验步骤操作。

实验步骤

一、心血管机能指数测量与评价

1. 布兰奇心功指数测量

测试目的：测量安静时心血管的功能水平。
测试器材：秒表、血压计、听诊器。
测量方法：测量时，让受试者采取坐位，待完全安静以后，测 1 min 的心率，然后测血压。将数据代入公式：

$$布兰奇指数 = 心率 \times (收缩压 + 舒张压)/100$$

2. 心功能简易测定法

30 s 30 次蹲起是瑞典体育联合会在多年的科研工作中研究出的一种测定运动员心脏功能的简易方法。
测试目的：测量定量负荷时心血管机能指标的变化水平。
测试器材：秒表、节拍器。

测量方法：首先让受试者静坐 5 min、测 15 s 脉搏，乘 4 得 1 min 脉搏数（P_1）；然后做 30 s 30 次起蹲蹲起动作，由直立姿势开始，两足自然开立与肩同宽，两臂自然下垂。下蹲时必须全蹲，而且足跟不许离地，同时两臂前摆成前举，起立时还原，最后一个蹲起动作一结束，最后一次站起后测 15 s 即刻脉搏，乘 4 得 1 min 脉搏数（P_2）；休息 1 min 后再测 15 s 脉搏数（P_3）。

评定： 指数 $= (P_1 + P_2 + P_3 - 200)/10$

根据计算出的指数评价心脏功能，指数越小说明心脏功能越好。训练水平高者由于经常从事体育锻炼心肌机能水平提高，表现为安静时脉搏数减少，定量负荷时出现节省化现象，因此负荷后即刻脉搏上升不明显，负荷后恢复得快，那么指数必然小，否则反之。所得指数小于"0"或等于"0"则心脏功能最好；0～5 为很好；6～10 为中等；11～15 不好；大于 16 以上为很不好。

二、呼吸机能的测量与评价

1. 安静时的屏气试验及评定

试验前先令被测者安静休息，自然呼吸，当听到"开始"的口令，被测者作一次深吸气（或深呼气）后屏气，同时开秒表计时，为防止漏气可用手捏住鼻子，直至不能再屏气为止，此时随即停秒表。记录其屏气时间，计数单位为秒。

深吸气后的屏气时间，一般健康男子为 35～45 s，女子为 25～35 s，深呼气后的屏气时间，一般健康男子为 20～30 s，女子为 15～25 s。屏气时间越长，对缺氧的承受能力和碱储备水平就越高。体育锻炼水平较高的人，深吸气后的屏气时间可达 60 s 以上，深呼气后的屏气时间也可在 40 s 以上。如 18～25 岁的游泳运动员，深吸气后的屏气时间男子平均为 85.8 s，女子平均为 68.7 s；深呼气后的屏气时间男子平均为 51.2 s，女子平均为 44.4 s。

2. 运动负荷后的憋气试验

（1）测试目的：检验人体碱储备和耐受低氧能力。
（2）测试器材：秒表。
（3）测试方法：
① 安静时深吸气后憋气，记录憋气时间。
② 运动负荷：1 min 原地 180 步跑。
③ 运动后即刻憋气，记录憋气时间。
④ 连续测定恢复期 5 min 的憋气时间（每分钟测一次，共 5 次）。
评定：① 负荷后即刻憋气时间的减少率，男女大学生分别为 48%，一般不超过 50%。
② 负荷后憋气时间一般运动员 2～3 min（普通人 5 min）内恢复至安静时水平。

实验报告

（1）实验结果：
① 心血管机能测试指标结果。

序号	测试项目	测试结果		评价	
布兰奇指数	脉搏（次/min）				
	收缩压（mmHg）				
	舒张压（mmHg）				
	布兰奇指数				
30 s 30次蹲起实验结果		心率血压现场记录			
		安静时	恢复期 1 min		恢复期 2 min
	心率（次/分）				
	评定指数：				
		机能评定与分析：			

② 写出呼吸机能测量与评价。

测试项目		测试结果	评价
安静时憋气时间	深吸气后		
	深呼气后		
运动后憋气时间	运动后即刻		

（2）实验结论：根据测量结果，评价自己的心肺机能。

课外练习

1. 心血管机能与运动专项有什么关系？
2. 呼吸机能与运动专项有什么关系？
3. 统计全班同学的心血管机能和呼吸机能等级。

实验五　身体素质的测量与评价（一）

实验目的

学会速度、力量、耐力的测试及评价方法。

实验原理

通过一些运动的方法测试速度、力量、耐力等素质，并利用现有的评价标准来评价学生的身体素质。

实验仪器

秒表、发令旗、哨子、时间计数自动控制器、金属敲击棒、反应时测试仪、电子握力计、电子背力计、量尺、电子纵跳计、凳子等。

实验方法

（1）每 2 个学生一组，测试时，两个学生相互测量，并做好记录。
（2）熟读教材和实验指导书，弄清测试的整个流程，严格按照实验步骤操作。

实验步骤

一、速度的测量方法

1. 位移速度的测评

50 m 跑的测评方法。

测量意义：主要反映受试者的快速跑动能力。

适用对象：适用于 6 岁至大学男、女生。

场地器材：在平坦的地面上，画出若干条长 50 m 的跑道（跑道宽 1.22 m，终点要有 10 m 的缓冲距离），秒表（一道一表）、发令旗、哨子等。

测量方法：受试者至少 2 人 1 组，采用站立式起跑。受试者听到"跑"的口令或哨声后快速起跑，跑向终点。发令员在发出口令或哨声的同时，要摆动发令旗。计时员看旗动开表计时，当受试者的胸部到达终点线垂直平面时停表，以"s"为单位记录成绩，精确至 0.1 s，小数点后第二位数按非 0 进 1 的原则进位（如 10.11 s 应计为 10.2 s）。测 2 次，取最佳成绩。

测量要求：受试者在测试时须穿运动鞋或平底鞋，不得穿钉鞋、皮鞋、凉鞋；发现受试者抢跑和串道时，要当即召回重跑；如遇风时一律顺风跑。

评价：参考国家学生体质健康标准。

2. 动作速度的测评方法

两手快速敲击。

测量意义：主要反映受试者的两手快速交替重复特定动作的能力。

适用对象：适用于 10 岁至大学男、女生。

测量仪器：时间计数自动控制器，金属敲击棒两支。

测量方法：受试者站在测试台前，调节金属肋板与其髂嵴同高。令受试者两手各执一支金属棒，听令后，两手快速交替敲击金属触板，记录计数器的数值（10 s 内重复动作的次数）。测 2 次，取最佳成绩。

评价：敲击的次数越多，则受试者动作速度就越快。

3. 反应速度的测量

反应时的测评。

测试意义：主要反映受试者神经与肌肉系统协调性和快速反应能力。

测试仪器：反应时测试仪。

测试方法：受试者五指并拢伸直，用中指远节按住"启动"键，当任意一个"信号"键发出声光信号时，用同一只手以最快的速度按向该"信号"键，然后，再次按住"启动"键，等待下一个信号的发出，每次测试须完成 5 个信号的应答。当所有"信号"键都同时发出声光信号时，表示测试结束，显示屏上显示测试值，测试 2 次，记录最小值，保留小数点后 2 位。

注意事项：测试时，受试者不得用力拍击信号键。

评价：参见国民体质测定标准。

二、力量的测评

1. 握力测评方法

测试意义：握力主要测试前臂及手部肌肉的力量。

使用仪器：弹簧式握力计或电子握力计。

测试方法：将握力计指针调至 0 位，受测者手持握力计，转动握具调整旋钮，使食指第二关节屈成 90°的距离为受测者的理想距离。测试时，受测者两脚自然分开，身体直立，两臂自然下垂，用有力手以最大力紧握上下两个把柄。测试两次，取最大值，记录以牛顿为单位，不计小数。

注意事项：持握力计要手心向内，握力计指针向外。用力时禁止摆臂和接触身体。如果受测者分不出有力手，可两手各测试两次取最大值。

评价：参见评价表。

2. 背力测评方法

测试意义：主要反映受试者背部肌肉的力量。

适用对象：适用于 6 岁至成年人。

测量仪器：电子背力计或背肌拉力计。

测量方法：受试者两脚分开约 15 cm，直立在背力计的底盘上，两臂和两手伸直下垂于同侧大腿的前面。测试人员调背力计折链的长度，使背力计握柄与受试者两手指尖接触，或将背力计握柄的高度调至恰使受试者上体前倾 30°的位置。测试时，受试者两臂伸直，掌心向内紧握握柄，两膝伸直，上体绷直抬头，尽全力上拉背力计。以"kg"为单位记录成绩，精确至 0.1 kg，测 2 次，取最佳成绩。

测量要求：测试前，受试者应做好准备活动；测试时，受试者不能屈肘、屈膝或上体后倒；应以中等速度牵拉，不能过慢或用力过猛；每次测试前，背力计须回"0"。

评价：参见评价表。

3. 立定跳远的测评方法

测量意义：主要反映受试者向前跳跃时下肢肌肉的力量和爆发力。

适用对象：适用于 6 岁至大学男、女生。

场地器材：量尺、标志带、平地。

测量方法：受试者两脚自然分开站立，站在起跳线后，两脚尖不得踩线或过线。两脚原地同时起跳，并尽可能往远处跳，不得有垫步或连跳动作。丈量起跳线后缘至最近着地点后缘的垂直距离。以"cm（cm）"为单位记录成绩，不计小数。测 3 次，取最佳成绩。

注意事项：发现受试者犯规时，此次成绩无效；受试者一律穿运动鞋测试，也可以赤脚，但不得穿钉鞋、皮鞋、凉鞋测试；受试者起跳时不能有助跑或助跳动作。

评价：参见评价表。

4. 纵跳的测评方法

测量意义：主要反映受试者垂直向上跳跃时下肢肌肉快速收缩的能力。

测量仪器：电子纵跳计

测量方法：受试者踏上纵跳板，双脚自然分开，呈直立姿势，准备测试。

评价：参见评价表。

5. 原地纵跳摸高

测量目的：主要反映受试者垂直向上跳跃时下肢肌肉快速收缩的能力。

测量器材：纵跳测量板、皮尺、白粉末。

测量方法：受试者用右手中指沾些白粉末，身体直立，右侧足靠墙根，右臂上举，身体轻贴墙壁，手伸直，用中指尖在板上点一个指印。测试者先丈量其原地摸高的高度。然后让受试者在出墙 20 cm 处，用力向上起跳摸高。测 3 次，取最佳成绩。

评价：参见评价表。

三、耐力的测评

（一）一般耐力的测评方法

1. 800 m 跑（女）或 1 000 m 跑（男）的测评方法

测量意义：测定一般耐力。

适用对象：初中至大学年龄男女生。

测量器材：400 m 田径场、秒表、发令枪。

测量方法：同田径竞赛规则，测 1 次。

评价：以受试者完成测验的时间为测验成绩（s）。参见国家学生体质健康标准。

2. 12 min 跑的测评方法

测量意义：主要反映受试者心肺长时间工作的能力，是衡量一般耐力水平较为理想的指标。

适用对象：初中至大学男女生。

场地器材：田径场地，秒表，口哨，发令旗，皮尺，距离标志牌。

测量方法：受试者采用站立姿势站在起跑线后，听到哨声立即起跑，绕跑道跑 12 min。要求受试者在规定的 12 min 内，尽力跑最长的距离。当听到"停止"信号后，记下受试者所处的地点，丈量所跑的距离。

测试要求：参加测试之前，受试者应作健康检查，并做好准备活动，受试者应穿运动鞋、胶鞋测试，不得穿皮鞋、塑料凉鞋、钉鞋测试；第 5 分钟开始每隔 1 min，测试人员应向受试者报时 1 次。

评价：测验成绩（m）=（所跑圈数×每圈的距离）+不足一圈距离。12 min 内跑的距离越远，则受试者心肺功能就越好。

3. 50 m×8 往返跑的测评方法

测量意义：50 m×8 往返跑也称为往返耐力跑，它主要反映受试者的耐力素质。

适用对象：适应于 7~12 岁的少年儿童。

场地器材：50 m 跑道若干条，道宽 2~2.5 m。在离起点与终点线 0.5 m 处（在场地内）各立一根标杆（杆高 1.2 m 以上）于跑道正中，秒表若干块。

测量方法：受试者至少 2 人一组进行测试。站立姿势站在起跑线后，听到哨声立即起跑，往返 4 次。受试者应按逆时针方向绕杆跑，绕杆时不得碰杆或用手扶杆，不得串道。测试人员发出"跑"的口令同时开表计时，当受试者胸部到达终点线的垂直面时停表。测 1 次，以"s"为单位记录成绩，精确至 0.1 s。

测试要求：测试要求与 800 m 跑或 1 000 m 跑相似。

（二）速度耐力的测评方法：400 m 跑的测评方法

测量意义：主要反映受试者的速度耐力水平。

适用对象：适用于大学生及体育专业的学生。

场地器材：400 m 田径场、秒表、口哨、发令旗。

测量方法：受试者采用站立姿势站在起跑线后，听到哨声立即起跑，要求尽快跑完全程。测试人员发出"跑"的口令同时开表计时，当受试者胸部到达终点线的垂直面时停表。测 1 次、以"s"为单位记录成绩，精确至 0.1 s。

测量要求：测试要求与 800 m 跑和 1 000 m 跑相同。

评价：400 m 跑所需时间越短，则受试者的速度耐力水平就越高。

（三）力量耐力的测评

1. 动力性力量耐力的测评方法

（1）俯卧撑的测评方法。

测量意义：主要反映受试者肩臂肌肉的力量和肌肉耐力。

适用对象：适用于 12 岁至成年男子。

测量方法：测试前，受试者俯身两手撑地，两手分开与肩同宽，双臂伸直，手指向前。同时两足并拢，前脚掌着地，两腿向后伸直，身体保持平直。当测试人员发出"开始"口令后，受试者屈臂使身体平直下降至肩与肘处在同一水平面上，然后将身体平直撑起至开始姿势，此时为完成一次俯卧撑动作。按上述方法反复做至力竭为止。测 1 次，以"次"为单位记录其完成次数。女子可选用跪卧撑测试。

测量要求：受试者如果出现提臀、塌腰、屈膝、臂未伸直，未保持身体平直或身体未下降至肩与肘处在同一水平面情况时,该俯卧撑动作不计数;1名测试人员负责1名受试者,报数兼指出错处;跪卧撑测验仅适用于10岁至大学女生,除屈膝跪地支撑外,其他姿势与俯卧撑相同。

评价:俯卧撑的次数越多,则受试者肩臂肌肉的力量耐力就越好。参见国民体质测定标准。

(2)双杠双臂屈伸的测评方法。

测量意义:主要反映受试者上肢肌群和肩带肌群的力量及动力性力量耐力。

适用对象:适用于小学至大学男、女生。

测量器材:高双杠。

测量方法:调整两杠间距与受试者的肩同宽,受试者在杠端双手握杠,跳起成直臂支撑姿势开始重复做肘屈伸动作。屈臂时肘关节的角度应小于等于90°,肘高于肩,伸臂时双臂完全伸直,按上述方法重复做至力竭为止。以"次"为单位记录其完成次数。

测量要求:受试者在做动作时,身体只能上下运动,不许前后摆动;若受试者肘关节角度大于90°、支撑时臂未伸直、撑起时收腹等均不计数。

评价:双杠双臂屈伸的次数越多,则受试者上肢肌群和肩带肌群的力量及动力性力量耐力就越好。

(3)引体向上的测评方法。

测量意义:主要反映相对于自身体重的上肢肌群和肩带肌群的力量及动力性力量耐力。

适用对象:适用于12岁至大学男生。

测量器材:高单杠。

测量方法:受试者跳起,双手采用正握方式握杠,握杠间距与肩同宽,呈直臂悬垂姿势。身体静止后,两臂同时用力向上引体(身体不得有任何附加动作),当引体上拉躯干到下颌超过横杠上缘,然后还原至直臂悬垂姿势为完成1次)。按上述方法反复做至力竭为止。测1次,以"次"为单位记录其完成次数。

注意事项:受试者引体向上时不得举腿或摆动身体。横杠较高时,应有相应的保护措施,测试人员要防止伤害事故的发生。

评价:若受试者不能上引比自身体重大的重量时,记为零分。参见国家学生体质健康标准。

2. 静力性力量耐力的测评方法

(1)屈臂悬垂的测评方法。

测量意义:主要反映受试者上肢肌群和肩带肌群的静力性力量耐力。

适用对象:适用于10岁以上女子及不能做引体向上的男子。

测量器材:高单杠、秒表、凳子。

测量方法:受试者站在凳子上,用双手正握(或反握)单杠,屈臂,使下颌位于横杠之上,受试者双足离开凳面时开表计时。受试者尽量保持该姿势至力竭为止,当下颌低于横杠上缘时停表。以"s"为单位记录持续时间,精确至0.1 s。

测量要求:不同的握杠法(正握、反握)对测试成绩有明显影响,所以,握法要统一;若受试者的身体前后摆动时,助手可帮助稳定其身体,但不得助力。若第1次失败,可重做1次。

评价：屈臂悬垂的时间越长，则受试者上肢肌群和肩带肌群的静力性力量耐力就越好。

（2）仰卧举腿的测评方法。

测量意义：主要反映受试者腹部和大腿肌群的静力性力量耐力。

适用对象：适用于幼儿至小学生。

场地器材：垫子、秒表，在两个支架上系一根离地面 30 cm 高的橡皮筋。

测量方法：受试者成仰卧姿势，头触地，两臂向两侧外展。两腿伸直，两脚并拢，举腿至脚面触到橡皮筋时开始计时。当两脚下降脚面离开橡皮筋时，令其向上举腿，若出现两脚第 2 次下降时停止计时。以"s"为单位记录持续时间，精确至 0.1 s。

注意事项：测验时头和躯干不能离地，不得屈腿。

评价：仰卧举腿的时间越长，则受试者腹部和大腿肌群的静力性力量耐力就越好。

实验报告

（1）实验结果：

50 m 跑成绩：_____ 评价：_____；两手快速敲击：_____ 评价：_____；

400 m 跑成绩：_____ 评价：_____；原地纵跳摸高_____；评价：_____；

双杠双臂屈伸：_____ 评价：_____；引体向上：_____ 评价：_____

屈臂悬垂：_____ 评价：_____；仰卧举腿：_____ 评价：_____；

（2）实验结论：根据测量结果，评价自己的速度、力量及耐力水平。

课后练习

1. 哪些运动对速度要求较高？
2. 哪些运动对力量要求较高？
3. 哪些运动对耐力要求较高？
4. 熟练掌握测量速度、力量和耐力的方法。

实验六　身体素质的测量与评价（二）

实验目的

学会柔韧性、灵敏性和平衡性的测评。

实验原理

通过一些运动的方法测试速度、力量、耐力等素质，并利用现有的评价标准来评价学生的身体素质。

实验仪器

平台、立位体前屈测量计、皮尺、测量直尺、垫子、测量尺圆木棍、计时秒表、五米三项折回跑专用场地、秒表。

实验方法

（1）每2个学生一组，测试时，一个做测试者，一个做受试者相互测量，并做好记录。
（2）熟读教材和实验指导书，弄清测试的整个流程，严格按照实验步骤操作。

实验步骤

一、柔韧性的测评

1. 立位体前屈测评方法

测量意义：主要用于测定髋关节及膝关节后侧韧带、肌腱、肌肉的伸展性。
适用对象：适用于儿童至大学生。
器材：一个平面凳子或平台、立位体前屈测量计。
测试方法：受试者立于测量台面上，两腿并立，足尖约分5 cm，足尖与固定直尺的测量台台缘齐平，然后上体慢慢前屈，同时双手臂充分伸直并拢沿直尺尽力下伸，当双中指平行且停止不动时即可读出成绩来.记数时以台面为0，零台面以上记为负数，零台面以下记为正数。
注意事项：两臂前伸时，两腿不得弯曲。
评价：立位体前屈测量值越高，则下肢肌肉伸展性越好。

2. 转肩测评方法

测量意义；测定肩关节转动幅度。
适用对象：6岁至大学年龄男女生。
器材：皮尺。
测量方法：受试者直立，两脚分开与肩同宽，两臂伸直，双手于胸前握皮尺，一手虎口固定于皮尺的零点位置，另一手（活动手）取适当距离握住皮尺。然后两臂伸直，由胸前向上、向后旋转过头（如遇阻力，活动手可向外滑动，加大两手间距离），再直臂向前旋转至开始位置。以cm为单位，记录两手拇指间的距离。
注意事项：测验前应充分做好肩部准备活动，以防受伤。向后或向前旋肩时任一臂均不能弯曲。

3. 俯卧背伸的测评方法

测量意义：主要反映受试者躯干和颈部的伸展能力。
适用对象：适用于6岁至大学男、女生。
测量器材：测量直尺、垫子。

测量方法：受试者仰卧于地，两腿伸直，两脚分开 45 cm 左右，双手互握置于脑后，另一同伴帮助固定受试者的两腿。然后令受试者仰头、尽力背伸。测试者在其前方，当受试者后仰至最高点时，迅速测量下颌点至地面的距离。测 2 次，以 "cm" 为单位记录最佳成绩。

注意事项：测试前受试者要做好准备活动。

评价：俯卧背伸的测量值越大，则受试者躯干和颈部的伸展能力就越好。

4. 俯卧抬臂的测评方法

测量意义：主要反映受试者肩关节和腕关节的伸展能力。

适用对象：适用于 6 岁至大学男、女生。

场地器材：地板、测量尺圆木棍或竹竿（直径为 2 cm 左右，长为 1 m）。

测量方法：测量受试者的臂长后，令受试者俯卧，下颌着地，两腿伸直，双臂前伸，两手正握木棍与肩同宽，然后两臂尽量上抬，也可伸腕，当受试者两臂抬至最高点时，迅速测量地面至木棍中央下缘的距离。测 2 次，以 "cm" 为单位记录最佳成绩。

注意事项：测试前受试者要做好准备活动；肘关节伸直，双臂应保持在同一水平面上；测量过程中，受试者的下颌要始终着地。

评价：俯卧抬臂的成绩=臂长 - 抬臂高。俯卧抬臂的成绩越小，则受试者肩关节和腕关节的伸展能力越好。

二、灵敏性的测评

1. 五米三项测评

测量意义：测定不同方向折回跑能力。

适用对象：中学至大学年龄男女生。

场地器材：计时秒表；五米三项折回跑专用场地。

测量方法：在起点线后以站立姿势起跑。听到"开始"信号后，沿右边跑道跑至其顶点，用一脚触及折回标志线后返回原起点，一脚过起跑线后，再向中间跑道跑至其顶点，用一脚触及折回标志线后返回原起点，一脚过起跑线后，再向左跑道跑至其顶端，用一脚触及折回标志线后返回至终点线。

注意事项：未跑至顶端，脚未触及折回标志线，判犯规；测验时不得穿钉鞋或足球鞋。

2. 10 s 立卧撑的测评方法

测量目的：测定体态姿势变换的灵活性。

适用对象：10 岁至大学年龄男女生。

器材：平坦地面，秒表。

方法：由站立姿势开始。屈膝弯腰，两手在足前撑地；两腿向后伸，身体成倾斜姿势；回复至屈蹲；再回复至站立姿势。在 10 s 内完成正确动作。

注意事项：受试者成俯撑时，头、躯干及下肢应挺直成一直线，起立还原时身体直立；屈膝，双手在足前撑地成蹲撑时，双手与脚距离不能太远；在 4 个动作中，只要有一个动作不合要求，则不予计数。

评价：10 s 立卧撑的次数越多，则受试者快速变换身体姿势和准确协调地完成动作的能力就越强。

三、平衡能力的测评

1. 闭目单足立

意义：主要反映人体的静态平衡能力，也可评价受试者在不依赖视觉情况下位置感觉和本体感觉间的协调能力。

适用对象：适用于中学生至老年男、女。

测量仪器：秒表。

测量方法：受试者赤足，两手叉腰，两腿并拢直立，脚尖向前。当听到开始口令时，受试者闭眼的同时习惯支撑脚站立，另一脚屈膝提足，使足离开地面。计时从离地脚离地开始到失去身体平衡为止。以"秒"为单位记录站立的时间，不计小数。测 2 次，取最佳成绩。

注意事项：① 当离地脚触地、支撑脚移动或手离开腰时停表；② 测试时要有人保护；③ 受试者不能睁眼。

评价：时间越长，受试者静态平衡能力越好。

2. 单足前脚掌站立

测量目的：测量单足前脚掌支撑维持静态平衡的能力。

适用对象：大中学男女生均适用。

测量方法：受试者在地板或平地上，提踵成单足前脚掌支撑，测量维持平衡的时间。站立时要求两眼平视前方，两手叉腰，非站立足向前抬起，共测 3 次，记录最佳成。

注意事项：① 支撑足如移动或足跟着地，计时即停止；② 非支撑足如触及任何物体，计时即停止。

评定：时间越长，受试者静态平衡能力越好。

3. 横向踩木

测量目的：受试者在前脚掌踩木时的静态平衡能力。

适用对象：10 岁至大学年龄的男女生。

场地器材：平衡木。

测量方法：受试者以优势腿的前脚掌踩木条，与木条成十字形，另一脚离地。当受试者非支撑腿离地，即开表计时。受试者任一脚触地，即停表，记录受试者维持平衡的时间。左、右脚各测 3 次。取 3 次中最佳成绩为测验成绩。

4. 直线行走

测试目的：测量人体动态平衡能力。

适用对象：中学至大学年龄的男女生。

场地器材：在平坦的地面上画一条 10 m 长直线，直线两端画两条若干米长平行线；皮尺。

测量方法：先令受试者睁眼沿 10 m 线走，以熟悉路线，然后让受试者站在端线后，闭目沿 10 m 线行走，到达 10 m 令其停止行走，测量其偏离 10 m 线的距离 S_1。然后令其睁眼背向 10 m 线立于端线后，听到口令后闭眼后退走，测量其后退至端线时的偏移距离 S_2。

评价：偏离距离 = $(S_1 - S_2)/2$。偏离距越小说明平衡能力越强。

实验报告

（1）写出实验结果。
① 柔韧性测量结果：
立位体前屈（或坐位体前屈）：_____ 评价：_____；
转肩：_____ 评价：_____；
俯卧背伸：_____ 评价：_____；
俯卧抬臂：_____ 评价：_____；
② 灵敏性测量结果：
五米三项：_____ 评价：_____；10s 立卧撑：_____ 评价：_____；
③ 平衡能力测量结果：
闭目单足站立：_____ 评价：
单足前脚掌站立：_____ 评价：_____；
横向踩木：_____ 评价：_____；直线行走：_____ 评价：_____；
（2）实验结论：根据测量结果，评价自己的柔韧性、灵敏性和平衡能力。

课后练习

1. 哪些运动对柔韧性要求较高？
2. 哪些运动对灵敏性要求较高？
3. 哪些运动对平衡能力要求较高？
4. 熟练掌握柔韧性、灵敏性和平衡能力的测量方法。

实验七　国民体质健康的综合测评

实验目的

（1）掌握国民体质健康各指标的测评意义和方法。
（2）熟练掌握根据研究目的设计测评指标的原则。

实验原理

体质的范畴主要涉及身体形态发育水平、生理功能水平、身体素质和运动能力发展水平、心理发育水平和适应能力 5 个方面的内容。我国国民体质成年人的测试指标见表 8-7-1。

表 8-7-1　成年人国民体质测试指标

类别	20~39岁	40~59岁
形 态	身高、体重	身高、体重
机 能	肺活量、台阶试验	肺活量、台阶试验
素 质	握力	握力
	俯卧撑（男）	
	1 min 仰卧起坐（女）	
	纵跳	
	坐位体前屈	坐位体前屈
	选择反应时	选择反应时
	闭眼单腿站立	闭眼单腿站立

实验器材

身高坐高计、体重计、皮尺、台阶、秒表、台阶测试仪、电子肺活量测试仪、握力计、背力计、纵跳计、坐位体前屈测试仪、反应时测试仪。

实验方法

（1）每 2 个学生一组，测试时，两个学生相互测量，并做好记录。
（2）弄清测试的整个流程，严格按照实验步骤操作。

实验步骤

一、身高体重的测量与评价（略）

二、肺活量的测量与评价

测试目的：肺活量可以反映肺的容积和扩张能力，是评价人体呼吸系统机能的一个重要指标，常用于评价人体生长发育水平和体质状况，它的计算公式为：肺活量体重指数=肺活量（mL）/体重（kg）

测试方法：使用干燥的塑料吹嘴（每名同学使用的吹嘴都已经过消毒）。测试同学深呼一口气后，向吹嘴处慢慢呼出至不能再呼出为止。吹气完毕后，液晶屏上最终显示的数字即为肺活量毫升值。共测两次，每次间隔 15 s，记录最大值作为测试结果。以毫升为单位，不保留小数。

注意事项：①呼气不可过猛，防止漏气；②不得二次吸气；③肺活量计口嘴应严格消毒。

三、台阶指数的测量与评价

测试意义：反映人体心血管机能。

测试方法：男同学用高 40 cm 的台阶，女同学用高 35 cm 的台阶。测试前，被测试同学可做轻度的准备活动，主要是活动下肢关节。上、下台阶的频率是 30 次/分，因而节拍器的节律为 120 次/分（每上、下一次是四动）。参加测试的同学根据提示，按节拍器的节律完成试验。基本动作要求：从预备姿势开始，① 一只脚踏在台阶上；② 踏台阶腿伸直成台上站立；③ 先踏台的脚先下；④ 还原成预备姿势。用 2 s 上、下一次的速度（按节拍器的节律来做）连续做 3 min。做完后进行脉搏数测量。记录运动停止后 1 min 30 s、2 min 到 2 min 30 s、3 min 到 3 min 30 s 的 3 次脉搏数。

$$台阶试验身体功能指数 = \frac{运动持续时间 (s)}{3次测量脉搏数之和} \times 100$$

注意事项：① 如果受试者 3 次不能按照节拍器发出的节奏完成上下台阶或不能坚持运动，应立即停止运动，记录运动持续时间。② 心血管疾病患者，不得进行此项测试

四、握力的测量与评价

使用电子握力计，两脚自然分开成直立姿势，两臂自然下垂。一手持握力计全力紧握（此时电子握力计不能接触衣服和身体），电子握力计显示数字为测试数据。用有力手握两次，取最大值，以千克为单位。测试时保留 1 位小数。

五、坐位体前屈的测量与评价

测试目的：反映人体柔韧性。

测试方法：受试者两腿伸直，两脚平蹬测试纵板坐在平地上，两脚分开 10～15 cm，上体前屈，两臂伸直前，用两手中指尖逐渐向前推动游标，直到不能前推为止。测试计的脚蹬纵板内沿平面为 0 点，向内为负值，向前为正值。记录以厘米为单位，保留 1 位小数。测试两次，取最好成绩。

注意事项：① 测试前，受试者应做好准备活动，以防肌肉拉伤；② 身体前屈，两臂向前推游标时两腿不能弯曲；③ 受试者应匀速向前推动游标，不得突然发力。

六、闭目单足站立的测量与评价

测试意义：反映人体平衡能力。

测试方法：测试时，受试者自然站立，闭眼，当听到"开始"口令后，抬起任意一只腿，两手叉腰，闭眼单足站立，直到平衡破坏。支撑脚移动或睁眼为止，记录站立时间。测试两次，取最好成绩，记录以秒为单位，保留小数点后 1 位，小数点后第二位数按"非零进一"的原则进位。

注意事项：测试时，注意安全保护。

七、选择反应时的测量与评价

测试意义：反映人体神经和肌肉系统的协调性和快速反应能力。

测试方法：测试时，受试者中指按住"启动键"，等待信号发出，当任意信号键发出信号时，以最快的速度去按该键；信号消失后，中指再次按住"启动键"，等待下一个信号发出，共有 5 次信号。受试者完成第五次信号应答后，所有信号键都会同时发出光和声，表示测试结束。测试两次，取最好成绩，记录以秒为单位，保留小数点后两位。

注意事项：测试时，受试者不得用力拍击信号键。

八、总分及评价

综合评级是根据受试者各单项得分之和确定，共分为 4 个等级：优秀、良好、合格、不合格（见表 8-7-2）。任意一项指标无分者，不进行综合评级。

表 8-7-2　综合评级标准

等级	得分	
	20－39 岁	40-59 岁
一级（优秀）	>33 分	>26 分
二级（良好）	30-33 分	24-26 分
三级（合格）	23-29 分	18-23 分
四级（不合格）	<23 分	<18 分

实验报告

（1）实验结果。

姓名：		出生日期		民族：	
性别：		年龄		运动专项：	
测试结果及评价					
身高（cm）：			体重（kg）：		
胸围：		腰围：		臀围：	
体脂率：		背力（kg）：			
心率：		血压：			
测试指标（项目）		成绩		得分	等级
身高标准体重					
肺活量（mL）					
台阶指数					
握　力					
纵　跳					
俯卧撑（男），1 min 仰卧起坐（女）					
坐位体前屈					
闭目单足站立					
选择反应时					
总　分					

（2）实验结论：根据测量结果，① 评价自己的体质健康状况水平；② 给自己制定一个运动处方和一个营养处方。

课后练习

1. 影响体质健康的因素有哪些？
2. 如何提高自己的体质健康水平？
3. 根据自己的体质健康测试结果，写出运动和营养处方并执行一段时间，看看体质健康是否有所提高。

实验八　体育测验的编制和实施

实验目的

（1）学会体育测验编制的基本程序。
（2）掌握体育测验编制过程中指标的选取方法。
（3）掌握体育测验实施过程。

实验原理

为了某种测量目的所进行的一系列测量构成的系统称为测验，体育测验的内容主要包括体能与运动技能、认知、学习态度与行为、交往与合作精神、情意表现等或前几项的综合测验。体育测验的编制一般要遵循科学性原则、可比性原则、适用性原则和相关独立性原则。

实验器材

不同的测验有不同的器材。

实验方法

（1）每3~5个学生一组，首先编制体育测验，而后实施体育测验。
（2）弄清测试的整个流程，严格按照实验步骤操作。

实验步骤

一、体育测验的编制

1. 确定测验目的

即测验编制者要解决什么问题，如测量体能，测量运动技能，测量交往与合作精神或成套测验。

2. 选择测验指标和权重

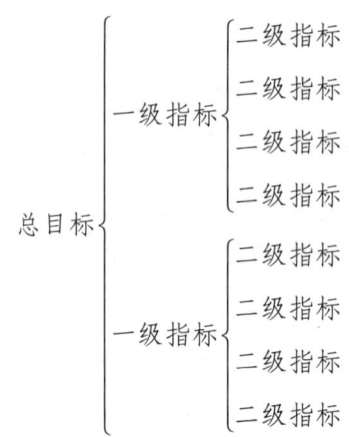

3. 预备实验

从所需要测量的对象中抽取较小的样本进行试验，检验测验的客观性、可靠性和有效性。

4. 编写实施细则

包括测验的目的，测验对象的年龄和性别，测验的有效性、可靠性和客观性，测验的方法和要求，测验的程序，如逐一测验编排法，连续测验编排法，循环测验编排法，测验过程中要注意的问题和安全措施。

二、测验的实施过程

1. 测验前的准备工作

（1）组建测试队伍，根据测验的性质、要求及工作量来组织各项测试者。
（2）组织测试者认真学习测验计划、测试细则，明确分工，力求全面。
（3）测试实习。
（4）准备测验场地、设备和仪器。
（5）准备成绩记录的表格或测试卡片及其用具。

2. 测验工作的进行

（1）向受试者说明有关事项。
（2）准备活动。
（3）测验前的练习。
（4）必要的提示。

3. 测验后的工作

（1）放松活动。
（2）整理测验场地、设备及仪器。
（3）检查测验成绩。
（4）处理测量资料，整理数据。

实验报告

（1）根据体育测验编制的基本过程，编制一套体育测验。
（2）实施编制的体育测验，并对数据进行统计。

课后习题

根据现有的测试条件，选择下列一个群体：幼儿、小学生、中学生、大学生、成年人、老年人，试编制一套适用于所选群体的身体素质和运动能力的成套测验。

附：体育测量与评价实验参考文献

[1] 孙庆祝. 人体测量与评价[M]. 北京：高等教育出版社，2006.
[2] 体育院校教材委员会. 人体测量与评价[M]. 北京：人民体育出版社，1995.
[3] 史绍蓉，贺洪，等. 运动人体科学实验[M]. 长沙：湖南师范大学出版社，2008.
[4] 李洁. 人体运动能力检测与评定[M]. 北京：人民体育出版社，2005.
[5] 孙庆祝，郝文亭，洪峰. 体育测量与评价[M]. 北京：高等教育出版社，2010.
[6] 郭勇力，于岔峰，魏平. 运动人体科学实验教程[M]. 北京：中国文史出版社，2004.
[7] 万星光. 湘西苗族成人 Heath-Carter 法体型研究[D]. 大连：大连医科大学，2009.
[8] 凌赞孺. 人体体型评价的"希思-卡特"简化法[D]. 西安：西安体育学院学报，1988.

附 录

附录 1 各种活动的能量消耗（65 kg 男子）

活动种类	kJ·min^{-1}	活动种类	kJ·min^{-1}
在床上睡眠或休息	4.51	装饰	13.39
安静地坐着	5.82	农业劳动（热带的）：	
安静地站着	7.32	割草（用镰刀）	18.83
走路（4.9 km/h）	15.48	修整灌木	25.95
走路（4.9 km/h）负重 10 kg	16.74	种植	15.07
办公室工作（安静地）	7.53	除草（非洲）	15.9~32.64
家务劳动：		作畦与深掘	23.03~63.61
烹调	8.79	砍树	35.15
轻的清洁工作	12.97	割麦	21.34~33.06
中等的清洁工作（拭窗、劈柴）	18.00	浇水	17.16~31.39
轻工业：		除草、挖掘、移栽	9.63~38.08
印刷	9.63	农业劳动（机械化的）：	
裁缝	12.14	开拖拉机	10.04
制鞋	12.56	用叉抛举	32.64
汽车修理	17.16	喂动物	17.16
木工	16.74	修理围墙	23.85
电力工业	15.07	森林劳动：	
机械工具工业	15.07	苗圃工作	17.16
化学工业	16.74	用斧砍伐	36.00
实验室工作	9.63	修剪	35.15
运输：		锯-手锯	36.00
开载重汽车	6.64	动力锯	20.09
建筑工业：		采矿劳动：	
体力劳动	25.11	用十字镐采矿	28.88
砌砖	15.30	用铲子铲	27.20
细木工（装修门窗）	15.48	竖立支柱	23.44

续附录 1

活动种类	kJ·min^{-1}	活动种类	kJ·min^{-1}
军队生活：		娱乐：	
训练	11.30	安静休息	16.74
行军	15.48	轻微活动（台球、木球、板球、高尔夫球、航行等）	10.46 10.46~20.93
攻击演习	21.34	中等活动（划独木舟、跳舞、骑马、游泳、网球等）	20.93~31.39
森林行军	24.27	重活动（运动、足球、划船比赛等）	31.90
森林巡逻	27.20		

（引自 Durnin J.V.G.A. Passmore R. 1967）

注：体表面积计算公式：体表面积(cm^2) = 0.006 1 身高(cm) + 0.012 8 体重(kg) − 0.152 9

附录 2　各种活动的能量消耗（55kg 女子）

活动种类	kJ·min^{-1}	活动种类	kJ·min^{-1}
在床上睡眠或休息	3.77	装修工业	12.97
安静地坐着	4.81	洗浆工作	13.39
安静地站着	5.73	机械工具工业	10.46
步行（4.9 km/h）	12.56	农业劳动：	
步行（4.9 km/h）负重 10 kg	14.23	打谷	15.90~23.02
办公室工作（安静地）	6.70	束稻捆（欧洲）	12.56~20.51
家务劳动：		耕耘	20.09~28.46
烹调	7.11	娱乐：	
轻微清洁工作	10.46	安静休息	8.37
中等清洁工作（拭窗、劈柴）	14.65	轻微活动（台球、木球、板球、高尔夫球、航行等）	8.37~25.11
轻工业：		中等活动（划独木舟、舞蹈、骑马、游泳、网球等）	16.74~25.11
烤面包	9.63	重活动（运动、足球、划船比赛等）	25.11
啤酒厂工作	11.30		
化学工业	11.30		
电力工业	7.95		

（引自 Durnin J.V.G.A. Passmere R.1967）

附录3 大学生各种活动的能量消耗（$kJ \cdot m^{-2} \cdot min^{-1}$）

活动种类	能量消耗	活动种类	能量消耗
安静躺卧（基础代谢）	2.73	上自习	3.54
晚 睡	3.07	考 试	3.83
午 睡	3.27	抄黑板报	4.10
课间休息	3.29	站立听课	4.12
卧床看书	3.36	实 习	4.19
看电影	3.37	抹窗子	8.30
看示教	3.38	脱 衣	9.08
上业务课	3.40	穿 衣	9.34
开 会	3.40	整理床铺	9.47
上政治课	3.47	洗 衣	3.88
指挥唱歌	11.07	集体舞	16.87
扫 地	11.37	棒 球	16.87
步 行	11.31	排 球	17.04
广播体操	11.59	跑 步	22.19
普通早操	11.11	篮 球	24.21
擦地板	11.79	足 球	24.96

（引自倪葛、庄坚，大学生的总能量代谢，营养学报 2：44，1957）

附录4 男女 12 min 跑测验评价表

单位：m

性别	有氧适能	30岁以下	30～39岁	40～49岁	50岁以上
男	很低	1 600 以下	1 500 以下	1 400 以下	1 300 以下
	低	1 600～1 999	1 500～1 799	1 400～1 699	1 300～1 599
	一般	2 000～2 399	1 800～2 199	1 700～2 099	1 600～1 999
	高	2 400～2 799	2 200～2 599	2 100～2 499	2 000～2 399
	很高	2 800 以上	2 600 以上	2 500 以上	2 400 以上
女	很低	1 500 以下	1 400 以下	1 200 以下	1 000 以下
	低	1 500～1 799	1 400～1 699	1 200～1 499	1 000～1 399
	一般	1 800～2 199	1 700～1 999	1 500～1 799	1 400～1 699
	高	2 200～2 599	2 000～2 399	1 800～2 299	1 700～2 199
	很高	2 600 以上	2 400 以上	2 300 以上	2 200 以上